중고등학생을 위한

표준 한국어

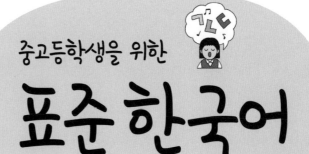

중고등학생을 위한

표준 한국어

국립국어원 기획·심혜령 외 집필

의사소통2

교사용 지도서

마리북스

국립국어원에서는 교육부 2012년 '한국어 교육과정' 고시에 따라 교육과정을 반영한 학교급별 교재 개발을 진행하였습니다. 이어서 2017년 9월에 '한국어 교육과정'이 개정·고시(교육부 고시 제2017-131호)됨에 따라 2017년에 한국어(KSL) 교재 개발 기초 연구를 수행하였습니다. 그 연구 결과를 바탕으로 초등학교 교재 11권, 중고등학교 교재 6권을 개발하여 2019년 2월에 출판하였습니다.

교재에 이어서 학교 현장에서 다문화가정 학생들의 한국어 의사소통 및 학습 능력을 기르는 데 보탬이 되고자 익힘책을 개발하게 되었습니다. 교재와의 연계성을 높인 내용으로 구성하여 말 그대로 익힘책을 통해 한국어를 더 잘 익힐 수 있도록 노력하였습니다. 더불어 익힘책의 내용을 추가 반영한 지도서를 함께 출판하여 현장에서 애쓰시는 일선 학교 담당자들과 선생님들에게도 교재 사용의 길라잡이를 제공하고자 하였습니다.

'다문화'라는 말이 더 이상 낯설지 않은 한국 사회에서 다문화가정 학생들이 한국 사회 구성원으로서의 정체성 함양에 밑거름이 되는 한국어 능력을 기르는 데《중고등학생을 위한 표준 한국어》가 도움이 되기를 바랍니다. 국립국어원에서는 이제껏 그래왔듯이 교재 개발 결과가 현장에서 보다 잘 활용될 수 있도록 돕기 위하여 교재 개발은 물론, 교원 연수 등을 통해 지속적으로 다문화가정 학생들의 한국어 능력 향상을 위해 노력하겠습니다.

끝으로 3년간《중고등학생을 위한 표준 한국어》교재와 익힘책, 지도서의 개발과 발간을 위해 애써 주신 교재 개발진과 출판사에 깊은 감사의 말씀을 드립니다.

2020년 2월
국립국어원장 소강춘

머리말

본격적인 다문화 사회로 전환되어 가고 있는 한국 사회에서 특히 다문화 배경의 학령기 청소년, 이른바 한국어(KSL) 학습자들에 대한 관심과 배려는 그 결과가 우리 사회의 미래를 좌우하게 될 것이라는 점에서 매우 중요한 사안입니다.

다행히 우리 사회는 이 부분에서 사회적 공감과 정책적 구체화에 일찌감치 눈을 떠 2017년 KSL 학습자의 언어, 문화, 학습의 특수성을 고려한 개정 '한국어 교육과정'을 마련하였고, 그 교육과정의 구체적 구현을 위해 노력해 오고 있습니다. 2019년에는 교육 현장의 다양성을 고려한 모듈형 교재가 새롭게 개발되었고, 이어서 2020년에 그 교재 내용의 효율적 연습을 위한 학생 맞춤형 익힘책도 발간되었습니다. 그리고 이제 새로이 개발된 교재와 익힘책을 가지고 교사가 교육 현장에서 보다 수월하고 효과적으로 가르치는 데에 도움을 주기 위한 교사용 지도서를 개발, 발간합니다. 이로써 현장 적합형 KSL 한국어 교육을 위한 교육 자료 구축의 한 완성을 이루게 되었습니다.

이번에 개발된 교사용 지도서는 교사의 KSL 현장 최적화를 돕기 위한 것입니다. KSL 한국어 교육 경험이 길지 않은 교사도 본 지도서를 참고하면 양질의 수업을 진행할 수 있도록 교육 절차와 교육 내용 등을 교사 언어와 함께 구체적으로 기술하였습니다. 교사의 배경지식과 추가 활동에 대한 아이디어도 '교사 지식'과 '교수-학습 지침'으로 제공하였습니다. 뿐만 아니라 단원별로 필요하거나 수행 과제로 부과할 만한 교육 활동을 제공하여 교사의 편의를 도모하였습니다.

또한 본 지도서는 학령기 청소년 학습자의 특성을 고려한 교수 방안을 마련하는 데에 도움을 줄 수 있도록 했습니다. 성인 학습자에 비해 경험의 폭이 한정되어 있고 학습 동기의 양상도 다른 학령기 청소년 학습자를 배려하여 교사로 하여금 학령기 청소년의 관심사를 이끌어 낼 수 있게 도와주고, 학습자가 간접 경험의 기회를 많이 가질 수 있도록 하는 데에 도움을 주는 장치를 다수 마련하였습니다. 그리고 청소년들이 일상적으로 이용하는 IT(정보통신) 기술의 적용을 감안한 교수 방안도 개발하여 지도서 구성에 반영하였습니다.

이렇듯 KSL 교육 현장 적합형 교육의 완성을 위한 교사용 지도서는 수많은 관계자들의 지원과 노력으로 만들어질 수 있었습니다. 우선 이 새로운 방식의 지도서가 완성될 수 있도록 지원을 아끼지 않으신 교육부와 국립국어원 관계자 여러분께 깊이 감사드립니다. 교사들이 새 시대에 맞는 새 교재 및 익힘책을 사용함에 있어 실질적인 도움을 줄 수 있는 새로운 지도서를 만들어 보자는 의지로 지도서 집필에 열정을 바쳐 노력한 집필진 모두에게 진심에서 우러나오는 감사를 드립니다. 그리고 새로운 방식의 지도서가 빛이 날 수 있도록 편집과 출판에 최선을 다해 주신 출판사 마리북스에도 감사의 말씀을 드립니다.

교사들이 이 지도서를 잘 활용하여 학령기 청소년 학습자의 한국어 교육에서 많은 성취를 이루어 내기를 희망합니다.

2020년 2월
저자 대표 심혜령

일러두기

1. 지도서 소개

《중고등학생을 위한 표준 한국어 의사소통 교사용 지도서》는 한국어(KSL) 교재의 교육 목표를 교육 현장에 충분히 구현할 수 있도록 하는 데 목적을 두고 구성하였다. 본 지도서는 다음과 같은 특징을 가지고 있다.

교사 중심 교사용 지도서

- 교육 절차와 교육 내용 등을 상세하고 구체적으로 기술하여 KSL 한국어 교육 경험이 길지 않은 교사도 본 지도서를 참고하면 양질의 수업을 진행할 수 있도록 함.

- 교사가 알고 있어야 할 '교사 지식', 다양한 활동을 기반으로 한 '교수-학습 지침' 등을 상세하고 구체적으로 기술한 지도서를 개발함.

- 단원별로 수행 과제로 부과할 만한 교육 활동을 제공하거나 여건에 따라 마무리 활동을 과제로 전환할 수 있도록 유도하여 교사들의 편의를 도모함.

- 다양한 유형의 지도서 사용자들을 고려해 단계에 맞는 교사 언어를 제공함.

다양한 교육 현장에서의 활용을 고려한 지도서

- 교재의 단원 구성 원리와 교수 절차에 맞춰 개발함으로써 실제 사용상의 효율성을 높인 지도서를 개발함.

- 단원별로 10차시를 적절한 교육 시수로 설정하였으나, 현장의 상황이나 여건에 맞춰 선택적 사용이 가능하도록 내용을 구성함.

- 교재와 익힘책의 긴밀성을 확보하는 방향으로 지도서의 내용을 구성함.

학령기 청소년 학습자의 특성을 고려한 교수 방안

- 성인 학습자에 비해 경험의 폭이 한정되어 있고 학습 동기의 양상도 다른 학령기 청소년 학습자를 배려한 교수 방안을 개발함.

- 교사로 하여금 《중고등학생을 위한 표준 한국어》에 반영되어 있는 학령기 청소년의 관심사를 이끌어 낼 수 있게 도와주고, 학습자가 간접 경험의 기회를 많이 가질 수 있도록 하는 데에 도움을 주는 장치를 다수 마련함.

- 청소년들이 일상적으로 이용하는 IT(정보통신)기술의 적용을 감안한 교수 방안을 개발함.

수업 전반의 진행 방식 및 각 단계의 진행 방식의 구체적인 방법을 제시하는 지도서

- '교사 지식' 항목을 통해 사전에 교사가 숙지해야 할 내용을 제공하여 지도서가 교사 재교육에 일조할 수 있도록 함.

- '교수-학습 지침' 항목을 두어 교육 내용별 다양한 활동을 제안하고, 교육 현장별로 진도를 융통성 있게 운영할 수 있도록 함.

알아 두기

자가 확인과 종합 문제에 대한 적절한 지도를 위해 알아 두어야 할 사항

- 교사는 학습자가 '자가 확인'을 통해 해당 권을 학습하기 전 스스로 한국어 실력을 확인해 볼 수 있도록 지도한다.
  - 자가 확인에서 제시된 문제의 70% 이상을 이해하였을 때, 해당 교재를 학습하기 위한 최소한의 언어 능력이 있다고 판단할 수 있다.
- 교사는 학습자로 하여금 교재의 해당 권을 모두 학습한 후에 '종합 문제'를 통해 종합적 연습을 할 수 있도록 지도한다.
  - '종합 문제'에서 제시된 문제의 80% 이상을 이해하였을 때 해당 교재의 내용을 충분히 학습하였다고 판단한다. 단 학생이나 현장의 특성에 따라 '꼭 배워요'만 학습하고 '종합 문제'를 접하게 된 경우에 '종합 문제'를 80% 미만으로 이해하였다고 판단되면 해당 교재의 '꼭 배워요'를 복습하거나 '더 배워요'를 학습하도록 지도할 수 있다.

교재 속 QR 코드 사용 알아 두기

- 각 교재의 '대화해 봐요 1, 2'에 제시된 QR 코드 속 내용은 휴대 전화를 사용하여 직접 영상을 확인해 볼 수 있다.
- 컴퓨터 사용 시에는 '국립국어원-한국어교수학습샘터-자료나눔터 한국어 교육자료'에 들어가 음원을 내려받을 수 있다.

익힘책 지도 내용에 대해 알아 두기

- 교사가 익힘책을 지도하면서 참고해야 할 정보는 지도서의 마지막에 제시하였다.
- 교사가 교실 현장의 상황에 따라 교재의 내용을 모두 지도한 후 익힘책 내용을 지도할 수 있으며, 영역별 지도가 가능하도록 내용을 구분하여 구성하였다.

2. 지도서의 단원 구성

《중고등학생을 위한 표준 한국어 의사소통 교사용 지도서》의 단원은 다음과 같은 순서로 구성되어 있다.

단원 제목 → 단원 목표 → 단원 내용(주요 내용) → 수업 개요 → 전 단원 복습 → 〈꼭 배워요〉 도입 → 어휘를 배워요 → 발음 → 문법을 배워요 1 → 문법을 배워요 2 → 문법을 배워요 3 → 문법을 배워요 4 → 문화 → 〈더 배워요〉 도입 → 대화해 봐요 1 → 대화해 봐요 2 → 읽고 써 봐요: 읽기 → 읽고 써 봐요: 쓰기 → 익힘책 교수-학습 지침

3. 지도서의 단원별 내용 구성

《중고등학생을 위한 표준 한국어 의사소통 교사용 지도서》의 내용 구성과 제시의 특징은 다음과 같다.

① 단원 목표 및 내용 제시
- 지도서의 단원별 제목, 단원 목표, 단원 내용을 명확하게 제시함.
- 단원 내용은 〈꼭 배워요〉 주제, 기능, 어휘, 문법, 문화, 〈더 배워요〉 대화 1, 2, 읽기, 쓰기를 중심으로 단원에서 중점적으로 학습할 내용을 간단히 제시하여 학습 지도 방향을 명확하게 함.

② 수업 개요
- 〈꼭 배워요〉에서 학습할 내용과 기능을 포함한 목표를 차시별로 제시함.
- 지도서의 내용 흐름은 수업 진행의 흐름과 맥을 같이 하여 수업 교안 모형이 반영되도록 함.

③ 교수-학습 방법 제시

지시문 제시 → 교사 언어 제시 → 어휘, 문법, 발음 등 학습 내용 제시 → 과제 활동 제시

④ 교수 내용 구성
- '교사 지식' 항목을 설정하여 수업을 원활하게 진행하는 데에 필요한 전문 지식을 적절한 양과 수준으로 제시함.
- '교수-학습 지침' 항목을 설정하여 교사가 수업을 원활하게 진행하는 데에 필요한 교수 방법 및 교육 정보를 제공함.
- '교사 언어'를 제공하여 실제 수업에서 교사가 교육 내용을 어떻게 발화해야 하는지를 구체적으로 제시해 줌. 지도서에는 '🔳'로 표시함.
- '더 알아보기'를 제공하여 문화 정보가 담긴 어휘나 문화 지식에 대한 내용을 교사 언어로 풀이해 학생들에게 쉽게 설명할 수 있도록 구성하여 제시함.

4. 지도서의 단계별 세부 사항

1쪽 수업 개요		**〈단원의 시작〉** • 단원 목표, 단원 내용, 수업 개요의 순으로 구성함. • 수업 개요를 제시함으로써 교사가 수업의 전반적인 내용을 파악할 수 있도록 함.
1차시 도입		**〈복습〉** • 예문 위주의 경험적 접근을 통해 내용 이해가 가능하도록 함. **〈꼭 배워요〉 도입** • 학습하게 될 주제에 대한 질문, 대화의 세부 내용에 대한 질문을 교사 언어로 제공하여 취사선택하도록 도움.

2차시
어휘를 배워요
	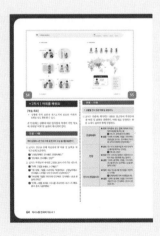	**〈어휘〉**
		• 어휘 교육 내용은 '정의, 예시, 정보, 설명'의 순으로 구성함 (어휘에 따라 '정보' 항목은 선택적으로 제시할 수도 있음).
		  - **정의**: 한국어기초사전의 의미를 제시함(정의의 의미는 학생들에게 알려 주는 것이 아니라 교사에게 주는 정보임).
		  - **예시**: 해당 어휘 의미가 문맥에 잘 나타난 예문을 새롭게 제시함.
		  - **정보**: 유의어, 반의어, 상위어, 하위어 등에 대한 정보를 제시함.
		  - **설명**: 어휘의 성격에 따라 다르게 적용함. 구체물일 때는 사진이나 실물 자료를 활용하도록 하고, 추상적인 개념일 때는 교사가 수업 시간에 실제 설명하는 방식으로 교사 언어의 질문으로 제시함.

3~6차시 문법을 배워요	

〈문법〉

• 문법 교육 내용은 '설명, 예시, 정보, 확인'의 순으로 구성함.

- **설명:** 학습자 언어 등급에 맞는 용어와 문장을 통해 문법을 새롭게 설명함(해당 문법의 모든 의미가 아닌 해당 단원에서 쓰인 문법의 의미만을 설명. 교재에 제시된 문법 설명과 동일한 설명은 되도록 지양함).
- **예시:** 교재 예문과 중복되지 않은 예문으로 3~4개 더 추가함.
- **정보:** 교사가 참고할 정보로 형태 정보, 제약 정보, 주의사항 등을 담음.
- **확인:** 확인 과정은 문법 아래 연습을 통해 이루어짐.

문화	

〈문화〉

• 주제와 관련한 질문을 통해 학생들에게 주제를 추측할 수 있도록 도움을 줄 수 있는 교사 언어를 제시함.

• '교수-학습 지침'에 문화와 관련 있는 활동 1~2개를 제시하여 교사가 교육 현장에서 유연성 있게 사용할 수 있도록 구성함.

• '더 알아보기'는 보충적인 내용이나 문화 어휘 의미 풀이를 교사 언어로 제공함.

7·8차시 〈더 배워요〉 도입 대화해 봐요 1, 2	

〈단원의 시작〉

• 〈더 배워요〉 학습 목표, 〈학습 도구 한국어〉 학습 목표, 〈더 배워요〉 도입의 순으로 구성함.

〈더 배워요〉 도입

• 학습하게 될 대화 내용의 핵심적인 주제에 대한 질문을 교사 언어로 제공하여 도입할 수 있도록 구성함.

〈대화해 봐요 1, 2〉

• '대화해 봐요'를 '도입-전개-활용-정리'의 순으로 제시함.

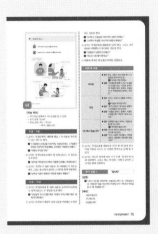

〈부가 문법〉
- 대화에 사용된 부가 문법을 '설명, 예시, 정보'의 순으로 제시함.

〈목표 표현 1, 2〉
- 대화에서 사용된 목표 표현에 대한 '설명'과 '예시'를 제시함.

9차시
읽고 써 봐요
– 읽기

〈읽고 활동하기〉
- '읽고 써 봐요-읽기'를 '읽기 전-읽기 중-읽기 후'의 순으로 제시함.
  - 주제와 관련된 질문을 교사 언어로 제시하였으며, 문제를 풀고 확인하는 방법을 자세히 기술함.

10차시
읽고 써 봐요
– 쓰기

〈쓰고 활동하기〉
- '읽고 써 봐요-쓰기'를 '쓰기 전-쓰기 중-쓰기 후'의 순으로 제시함.
  - 쓰기 내용을 추측할 수 있는 질문을 교사 언어로 제시하였으며, 쓰기 활동 방법을 자세히 기술함.

익힘책

〈익힘책 교수-학습 지침〉
- 익힘책에 제시된 어휘, 문법 문제에 대한 의도와 특징을 설명하고, 주의하며 지도해야 하는 정보를 제공함.

지도서 사용 예시

1과 제목이 뭐예요?
함께 읽어 볼까요?
'와니의 생일 파티에 가기로 했어'

---

① 여러분, 그림을 보세요.
와니가 정호에게 무엇을 주고 있
어요? 맞아요. 여러분, 무슨 일
이 있을 때 친구에게 초대장을
줘요?

② 대화를 한번 읽어 볼까요?
정호와 와니가 무슨 이야기를
하고 있어요?
언제 와니 집에 가요? 왜 가요?

③ 함께 이야기해 볼까요? 여러
분, 이번 주에 친구하고 약속이
있어요? 무슨 약속이에요?

④ 여러분, 1과에서는 친구하고
약속을 해요. 어떻게 말해요?
다른 친구가 잘하는 것이 있어
요. 친구에게 어떻게 말해요? 이
것을 공부할 거예요.

① 어휘를 함께 공부해 볼까요?

② 18쪽에 있는 그림을 보세요.
친구를 사귀어요. 함께 무엇을
해요?
여러분은 생일에 친구들과 무엇
을 해요?

③ 19쪽에 있는 그림을 보세요.
친구에게 말해요. 선생님에게
말해요.
어떻게 달라요?
여러분은 어른께 높임말을 쓰고
있어요?

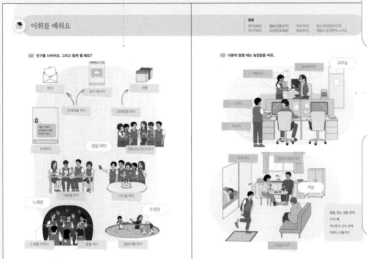

---

① 휴대 전화로 전화를 해요. (문
자 메시지를 쓰는 행동을 하며)
또 친구와 휴대 전화로 무엇을
할 수 있어요?
친구에게 '문자 메시지'를 보내
요. '문자 메시지'는 휴대 전화로
글을 보내는 것이에요.

② 옆 반 선생님이 여러분에게
'담임 선생님은 어디에 있어요?'
물어봤어요. 여러분은 어떻게 대
답해요?
'선생님은 교실에 있어요.' 대답
해요. 맞아요. 그런데 선생님은
여러분보다 나이가 많아요. 높
임말을 써야 해요. '있어요'의 높
임말 은 '계세요'예요. 그래서 '선
생님은 교실에 계세요.' 말해야
해요.

③ 오늘 어휘에서 무엇을 배웠
어요?
친구를 집에 초대해요? 언제 초
대해요? 그때 같이 뭘 해요?
할머니가 아파요. 높임말로 어떻
게 말해요?

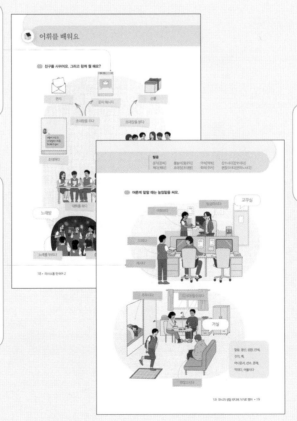

① 대화문을 한번 읽어 볼까요?
(대화를 읽은 후) 오늘 무슨 날이에요? 안나는 왜 집에 안 가요? 무슨 약속이 있어요?

② 어떤 행동을 할 것을 결심해요. 그리고 약속을 해요. 이때 '-기로 하다'를 말해요. '-기로 하다'는 동사에만 사용해요. 받침이 있어요. 없어요. 모두 '-기로 하다'를 사용해요.

	받침 O	받침 X, 'ㄹ' 받침
동사	-기로 하다	

③ 여러분, '-기로 하다'를 사용하여 〈보기〉와 같이 연습 문제를 풀어 볼까요? 먼저 〈보기〉를 함께 읽어 봅시다. (잠시 후) 1번을 함께 말해 볼까요?
가: 영수야, 주말에 친구들하고 어디에 가기로 했어?
나: 노래방에 가기로 했어.
2번은 어떻게 말할까요?
가: 영수야, 주말에 친구들하고 언제 모이기로 했어?
나: 2시에 모이기로 했어.

④ 여러분은 방학에 누구하고 뭘 할 거예요? '-기로 하다'를 사용하여 말해 보세요.

---

① 여러분, 공공장소가 무슨 뜻일까요? 공공장소는 공원, 우체국처럼 많은 사람이 함께 이용하는 곳이에요. 또 어떤 공공장소가 있을까요?

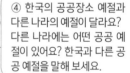

③ (25쪽 그림을 보면서 설명한다)
공공장소에서 무엇을 해도 돼요?

② (24쪽 그림을 보면서 설명한다)
여러분, 공공장소에서 무엇을 하면 안 돼요?

④ 한국의 공공장소 예절과 다른 나라의 예절이 달라요? 다른 나라에는 어떤 공공 예절이 있어요? 한국과 다른 공공 예절을 말해 보세요.

① 지난 시간에 무엇을 공부했어요? 친구들과 약속이 있어요? 뭘 하기로 했어요? 친구들은 누구처럼 무엇을 잘해요?

② 여러분은 다른 사람과 사이가 어때요? 좋아요? 안 좋아요?

④ 사람들은 언제 초대장을 보내요? 친구에게 어떤 문자 메시지를 보내요?

③ (첫 번째 그림을 보면서) 여기가 어디예요? 두 사람이 무엇을 해요?
(두 번째 그림을 보면서) 친구의 바지가 어때요? 어떻게 칭찬해요?
(세 번째 그림을 보면서) 두 사람이 무엇을 사요? 문제집은 어디에서 사요?
(네 번째 그림을 보면서) 두 사람이 무엇을 하고 있어요? 친구와 어떤 약속을 해요?

① 오늘이 생일이에요. 선물로 무엇을 받고 싶어요? 그리고 생일 파티에서 친구와 무엇을 할 거예요?

② (첫 번째 QR 코드를 가리키며) 정호와 와니가 이야기를 하고 있어요. 무슨 이야기를 해요? 함께 확인해 봐요.
(QR 코드를 본 후) 정호는 어디에 갔어요? 정호는 와니에게 무엇을 선물했어요?

⑤ 다시 한번 책을 보면서 읽어 볼까요? (읽은 후에) 음식을 누가 준비했어요? 밥을 다 먹으면 무엇을 할 거예요? (대화가 끝나고 29쪽 위에 있는 새 표현을 설명한다. 새 표현: 숟가락과 젓가락 사진을 보여 주며) 이것을 언제 써요? 이걸 언제 써요? '이것을', '이걸'은 같아요.

③ (두 번째 QR 코드를 가리키며) 와니가 생일 파티를 해요. 두 사람이 무엇을 해요? 함께 확인해 봐요.
(두 번째 QR 코드를 본 후) 어디에서 생일 파티를 해요? 집에서 무엇을 해요?

④ 와니 어머니가 음식을 만들었어요. '와니 어머니가' 맞아요? 아니에요. 와니 어머니는 여러분보다 나이가 많아요. '가, 이'의 높임말 '께서'를 써야 해요. 그래서 '와니 어머니께서 음식을 만들었어요.' 말해야 해요.

⑥ 한 명은 정호, 한 명은 와니가 되어서 다시 읽어 볼까요?

① 여러분 문제를 풀어 볼까요? 내용이 같으면 O, 다르면 X 하세요.
1번을 함께 봐요. 와니가 음식을 준비했어요? 내용과 같아요? 달라요?

② (첫 번째 QR 코드를 가리키며) 와니와 정호는 생일 파티가 끝나고 무엇을 해요? 함께 확인해 봐요.
(첫 번째 QR 코드를 본 후) 와니는 정호에게 왜 '고마워.' 말했어요?

③ 안나가 와니를 칭찬하고 있어요. 어떤 칭찬을 하고 있어요? 대화를 읽어 볼까요? (대화를 읽은 후) 누가 와니에게 바지를 사 줬어요? 와니의 바지가 어때요?
다시 읽어 볼까요? 누가 '와니'를 읽고 싶어요? 누가 '안나'를 읽을 거예요?

④ 여러분, 마지막으로 전체 대화를 한번 들어 볼까요?

---

① 여러분, 보통 사람들은 언제 초대장을 줘요? 초대장에는 어떤 내용을 써요? 모바일 초대장이 뭐예요?

② 여러분, 여기를 보세요. 이게 뭐예요? 어떤 내용이 있어요?

③ 읽기에 있는 새 표현을 알아볼까요? (달력의 오늘에 해당하는 날짜를 손가락으로 가리키며) 오늘이에요. 이번 주는 이날부터 이날까지예요.

⑤ 여러분, 문제를 풀어 볼까요? 읽은 내용과 같으면 O, 다르면 X 하세요.
1번 같이 볼까요? 9월 20일은 와니의 생일이에요. 내용과 같아요? 달라요?
2번 와니는 왜 초대장을 보냈어요?
네, 생일 파티에 초대하고 싶어서 초대장을 보냈어요.

④ 다시 읽어 보세요.
(읽은 후) 와니의 생일은 언제예요? 와니의 생일 파티는 어디에서 하기로 했어요? 생일 파티에서 무엇을 할 거예요?

⑥ (읽기 수업을 정리하면서) 여러분은 언제 초대장을 받았어요? 초대장에 무슨 내용이 있었어요?

① 여러분, 친구 생일 파티에 갔어요. 생일 파티에서 무엇을 했어요? ('무엇을 했어요?'라고 쓰인 칸을 가리키며) 여기에 써 보세요. 생일 파티는 어땠어요? ('어땠어요?'라고 쓰인 칸을 가리키며) 여기에 쓰세요.

② 생일 파티에 가면 무엇이 재미있어요? 기분이 어때요?
여러분이 위에서 '친구의 생일 파티에서 무엇을 했어요?'를 썼어요. 이것을 사용해 문자 메시지를 쓸 거예요. 와니의 생일 파티에 갔어요. 무엇을 했어요? 기분이 어때요? 와니에게 문자 메시지를 써 보세요.

③ (쓰기 수업을 정리하면서) 여러분이 쓴 것을 말해 볼까요?

익힘책: 자가 확인 및 종합 연습 활용

자가 확인

이 문제는 학생들의 실력을 확인하기 위해 제작되었습니다. 각 문제는 전 권의 각 단원과 연계되어 있으므로 결과를 통해 학생의 이해도를 확인할 수 있습니다. 틀린 문제를 통해 전권에서 이해가 부족한 단원만을 선별적으로 가려내어 복습을 진행할 수 있습니다.

이 문제는 단순히 전 권의 내용을 확인하는 성취도 문제가 아니며, 해당 등급을 공부한 학생이라면 풀 수 있는 문제들로 구성하였습니다. 본 문제를 통해 학생들의 한국어 숙달도를 판단할 수 있으며, 평가 결과를 통해 학생의 부족한 어휘와 문법 표현을 파악할 수 있습니다.

문항 번호	구성 과	문항 번호	구성 과
1	1권 2과 73쪽	11	1권 8과 185쪽
2	1권 4과 121쪽	12	1권 8과 184쪽
3	1권 3과 91쪽	13	1권 2과 75쪽
4	1권 2과 72쪽	14	1권 3과 93쪽
5	1권 3과 95쪽	15	1권 4과 112쪽
6	1권 6과 154쪽	16	1권 6과 146쪽
7	1권 7과 167쪽	17	1권 4과 122쪽
8	1권 5과 131쪽	18	1권 8과 191쪽
9	1권 3과 93쪽	19	1권 5과 128쪽
10	1권 4과 110쪽	20	1권 6과 147쪽

종합 연습

이 문제는 학생들이 이번 권의 내용을 잘 이해했는지 확인하기 위해 제작되었습니다. 결과를 통해 이번 권에 대한 학생들의 성취도를 평가할 수 있습니다.

- **80점 이상**: 성취도가 높습니다. 다음 권으로 넘어갈 수 있는 수준입니다.
- **60점 이상 80점 미만**: 틀린 문제를 중심으로 복습을 할 필요가 있습니다. 아직은 헷갈리는 부분이 많은 상태입니다.
- **60점 미만**: 이번 권의 내용을 충분히 숙지하지 못했습니다. 이 상태로 다음 단계에 가면 많은 어려움을 겪을 수 있습니다.

내용 구성표

[의사소통 한국어 2]

단원	제목	주제	꼭 배워요(필수)			문화	더 배워요(선택)			
			어휘	문법	기능		대화	부가 문법	읽기	쓰기
1	와니의 생일 파티에 가기로 했어	관계 형성	• 초대 관련 어휘 • 높임 어휘	• -으시- • -네(요) • -기로 하다 • 처럼	• 칭찬하기 • 약속하기	한국의 공공장소 속 예절을 만나다	• 다른 사람의 잘한 일이나 좋은 물건에 대해 칭찬하기 • 친구와 주말 약속하기	• -다 • 께서 • -자	모바일 초대장	친구의 생일 파티에 다녀와서 문자 메시지 쓰기
2	시험 일정을 확인하고 공부 계획을 잘 세우면 돼	시험	• 시험 관련 어휘	• -는 • -으니까 • -고(순서) • -을래(요)	• 조언하기 • 설명하기	한국의 시험을 엿보다	• 시험 준비물에 대해 조언하기 • 시험에 대해 설명하기	• -지(요) • 못	시험 안내	시험 공부 계획 쓰기
3	어떤 졸업 선물을 주면 좋아할까?	계절별 학사 일정	• 계절과 계절별 날씨 관련 어휘 • 계절별 학사 일정 관련 어휘	• -기 전에 • -은 후에 • -고 있다 • -을까(요) (추측)	• 안내하기 • 의견 교환 하기	한국 중고등 학교의 행사를 가 보다	• 학교 행사 안내를 이해하기 • 학교 행사에 대한 의견을 서로 교환하기	• -을 거예요 (추측) • -읍시다	행사 안내	체험 학습을 다녀온 후에 글쓰기
4	방과 후 수업을 들어 봐	교내 활동	• 동아리와 방과 후 수업 관련 어휘	• -을게(요) • -을까 하다 • -어 보다 (시도) • -지 못하다	• 계획 표현 하기 • 활동 추천 하기	한국 중고등 학교의 교내 활동을 들여다보다	• 방과 후 수업에 대한 자신의 계획 말하기 • 동아리 활동을 추천하기	• 마다 • 중에서 가장/제일	동아리 소개	동아리 가입 신청서 쓰기
5	제주도에 가 봤어?	취미 및 여가 활동	• 취미와 여가 관련 어휘	• -어 보다 (경험) • -은 적이 있다/없다 • -을 때 • -을 줄 알다/ 모르다	• 비교하기 • 경험 표현 하기	한국 중고등 학생의 다양한 취미와 여가 활동을 알아보다	• 취미 이야기를 하면서 여러 가지 취미들을 비교하기 • 자신의 경험 말하기	• -는 것 • -기 • '르'불규칙	동호회 소개	추천하고 싶은 취미 활동에 대해 쓰기
6	추석에 송편을 만들었는데 재미있었어	기념일	• 기념일과 명절 관련 어휘	• -기 때문에 • -는 것 같다 • -는데 • -는지 알다/ 모르다	• 확인하기 • 추측하기	한국의 기념일을 알아보다	• 명절에 하는 일에 대해 확인하기 • 기념일 선물에 대한 반응을 추측하기	• 만	개교 기념일 안내	휴일에 한 일 쓰기
7	수영 연습을 하려고 시간이 날 때마다 수영장에 가요	장래 희망	• 직업과 장래 희망 관련 어휘	• -게 되다 • -으려고 • -거나 • -어지다	• 희망 표현 하기 • 조언 구하기	한국의 직업 세계를 만나다	• 장래 희망을 말하기 • 직업에 대해 조언을 구하기	• -으렴	직업 카드	자신의 직업 카드 만들기
8	축구 하다가 넘어졌어	교내 돌발 상황	• 사건, 사고 관련 어휘	• -다가 • -게 • -어서(순서) • -은 지	• 도움 요청 하기 • 사건, 사고 상황 설명 하기	한국인의 언어와 행동을 만나다	• 물건을 분실한 후 도움을 요청하기 • 사건, 사고 상황에 대해 설명하기	• -어 줄래 (요) • -는 동안에	보건실 이용 안내	보건실 이용 신청서 쓰기

차례

의사소통 한국어 교사용 지도서

1과 와니의 생일 파티에 가기로 했어

● 단원 목표

다른 사람을 칭찬하거나 다른 사람과 약속할 수 있다.

● 단원 내용

꼭 배워요 (필수)	• 주제: 관계 형성
	• 기능: 칭찬하기, 약속하기
	• 어휘: 초대 관련 어휘, 높임 어휘
	• 문법: -으시-, -네(요), -기로 하다, 처럼
문화	• 문화: 한국의 공공장소 속 예절을 만나다
더 배워요 (선택)	• 대화 1: 다른 사람의 잘한 일이나 좋은 물건에 대해 칭찬하기 • 대화 2: 친구와 주말 약속하기
	• 읽기: 모바일 초대장
	• 쓰기: 친구의 생일 파티에 다녀와서 문자 메시지 쓰기

● 수업 개요

	〈꼭 배워요〉 학습 목표
	• 다른 사람을 칭찬할 수 있다. • 다른 사람과 약속할 수 있다.
1차시	• 도입 대화를 통해 본 단원의 주제에 대해 이해하고 말할 수 있다.
2차시	• 초대에 대한 관련 어휘 및 표현, 높임 어휘 및 표현을 알고 활용할 수 있다.
3차시	• 다른 사람과 관계를 형성하며 주체를 높여 말할 수 있다. • '-으시-'를 사용하여 어떤 동작이나 상태의 주체를 높이는 표현을 할 수 있다.
4차시	• 다른 사람과의 관계 형성을 위해 직접 경험하여 새롭게 알게 된 사실에 대해 감탄하며 칭찬할 수 있다. • '-네(요)'를 사용하여 말하는 사람이 직접 경험하여 새롭게 알게 된 사실에 대해 감탄한다는 것을 나타낼 수 있다.

5차시	• 다른 사람과의 관계 형성을 위해 어떤 행동을 할 것을 약속할 수 있다. • '-기로 하다'를 사용하여 앞의 말이 나타내는 행동을 할 것을 결심하거나 약속한다는 것을 나타낼 수 있다.
6차시	• 모양이나 정도가 서로 비슷하거나 같음을 나타내며 칭찬할 수 있다. • '처럼'을 사용하여 모양이나 정도가 서로 비슷하거나 같다는 것을 나타낼 수 있다.

● 1차시 | 복습 및 〈꼭 배워요〉 도입

[학습 목표]
• 도입 대화를 통해 본 단원의 주제에 대해 이해하고 말할 수 있다.

복습 – 20분

1권 8단원에서 배운 주제 및 문법에 대해 복습한다.

1) 교사는 지난 단원의 주제와 관련된 질문을 하여 학생들에게 학습한 내용을 떠올리게 한다.
   📖 "학교 규칙이 있어요? 뭐예요?"
   📖 "학교에 몇 시까지 와요?"
   📖 "교실 규칙이 있어요? 뭐예요?"
   📖 "수업 시간에 무엇을 하면 안 돼요?"
   📖 "우리 가족만의 규칙이 있어요? 뭐예요?"

2) 교사는 '-어도 되다'와 관련된 질문을 하여 학생들에게 학습한 내용을 떠올리게 한다.
   📖 "방과 후에 친구와 놀고 싶어요. 부모님에게 어떻게 말해요?"
   📖 "친구의 지우개를 사용하고 싶어. 친구에게 어떻게 말해요?"
   📖 "동생의 책을 읽고 싶어요. 동생에게 어떻게 말해요?"

3) 교사는 '-어야 되다'와 관련된 질문을 하여 학생들에게 학습한 내용을 떠올리게 한다.
   📖 "집에 돌아오면 무엇을 꼭 해요?"
   📖 "밥을 먹을 거예요. 그 전에 무엇을 꼭 해요?"
   📖 "밥을 다 먹었어요. 그 후에 무엇을 꼭 해요?"

4) 교사는 '-으면 안 되다'와 관련된 질문을 하여 학생들에게 학습한 내용을 떠올리게 한다.
   📖 "교실 규칙이 있어요? 어떤 행동을 하면 안 돼요?"
   📖 "지하철을 탔어요. 어떤 행동을 하면 안 돼요?"
   📖 "영화관에서 어떤 행동을 하면 안 돼요?"

5) 교사는 '-으면서'와 관련된 질문을 하여 학생들에게 학습한 내용을 떠올리게 한다.
   📖 "밥을 먹어요. 그때 무엇을 같이 할 수 있어요?"
   📖 "운동을 해요. 그때 보통 무엇을 같이 해요?"
   📖 "노래를 불러요. 그때 또 무엇을 같이 해요?"

〈꼭 배워요〉 도입 – 25분

1) 교사는 학생들과 교재 17쪽의 그림을 보면서 학습하게 될 주제에 대해 이야기한다.
   📖 "와니가 정호에게 무엇을 주고 있어요?"
   📖 "언제 친구에게 초대장을 줘요?"

2) 교사는 학생들에게 교재 17쪽의 대화를 읽게 한다. 그리고 세부 내용을 이해했는지 확인하는 질문을 한다.
   📖 "무슨 이야기를 하고 있어요?"
   📖 "정호는 언제 와니의 집에 가요?"
   📖 "왜 가요?"

3) 교사는 학생들에게 '함께 이야기해 봐요'의 질문을 하면서 단원의 주제를 도입한다.
   📖 "이번 주에 친구하고 약속이 있어요?"
   📖 "무슨 약속이에요?"
   📖 "친구가 노래를 잘해요. 친구에게 어떻게 말해요?"

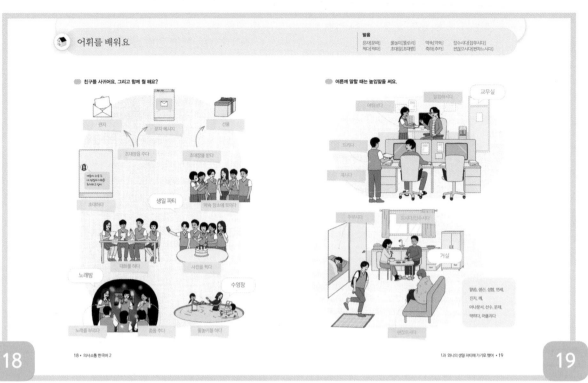

18

19

• 2차시 | 어휘를 배워요

[학습 목표]

• 초대에 대한 관련 어휘와 표현, 높임 어휘와 표현을 알고 활용할 수 있다.

본 단원에는 초대에 관련된 어휘 및 표현과 높임 어휘 및 표현이 제시되어 있다.

도입 – 5분

1) 교사는 질문을 통해 학습하게 될 어휘 및 표현을 자연스럽게 노출한다.

🔳 "친구를 사귀어요. 함께 무엇을 해요?"

🔳 "친구에게 말해요. 선생님에게 말해요. 어떻게 달라요?"

2) 교사는 학생들과 제시된 그림을 보며 이야기를 나눈다.

🔳 "18쪽에 있는 그림을 보세요. 여러분은 생일에 친구들과 무엇을 했어요?"

🔳 "19쪽에 있는 그림을 보세요. 여러분은 어른께 높임말을 쓰고 있어요?"

전개 – 35분

1. 친구를 사귈 때 함께 할 수 있는 일에 관련된 어휘 및 표현이다.

1) 교사는 다음에 제시되는 내용을 참고하여 학생들에게 어휘 및 표현을 설명한다. 이때 새로 등장하는 발음 규칙이 있다면 함께 설명한다.

노래를 부르다	◆ **정의** 음에 맞추어 노래하다. 　　🔳 노래방에서 노래를 불러요. ◆ **정보** 아직 '르' 불규칙을 배우지 않았으므로 '불러요'를 표현처럼 가르친다. ● **설명** "음악 시간에는 무엇을 해요? 노래를 불러요. '노래를 부르다'는 '노래를 해요'와 같아요."
대화	◆ **정의** 마주 대하여 이야기를 주고받음. 또는 그 이야기. 　　🔳 친구하고 대화를 해요. ● **설명** "친구와 이야기해요. 친구와 대화해요. 이야기, 대화 같아요."
문자 메시지	◆ **정의** 휴대 전화에서 글자판을 이용하여 문자로 된 내용을 상대에게 전달하는 기능. 또는 그 글. 　　🔳 휴대 전화로 문자 메시지를 보내요. ● **설명** "휴대 전화로 전화를 해요. (문자 메시지를 쓰는 행동을 하며) 또 친구와 휴대 전화로 무엇을 할 수 있어요? 친구에게 문자 메시지를 보내요. 문자 메시지는 휴대 전화로 글을 보내는 것이에요."
물놀이	◆ **정의** 물에서 노는 일. 　　🔳 바다에서 물놀이를 해요. ● **설명** "바다에 가서 무엇을 해요? (바다에서 수영을 하고 있는 사진을 보여 주며) 수영해요. (바다에서 공놀이를 하고 있는 사진을 보여 주며) 공놀이도 할 수 있어요. 물놀이를 해요. 물놀이는 물에서 노는 거예요."

찍다	**◆ 정의** 어떤 대상을 카메라로 비추어 그 모양을 필름에 옮기다. **예** 여행을 가서 사진을 찍었어요. **● 설명** "(카메라로 사진을 찍는 행동을 하며) 카메라가 있어요. 무엇을 해요? 사진을 찍어요."
선물	**◆ 정의** 고마움을 표현하거나 어떤 일을 축하하고 싶어서 다른 사람에게 물건을 줌. 또는 그 물건. **예** 친구의 생일에 선물을 줬어요. **● 설명** "(선물 상자 사진을 보여 주며) 생일이에요. 생일에 무엇을 줘요? 선물을 줘요. 여러분은 무슨 선물을 받았어요?"
수영장	**◆ 정의** 물에서 놀거나 수영하는 시설이 있는 곳. **예** 수영장에서 물놀이를 해요. **● 설명** "(수영장에서 수영을 하는 사진을 보여 주며) 여기가 어디예요? 바다가 아니지만 수영을 할 수 있어요. 이곳은 수영장이에요. 수영장은 수영을 할 수 있는 장소예요. 수영장에서 수영해요."
모이다	**◆ 정의** 여러 사람이 한곳에 오게 되거나 한 단체에 들게 되다. **예** 친구들하고 운동장에서 모일 거예요. **● 설명** "반 친구들과 영화를 볼 거예요. 어디에서 만나요? 학교 앞에서 만나요. 학교 앞에서 모여요. '모이다'는 여러 명이 만나는 거예요."
초대장	**◆ 정의** 어떤 자리, 모임, 행사 등에 초대하는 편지. **예** 생일 파티 초대장을 받았어요. **● 설명** "생일에 친구를 초대하고 싶어요. 무엇을 친구에게 줘요? 초대장을 줘요. 초대장은 (종이에 글을 쓰는 행동을 하고 학생에게 건네주며) '제 생일에 우리 집에 오세요.' 이게 초대장이에요. 문자 메시지로 보내도 돼요."
추다	**◆ 정의** 춤 동작을 하다. **예** 기분이 좋아서 춤을 췄어요. **● 설명** "(노래를 부르는 사람과 춤을 추는 사람이 있는 사진을 보여 주며) 노래방이에요. 이 사람은 노래를 불러요. 이 사람은 무엇을 해요? 춤, 춤을 추다, 춤을 춰요. 이 사람은 춤을 춰요."
파티	**◆ 정의** 사람들이 모이거나 무엇을 기념하고 싶어서 하는 잔치나 모임. **예** 친구의 생일에 파티를 해요. **● 설명** "(생일에 파티를 하고 있는 사진을 보여 주며) 무슨 날이에요? 생일이에요. 무엇을 하고 있어요? 파티를 하고 있어요. 파티는 친구들과 음식을 먹어요. 노래를 불러요. 춤을 춰요. 친구들과 모여서 파티를 해요."
편지	**◆ 정의** 다른 사람에게 하고 싶은 말을 적어서 보내는 글. **예** 친구에게 편지를 썼어요. **● 설명** "(편지 봉투 사진을 보여 주며) 친구에게 하고 싶은 말이 있어요. 종이에 써요. 친구에게 줘요. 이게 뭐예요? 편지예요."

2) 교사는 질문을 통해 학생들이 어휘 및 표현을 잘 이해했는지 확인한다.

　교 "친구를 사귀면 무엇을 하고 싶어요?"
　교 "친구들과 함께 무엇을 해요?"

2. 어른께 말할 때 사용하는 높임말에 관련된 어휘 및 표현이다.

1) 교사는 다음에 제시되는 내용을 참고하여 학생들에게 어휘를 설명한다. 이때 새로 등장하는 발음 규칙이 있다면 함께 설명한다.

계시다	**◆ 정의** 높은 분이나 어른이 어느 곳에 있다. **예** 선생님이 어디에 계세요? **● 설명** "옆 반 선생님이 여러분에게 '담임 선생님은 어디에 있어요?' 물어봤어요. 여러분은 어떻게 대답해요? '선생님은 교실에 있어요.' 해요. 선생님은 교실에 계세요. '있어요.', '계세요.' 같아요. '계세요.'는 높임말이에요."
드리다	**◆ 정의** '주다'의 높임말. **예** 아버지께 선물을 드려요. **● 설명** "'드리다'는 '주다'의 높임말이에요. 친구에게는 '편지를 주다.', 선생님은 '편지를 드리다.' 하고 말해요."
말씀하시다	**◆ 정의** '말하다'의 높임말. **예** 선생님이 말씀하셨어요. **● 설명** "'말씀하시다'는 '말하다'의 높임말이에요. 친구는 '말하다', 선생님은 '말씀하시다' 하고 말해요."
드시다	**◆ 정의** '먹다'의 높임말. **예** 어머니는 과일을 자주 드세요. **● 설명** "'드시다'는 '먹다'의 높임말이에요. 친구는 과일을 먹어요. '선생님이 과일을 먹다.' 괜찮아요? 아니에요. '선생님이 과일을 드시다.'예요."
잡수시다	**◆ 정의** '먹다'의 높임말. **예** 할아버지는 빵을 잡수셨어요. **● 설명** "'먹다'의 높임말은 두 개예요. '드시다', '잡수시다'예요. '할머니가 빵을 드시다.', '할머니가 빵을 잡수시다.' 같아요."
주무시다	**◆ 정의** '자다'의 높임말. **예** 할머니는 방에서 주무세요. **● 설명** "동생에게는 '잘 자.', 할머니께는 어떻게 말해요? '안녕히 주무세요.'예요. '자다'의 높임말은 '주무시다'예요. 형이 있어요? 형에게는 어떻게 말해요? 어머니에게는 어떻게 말해요?"
편찮으시다	**◆ 정의** '아프다'의 높임말. **예** 어머니가 편찮으셔서 병원에 계세요. **● 설명** "할머니는 약을 드세요. 왜 약을 드세요? 할머니가 아파서 약을 드세요. 할머니가 편찮으셔서 약을 드세요. '편찮으시다'는 '아프다'의 높임말이에요."

말씀	◆ **정의** '다른 사람의 말'의 높임말. 예 선생님의 말씀을 들어요. ● **설명** "여러분이 집에 늦게 들어왔어요. 부모님이 무슨 말씀을 하세요? '왜 늦게 들어왔어?' 하세요. '말씀'은 '말'의 높임말이에요. 부모님은 말씀, 친구는 말이에요."
생신	◆ **정의** '생일'의 높임말. 예 내일 아버지 생신이에요. ● **설명** "'생일'의 높임말은 '생신'이에요. 친구의 생일에 선물을 해요. 어머니 생신에 선물을 드려요."
성함	◆ **정의** '사람의 이름'의 높임말. 예 어머니의 성함을 썼어요. ● **설명** "'이름'의 높임말은 '성함'이에요. 여러분의 가장 친한 친구의 이름이 뭐예요? 옆 반 선생님의 성함은 뭐예요?"
연세	◆ **정의** '사람의 나이'의 높임말. 예 우리 할머니는 연세가 많아요. ● **설명** "'나이'의 높임말은 '연세'예요. 친구에게 나이를 물어봐요. '친구야 너는 나이가 몇 살이야?' '어른에게 나이를 물어봐요.' 안 돼요. 어른은 '연세를 여쭤봐요.' 해요."
진지	◆ **정의** '밥'의 높임말. 예 아버지, 진지 드세요. ● **설명** "동생에게 '동생아, 밥 먹어.'해요. 어른에게 어떻게 말해요? '할머니 진지 드세요. 어머니 진지 드세요.' 해요. '밥'의 높임말은 '진지'예요."
께	◆ **정의** '에게'의 높임말. 예 선생님께 숙제를 내요. ● **설명** "'에게'의 높임말은 '께'예요. 동생에게 사과를 줘요. 선생님께 사과를 드려요. 이렇게 말해요."

2) 교사는 질문을 통해 학생들이 어휘 및 표현을 잘 이해했는지 확인한다.
- 📖 "생일의 높임말이 뭐예요?"
- 📖 "여러분은 지금 교실에 있어요. 지금 부모님은 어디에 계세요?"

교수–학습 지침

※ 고등학생 대상 수업의 경우 필수적으로 5분간 다음 활동을 추가로 진행함.
→ 교사는 준비물로 목표 어휘에 대한 그림 카드를 준비한다. 학생들에게 그림 카드를 보여 주고 예사말과 높임말을 말하게 하는 활동을 하도록 지도한다.

정리 – 5분

교사는 질문을 통해 어휘 및 표현 학습을 마무리한다.
- 📖 "친구를 집에 초대해요? 언제 초대해요?"
- 📖 "친구를 집에 초대하면 같이 뭘 해요?"
- 📖 "여러분은 또 무슨 높임말을 알아요?"

교사 지식

→ '물놀이[물로리]'에서 확인되는 발음 규칙 :
- 유음화 ▶ 치조비음 'ㄴ'이 주위에 있는 유음 'ㄹ'의 영향을 받아 그와 같은 소리로 바뀌는 것을 말한다.

→ '물놀이[물로리], 편찮으시다[편차느시다]'에서 확인되는 발음 규칙 :
- 연음 법칙 ▶자음으로 끝나는 음절 뒤에 모음으로 시작하는 음절이 오면, 앞 음절의 끝소리인 자음이 뒤 음절 초성의 위치로 자리를 옮겨 발음한다.

→ '초대장[초대짱]'에서 확인되는 발음 규칙 :
- 경음화 ▶표기상으로는 사이시옷이 없더라도, 관형적 기능을 지니는 사이시옷이 있어야 할(휴지가 성립되는) 합성어의 경우에는, 뒤 단어의 첫소리 'ㄱ, ㄷ, ㅂ, ㅅ, ㅈ'을 된소리로 발음한다.

→ '받다[받따], 약속[약쏙], 잡수시다[잡쑤시다], 찍다[찍따]'에서 확인되는 발음 규칙 :
- 경음화 ▶경음화란 평음이 경음(된소리)으로 발음되는 것을 말한다. 받침 'ㄱ(ㄲ, ㅋ, ㄳ, ㄺ), ㄷ(ㅅ, ㅆ, ㅈ, ㅊ, ㅌ), ㅂ(ㅍ, ㄼ, ㄿ, ㅄ)' 뒤에 연결되는 'ㄱ, ㄷ, ㅂ, ㅅ, ㅈ'은 된소리로 발음한다.

→ '축하[추카]'에서 확인되는 발음 규칙 :
- 'ㅎ' 축약 ▶ 받침 'ㄱ(ㄺ), ㄷ, ㅂ(ㄼ), ㅈ(ㄵ)'이 뒤 음절첫소리 'ㅎ'과 결합되는 경우에, 두 음을 합쳐서 [ㅋ, ㅌ, ㅍ, ㅊ]으로 발음한다.

→ '편찮으시다[편차느시다]'에서 확인되는 발음 규칙 :
- 'ㅎ' 생략 ▶ 'ㅎ(ㄶ, ㅀ)' 뒤에 모음으로 시작된 어미나 접미사가 결합되는 경우에는, 'ㅎ'을 발음하지 않는다.

• 3차시 | 문법을 배워요 1

[학습 목표]

- 다른 사람과 관계를 형성하며 주체를 높여 말할 수 있다.
- '-으시-'를 사용하여 어떤 동작이나 상태의 주체를 높이는 표현을 할 수 있다.

도입 - 5분

1) 교사는 학생들에게 대화문을 읽게 한다. 그리고 학생들이 대화 상황을 이해했는지 확인 질문을 한다.

📖 "정호는 이 문제를 설명할 수 있어요?"

📖 "문제가 어려워요. 두 사람은 어떻게 할 거예요?"

2) 교사는 학생들에게 목표 문법의 의미를 추측할 수 있는 질문을 한다.

📖 "언제 선생님께 여쭤볼 거예요?"

전개 - 35분

다음의 절차에 따라 문법에 대해 설명한다. 그리고 새로 제시되는 어휘 및 표현이 있다면 그 의미를 함께 설명한다.

[설명]

📖 "'-으시-'는 어떤 동작을 하거나 어떤 상태에 있는 사람을 높여서 말할 때 사용해요."

[예시]

· 우리 아버지는 바쁘세요.
· 우리 어머니는 키가 크세요.
· 우리 선생님은 운동을 잘하세요.

[정보]

▶형태 정보:

	받침 ○	받침 X, 'ㄹ' 받침
동사, 형용사	-으시-	-시-

① 동사 및 형용사 어간 끝음절에 받침이 있으면 '-으시-', 동사 및 형용사 어간 끝음절에 받침이 없거나 'ㄹ' 받침으로 끝나면, '-시-'를 쓴다. 단, 'ㄹ' 받침으로 끝날 때는 'ㄹ'이 탈락한다.

▶주의 사항:

① '-으시-'와 '어/아/여요'가 결합하면 '-으세요'가 되며, 동사에 붙어 어떠한 행동을 할 것을 명령하거나 요청하는 '-으세요'와는 다르다. 본 단원에서는 주체 높임이라는 문법의 의미에 유의하여 예문을 제시한다.

[확인]

교사는 문법을 설명한 뒤 '연습 문제'를 통해 학생들이 문법을 이해했는지 확인한다.

> 정답
> (1) 읽으셨어요
> (2) 가르쳐 주셨어요

어휘 및 표현

문제	◆ 정의 답을 요구하는 물음. 📄 수학 문제 ● 설명 "시험을 봐요. 시험을 잘 보고 싶어요. 공부를 해요. 어떻게 해요? 문제를 많이 풀어요. (국어 문제, 수학 문제 등 문제를 보여 주며) 이게 문제예요."

교수-학습 지침

※ 고등학생 대상 수업의 경우 필수적으로 5분간 다음 활동을 추가로 진행함.

→ 교사는 학생들에게 목표 문법을 활용할 수 있는 새로운 화제를 제시한다.

📖 "자신의 부모님이나 할머니, 할아버지를 '-으시-'를 사용하여 소개해 보세요."

> 예시 답안
> 우리 어머니는 선생님이세요. 우리 아버지는 운동을 좋아하세요.

정리 - 5분

1) 교사는 학생들에게 대화문을 다시 한번 읽게 한다.

2) 교사는 교재에 제시된 열린 질문을 통해 학생들에게 배운 문법을 활용하여 자유롭게 이야기를 나누게 한다.

📖 "여러분의 선생님은 학교에서 보통 무엇을 하세요? '-으시-'를 사용하여 말해 보세요."

```
예시 답안
학생에게 수학을 가르치세요. 책을 읽으세요.
```

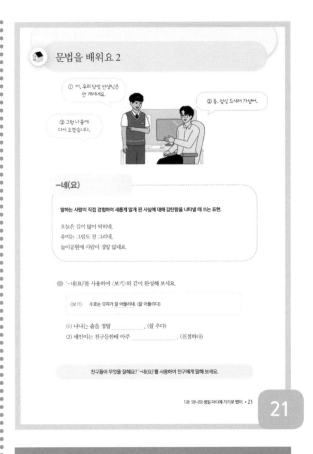

• 4차시 | 문법을 배워요 2

[학습 목표]

• 다른 사람과의 관계 형성을 위해 직접 경험하여 새롭게 알게 된 사실에 대해 감탄하며 칭찬할 수 있다.

• '-네(요)'를 사용하여 말하는 사람이 직접 경험하여 새롭게 알게 된 사실에 대해 감탄한다는 것을 나타낼 수 있다.

도입 - 5분

1) 교사는 학생들에게 대화문을 읽게 한다. 그리고 학생들이 대화 상황을 이해했는지 확인 질문을 한다.

📖 "여기가 어디예요?"

📖 "누구를 찾고 있어요?"

2) 교사는 학생들에게 목표 문법의 의미를 추측할 수 있는 질문을 한다.

📖 "선생님은 어디에 가셨어요?"

전개 - 35분

다음의 절차에 따라 문법에 대해 설명한다. 그리고 새로 제시되는 어휘 및 표현이 있다면 그 의미를 함께 설명한다.

[설명]

📖 "'-네(요)'는 말하는 사람이 직접 경험하여 새롭게 알게

된 사실에 대해 감탄할 때 사용해요."

[예시]

· 오늘은 매우 덥네요.
· 내일이 수호의 생일이네요.
· 영수가 공부를 잘하네요.

[정보]

▶형태 정보:

	받침 ○	받침 X, 'ㄹ' 받침
동사, 형용사		-네(요)

① 동사 및 형용사 어간 끝음절의 받침 유무에 관계없이 '-네(요)'를 쓴다. 단, 'ㄹ' 받침으로 끝날 때는 'ㄹ'이 탈락한다.

▶제약 정보:

① 주어가 2, 3인칭일 때 주로 사용한다.

② 몰랐다가 새롭게 알게 된 사실이나 내용을 나타낼 때는 주어 1인칭이더라도 사용할 수 있다.

· 내가 이번 시험에서 1등이네.(1등인 것을 몰랐다가 알게 된 경우)

▶주의 사항:

① 흔히 놀라움과 감탄을 나타내기 때문에 '아주, 정말, 매우, 무척, 많이'와 같이 정도를 나타내는 부사와 자주 어울려서 쓰인다.

② 구어에서 주로 사용한다.

[확인]

교사는 문법을 설명한 뒤 '연습 문제'를 통해 학생들이 문법을 이해했는지 확인한다.

정답
(1) 잘 추네
(2) 친절하네

어휘 및 표현

막히다	◆ 정의 길에 차가 많아 차가 제대로 가지 못하게 되다. 예 차가 많이 막혀서 약속 시간에 늦었어요. ● 설명 "아버지의 차를 타고 마트에 가요. 앞에 차가 많아요. 앞으로 못 가요. '막혀요' 예요."
어울리다	◆ 정의 여럿이 서로 잘 조화되어 자연스럽게 보이다. 예 호민이는 빨간색이 잘 어울려요. ● 설명 "(한 사람이 안경을 쓴 모습을 보여 주고 안 쓴 모습을 보여 주며) 안경이 있어요. 안경이 없어요. 어때요? 이 사람은 안경을 쓰면 더 멋있어요. 이 사람은 안경이 어울려요."

정리 - 5분

1) 교사는 학생들에게 대화문을 다시 한번 읽게 한다.

2) 교사는 교재에 제시된 열린 질문을 통해 학생들에게 배운 문법을 활용하여 자유롭게 이야기를 나누게 한다.
🔲 "친구들이 무엇을 잘해요? '- 네(요)'를 사용하여 말해 보세요."

예시 답안
○○은 노래를 잘하네요. 너는 춤을 잘 추네.

-기로 하다

앞의 말이 나타내는 행동을 할 것을 결심하거나 약속함을 나타내는 표현.

와니하고 같이 점심을 먹기로 했어.
오늘 학교 끝나면 정호 집에서 놀기로 했어.
주말에 친구들하고 도서관에서 만나기로 했어.

'-기로 하다'를 사용하여 〈보기〉와 같이 이야기해 보세요.

〈보기〉 가: 영수야, 주말에 친구들하고 뭘 하기로 했어? (뭘 하다)
         나: 농구를 하기로 했어. (농구를 하다)

(1) 어디에 가다, 노래방에 가다
(2) 언제 모이다, 2시에 모이다

여러분은 방학에 누구하고 뭘 할 거예요? '-기로 하다'를 사용하여 말해 보세요.

22 • 의사소통 한국어 2

• 5차시 | 문법을 배워요 3

[학습 목표]

- 다른 사람과의 관계 형성을 위해 어떤 행동을 할 것을 약속할 수 있다.
- '-기로 하다'를 사용하여 앞의 말이 나타내는 행동을 할 것을 결심하거나 약속한다는 것을 나타낼 수 있다.

도입 – 5분

1) 교사는 학생들에게 대화문을 읽게 한다. 그리고 학생들이 대화 상황을 이해했는지 확인 질문을 한다.
   🖥 "안나가 왜 집에 안 가요?"

2) 교사는 학생들에게 목표 문법의 의미를 추측할 수 있는 질문을 한다.
   🖥 "두 사람은 저녁에 뭐 할 거예요?"

전개 – 35분

다음의 절차에 따라 문법에 대해 설명한다. 그리고 새로 제시되는 어휘 및 표현이 있다면 그 의미를 함께 설명한다.

[설명]

🖥 "'-기로 하다'는 어떤 행동을 할 것을 결심하거나 약속한다는 것을 나타낼 때 사용해요."

[예시]

· 주말에 나나와 만나기로 했어.
· 방학에 부모님과 여행을 가기로 했어요.
· 내일 형과 운동을 하기로 했어.

[정보]

▶형태 정보:

	받침 ○	받침 X
동사	-기로 하다	

① 동사 어간 끝음절의 받침 유무에 관계없이 '-기로 하다'를 쓴다.

▶제약 정보:

① 형용사와 결합하지 않는다.

② 과거는 '-기로 했다'로 쓴다. '-기' 앞에 '-었-'을 붙이지 않는다.

▶주의 사항:

① 이미 결정하여 결심한 의미로 사용될 때는 미래의 일일지라도 과거형으로 쓴다.

[확인]

교사는 문법을 설명한 뒤 '연습 문제'를 통해 학생들이 문법을 이해했는지 확인한다.

정답
(1) 어디에 가기로 했어 / 노래방에 가기로 했어
(2) 언제 모이기로 했어 / 2시에 모이기로 했어

교수-학습 지침

※ **고등학생 대상 수업의 경우 필수적으로 5분간 다음 활동을 추가로 진행함.**
➜ 교사는 학생들에게 목표 문법을 활용할 수 있는 새로운 화제를 제시한다.
   🖥 "오후의 계획을 '-기로 하다'를 사용하여 말해 보세요."

예시 답안
오후에 친구를 만나기로 했어요. 오후에 도서관에서 책을 읽기로 했어요.

정리 – 5분

1) 교사는 학생들에게 대화문을 다시 한번 읽게 한다.

2) 교사는 교재에 제시된 열린 질문을 통해 학생들에게 배운 문법을 활용하여 자유롭게 이야기를 나누게 한다.
   🖥 "여러분은 방학에 누구하고 뭘 할 거예요? '-기로 하다'를 사용하여 말해 보세요."

예시 답안
부모님하고 할머니 댁에 가기로 했어요. 친구하고 수학 학원에 다니기로 했어요.

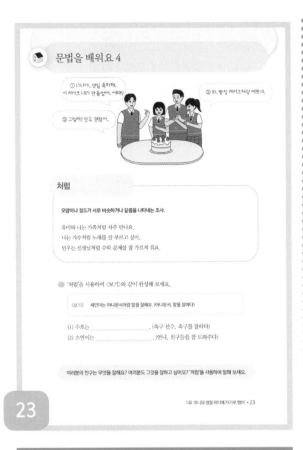

● 6차시 | 문법을 배워요 4

[학습 목표]

- 모양이나 정도가 서로 비슷하거나 같음을 나타내며 칭찬할 수 있다.
- '처럼'을 사용하여 모양이나 정도가 서로 비슷하거나 같다는 것을 나타낼 수 있다.

도입 – 5분

1) 교사는 학생들에게 대화문을 읽게 한다. 그리고 학생들이 대화 상황을 이해했는지 확인 질문을 한다.

　🔲 "식탁 위에 뭐가 있어요?"

　🔲 "지금 친구들이 뭘 해요?"

2) 교사는 학생들에게 목표 문법의 의미를 추측할 수 있는 질문을 한다.

　🔲 "케이크가 어때요?"

전개 – 35분

다음의 절차에 따라 문법에 대해 설명한다. 그리고 새로 제시되는 어휘 및 표현이 있다면 그 의미를 함께 설명한다.

[설명]

　🔲 "'처럼'은 모양이나 정도가 서로 비슷하거나 같다는 것을 나타낼 때 사용해요."

[예시]

- 우리 아버지는 요리사처럼 요리를 잘하세요.
- 우리 형은 영어를 잘해요. 저도 형처럼 영어를 잘하고 싶어요.
- 나나는 가수처럼 춤을 잘 춰요.

[정보]

▶형태 정보:

	받침 ○	받침 X
명사	처럼	

① 명사 끝음절의 받침 유무에 관계없이 '처럼'을 쓴다.

▶주의 사항:

① 비유나 비교의 대상임을 가리키는 조사이다.

- 비유- 영수는 나무처럼 키가 커요.
- 비교- 영수는 키가 커요. 민수도 영수처럼 키가 커요.

[확인]

교사는 문법을 설명한 뒤 '연습 문제'를 통해 학생들이 문법을 이해했는지 확인한다.

> 정답
> (1) 축구 선수처럼 축구를 잘해요
> (2) 언니처럼 친구들을 잘 도와줘요

어휘 및 표현

아나운서	◆ **정의** 뉴스, 사회 등의 방송을 전문적으로 하는 사람. 📷 아나운서가 뉴스를 말해요. ● **설명** "(뉴스를 진행하는 사진을 보여 주며) 뉴스에서 말을 해요. 이 사람이 아나운서예요."
선수	◆ **정의** 운동 경기에서 대표로 뽑힌 사람. 또는 스포츠가 직업인 사람. 📷 우리 형은 농구 선수예요. ● **설명** "(축구 선수, 농구 선수의 사진을 보여 주며) 이 사람은 누구예요? 무엇을 하고 있어요? 이 사람은 선수예요. 축구 선수예요. 농구 선수예요."

> **교수-학습 지침**
>
> ※ 고등학생 대상 수업의 경우 필수적으로 5분간 다음 활동을 추가로 진행함.
> → 교사는 학생들에게 목표 문법을 활용할 수 있는 새로운 화제를 제시한다.
> 　📷 "자신이 가족과 비슷한 것을 '처럼'을 사용하여 말해 보세요."

> 예시 답안
> 저는 어머니처럼 키가 커요. -저는 오빠처럼 축구를 잘해요.

정리 – 5분

1) 교사는 학생들에게 대화문을 다시 한번 읽게 한다.

2) 교사는 교재에 제시된 열린 질문을 통해 학생들에게 배운 문법을 활용하여 자유롭게 이야기를 나누게 한다.

　교 "여러분의 친구는 무엇을 잘해요? 여러분도 그것을 잘하고 싶어요? '처럼'을 사용하여 말해 보세요."

> **예시 답안**
> 저는 ○○처럼 한국어를 잘하고 싶어요. 친구처럼 수학을 잘하고 싶어요.

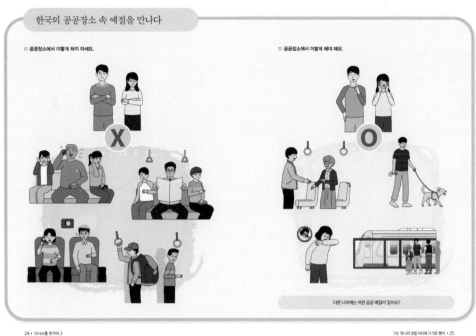

• 문화

[학습 목표]

• 한국의 공공장소에서 하면 안 되는 행동과 한국의 공공장소에서 지켜야 하는 예절에 대해서 알 수 있다.

1) 질문을 통해 학생들에게 주제를 추측하게 한다.

🔲 "공공장소를 알아요?"

🔲 "어떤 곳이 공공장소예요?"

🔲 "공공장소에 갔어요?"

2) 교재 24쪽을 보며 한국의 공공장소에서 하면 안 되는 행동에 대해 설명한다.

3) 교재 25쪽을 보며 한국의 공공장소에서 해야 하는 행동에 대해 설명한다.

교수-학습 지침

교사는 한국의 공공장소 예절에 대한 문화 활동을 진행할 수 있다. 교사는 공공장소에서 일어날 수 있는 여러 가지 상황을 사진으로 준비한다. 사진을 학생들에게 보여 주며 그 상황이 공공장소에서 해야 하는 행동인지, 하면 안 되는 행동인지 판단해 말할 수 있도록 지도한다.

4) 본 문화와 관련하여 상호문화적 관점에서 이야기할 수 있도록 한다.

🔲 "한국의 공공장소 예절과 다른 나라의 예절이 달라요?"

🔲 "다른 나라에는 어떤 공공 예절이 있어요? 한국과 다른 공공 예절을 말해 보세요."

더 알아보기

일본	일본의 택시를 탈 때 뒷좌석에 타야 한다. 앞자리는 모두 택시 기사의 개인 자리로 사용하기 때문이다. 그리고 일부 택시 문은 자동문이기 때문에 열기 위해 힘을 주지 않아도 된다.
싱가포르	싱가포르의 길거리에서 침을 뱉거나 쓰레기를 버리는 행위를 엄격하게 금지하고 있다. 더불어 껌을 씹는 행위도 금지하고 있다.

☐ "친구들은 누구처럼 무엇을 잘해요?"

2) '대화해 봐요 1, 2'에서 학습할 내용을 대표하는 네 개의 그림들을 확인하며 학생들이 앞으로 배우게 될 주제 및 내용을 추측할 수 있도록 한다.

☐ "여기가 어디예요?"

☐ "두 사람이 무엇을 해요?"

☐ "친구의 바지가 어때요?"

☐ "친구의 바지가 예뻐요. 어떻게 칭찬해요?"

☐ "두 사람이 무엇을 사요?"

☐ "문제집은 어디에서 사요?"

☐ "두 사람이 무엇을 하고 있어요?"

☐ "친구와 어떤 약속을 해요?"

3) '함께 이야기해 봐요'에 제시된 질문을 통해 이야기를 나눔으로써 '읽고 써 봐요'에서 학습할 내용을 추측하게 한다.

☐ "사람들은 언제 초대장을 보내요?"

☐ "친구에게 어떤 문자 메시지를 보내요?"

〈더 배워요〉 학습 목표

- 다른 사람의 잘한 일이나 좋은 물건에 대해 칭찬할 수 있다.
- 친구와 주말 약속을 할 수 있다.

7차시	• 친구의 생일 파티에 가서 칭찬을 할 수 있다.
8차시	• 친구와 어떤 일을 같이 하기로 약속을 할 수 있다.
9차시	• 모바일 초대장을 읽고 이해할 수 있다.
10차시	• 문자 메시지를 쓸 수 있다.

• 7차시 | 〈더 배워요〉 도입 및 대화해 봐요 1

〈더 배워요〉 도입 – 5분

1) 〈꼭 배워요〉의 목표 어휘 및 문법 등을 확인할 수 있는 질문을 통해 학생들이 해당 표현을 사용하여 답할 수 있도록 유도한다.

☐ "친구의 집에 갔어요?"

☐ "오늘은 날씨가 어때요?"

☐ "친구들과 약속이 있어요? 뭘 하기로 했어요?"

대화해 봐요 1

정호가 와니의 생일 파티에 갔어요. ▣로 확인해 보세요.

두 사람은 생일 파티에서 무엇을 할까요? 먼저 ▣로 확인해 보세요.

① 정호야, 우리 음식부터 먹을까?

② 좋아. 와, 음식이 정말 많다. 이걸 다 어머니께서 준비해 주셨어?

③ 응, 우리 어머니는 요리사처럼 요리를 잘하셔.

④ 와, 어머니 정말 대단하셔. 나도 빨리 먹어 보고 싶어.

⑤ 천천히 많이 먹어. 그리고 우리 밥을 다 먹으면 거실에서 게임할까?

⑥ 그래, 좋아.

28 • 의사소통 한국어 2

28

[학습 목표]
• 친구의 생일 파티에 가서 칭찬할 수 있다.
• 부가 문법: -다, 께서
• 목표 표현: 정말 -다
　　　　　　~께서 -어 주셨어

본 대화는 정호가 생일 파티에 초대된 상황이다.

도입 – 5분

1) 교사는 학생들에게 '대화해 봐요 1'의 내용을 추측할 수 있는 질문을 한다.
　▣ "친구와 생일 파티에서 무엇을 해요?"
　▣ "생일 선물로 무엇을 받고 싶어요?"

2) 교사는 학생들에게 28쪽의 첫 번째 QR 코드 속 영상을 보게 한다.
　▣ "정호와 와니가 이야기를 하고 있어요. 무슨 이야기를 해요? 함께 확인해 봐요."

3) 교사는 학생들이 대화 내용을 잘 이해했는지 질문을 한다. 그리고 새 표현이 있다면 그 의미를 함께 설명한다.
　▣ "정호는 어디에 갔어요?"
　▣ "정호는 와니에게 무엇을 선물했어요?"

전개 – 20분

1) 교사는 학생들에게 본 대화 내용을 소개하며 28쪽의 두 번째 QR 코드 속 영상을 보게 한다.
　▣ "와니가 생일 파티를 해요. 두 사람이 무엇을 해요? 함께 확인해 봐요."

2) 교사는 학생들이 대화의 전체 내용을 이해했는지 확인하는 질문을 한다.
　▣ "누구의 생일이에요?"
　▣ "어디에서 생일 파티를 해요?"

3) 교사는 학생들에게 대화문을 읽게 한다. 그리고 세부 내용을 이해했는지 확인하는 질문을 한다.
　▣ "음식을 누가 준비했어요?"
　▣ "밥을 다 먹으면 무엇을 할 거예요?"

4) 대화에 제시된 새 표현의 의미를 설명한다.

5) 교사는 학생들에게 대화문을 다시 한번 읽게 한다. 이 때 역할을 나누는 등 다양한 방식으로 읽게 할 수 있다.

6) 교사는 다음의 절차에 따라 부가 문법 '-다', '께서'에 대해 설명한다. 그리고 새로 제시되는 어휘 및 표현이 있다면 그 의미를 함께 설명한다.

부가 문법 1　'-다'

[설명]
▣ "지난주에 어머니가 여행을 가셨어요. 오늘 집에 돌아오세요. 달력을 보면서 생각했어요. '오늘 어머니가 오신다.' 이렇게 '-다'는 어떤 사건이나, 사실, 상태를 서술한다는 것을 나타낼 때 사용해요."

[예시]
· 나는 매일 운동을 한다.
· 영수의 모자가 멋있다.
· 내 동생은 초등학생이다.
· 지금 밖에 비가 온다.

[정보]
▶형태 정보:

	받침 ○	받침 X, 'ㄹ' 받침
동사	는다	-ㄴ다
형용사	-다	

① 동사 어간 끝음절에 받침이 있으면 '-는다', 동사 어간 끝음절에 받침이 없거나 'ㄹ' 받침으로 끝나면 '-ㄴ다'를 쓴다.

② 형용사는 어간 끝음절의 받침 유무에 관계없이 '-다'를 쓴다.

③ '이다, 아니다'는 '다'를 쓴다. 단, '이다' 앞의 명사에 받침이 없으면 '명사+다'라고 쓴다.

▶주의 사항:

① 주로 현재의 사실을 서술함을 나타낸다.

② 구어적 상황에서는 듣는 사람이 말하는 사람보다 아랫사람이거나 친한 친구 사이에 사용할 수 있다.

부가 문법 2   '께서'

[설명]

📖 "동생이 책을 읽어요. 할머니께서 책을 읽으세요. 친구가 자요. 아버지께서 주무세요. 이렇게 '께서'는 '가, 이'의 높임말이에요. 어떤 동작의 주체가 높여야 할 대상이라는 것을 나타낼 때 사용해요."

[예시]

· 어머니께서 자전거를 타세요.
· 할아버지께서 주무세요.
· 할머니께서 진지를 드세요.
· 선생님께서 말씀하세요.

[정보]

▶형태 정보:

	받침 ○	받침 X
명사	께서	

① 명사 끝음절의 받침 유무에 관계없이 '께서'를 쓴다.

▶주의 사항:

① 서술어에 주체를 높이는 어미 '-으시-'를 쓰거나 '주무시다, 계시다' 등의 높임을 나타내는 용언과 호응한다.

7) 교사는 학생들에게 목표 표현에 대해 설명한다.

목표 표현 1   '정말 -다'

[설명]

📖 "'정말 -다'는 자신이 느낀 어떤 사건이나 사실, 상태에 놀라면서 말할 때 사용해요."

[예시]

· 오늘 정말 춥다.
· 극장에 사람이 정말 많다.
· 영수는 키가 정말 크다.
· 제주도의 바다는 정말 아름답다.

목표 표현 2   '~께서 -어 주셨어'

[설명]

📖 "'~께서 -어 주셨어'는 웃어른이 나나 우리에게 한 일에 대해 말할 때 사용해요."

[예시]

· 어머니께서 노래를 불러 주셨어.
· 아버지께서 책상을 만들어 주셨어.

· 할머니께서 선물을 사 주셨어.
· 와니의 어머니께서 음식을 만들어 주셨어.

어휘 및 표현

이걸	◆ 정의 '이것을'의 준말. 📖 예 이걸 주세요. ◆ 정보 표준국어대사전에 등재된 어휘는 아니나 일상생활에서 많이 사용하는 준말이므로 설명하는 것이 좋다. '저걸, 그걸'로 확장하여 설명하면 좋다. ● 설명 "(숟가락과 젓가락 사진을 보여 주며) 이것을 언제 써요? 이걸 언제 써요? '이것을', '이걸' 같아요."
천천히	◆ 정의 움직임이나 태도가 느리게. 📖 예 저는 밥을 천천히 먹어요. ● 설명 "(거북이 사진을 보여 주며) 거북이는 천천히 걸어요. '천천히'는 '빨리' 아니에요. '느리다'예요."
대단하다	◆ 정의 아주 뛰어나다. 📖 예 유미는 기타 연주를 아주 잘해요. 대단해요. ● 설명 "'대단하다'는 다른 사람보다 아주 잘하는 거예요."

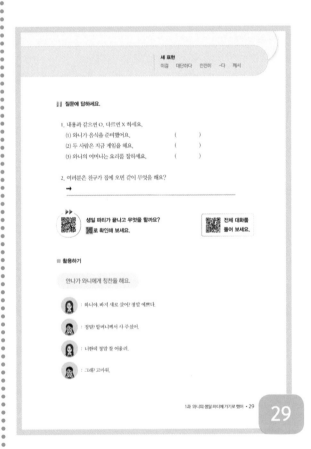

8) 교사는 학생들에게 교재의 1번과 2번 문제를 풀게 한다.

9) 교사는 학생들과 함께 문제의 답을 확인한다.

10) 교사는 학생들에게 29쪽의 첫 번째 QR 코드 속 영상을 보게 한다.
　📹 "와니와 정호는 생일 파티가 끝나고 무엇을 해요? 함께 확인해 봐요."

11) 교사는 학생들이 대화 내용을 잘 이해했는지 질문을 한다. 그리고 새 표현이 있다면 그 의미를 함께 설명한다.
　📹 "와니는 정호에게 왜 고마워요?"

활용 - 10분

1) 교사는 학생들이 목표 표현을 사용하여 대답할 수 있도록 질문을 한다.
　📹 "다른 사람을 칭찬하고 싶어요. 어떻게 말해요?"

2) 교사는 질문을 통해 학생들이 '활용하기'의 대화 상황을 추측할 수 있도록 한다.
　📹 "안나가 와니를 칭찬하고 있어요. 어떤 칭찬을 하고 있어요?"

3) 교사는 학생들에게 대화문을 읽게 한 후 대화의 내용을 이해했는지 확인하는 질문을 한다. 그리고 새 표현이 있다면 그 의미를 함께 설명한다.
　📹 "와니의 바지는 누가 사 줬어요?"
　📹 "와니의 바지가 어때요?"

4) 교사는 학생들에게 대화문을 다시 한번 읽게 한다. 이때 역할을 나누는 등 다양한 방식으로 읽게 할 수 있다.

교수-학습 지침
※ 고등학생 대상 수업의 경우 필수적으로 5분간 다음 활동을 추가로 진행함.
➜ 교사는 짝 활동, 그룹 활동을 통해 서로를 칭찬하는 말하기 활동을 하도록 지도한다.

정리 - 5분

교사는 학생들에게 29쪽의 '전체 대화를 들어 보세요' QR 코드 속 대화를 듣게 하고 수업을 마무리한다.

• 8차시 | 대화해 봐요 2

[학습 목표]
• 친구와 어떤 일을 같이 하기로 약속을 할 수 있다.
• 부가 문법: -자
• 목표 표현: ~하고 같이 -기로 했어
　　　　　　같이 -자

본 대화는 수호와 소연이가 약속을 하고 있는 상황이다.

도입 - 7분

1) 교사는 학생들에게 '대화해 봐요 2'의 내용을 추측할 수 있는 질문을 한다.
　📹 "여러분은 친구와 무슨 약속을 해요?"
　📹 "친구와 어떤 일을 같이 하고 싶으면 어떻게 말해요?"

2) 교사는 학생들에게 30쪽의 첫 번째 QR 코드 속 영상을 보게 한다.
　📹 "수호는 주말에 무엇을 해요? 함께 확인해 봐요."

3) 교사는 학생들이 대화 내용을 잘 이해했는지 질문을 한다. 그리고 새 표현이 있다면 그 의미를 함께 설명한다.
　📹 "나나는 수학 문제집을 다 풀었어요?"
　📹 "수호와 나나는 이번 주 토요일에 어디에 갈 거예요?"

전개 - 20분

1) 교사는 학생들에게 본 대화 내용을 소개하며 30쪽의 두 번째 QR 코드 속 영상을 보게 한다.

   📰 "두 사람이 무엇을 하고 있어요? 함께 확인해 봐요."

2) 교사는 학생들이 대화의 전체 내용을 이해했는지 확인하는 질문을 한다.

   📰 "수호는 소연이와 어디에 갈 거예요?"

3) 교사는 학생들에게 대화문을 읽게 한다. 그리고 세부 내용을 이해했는지 확인하는 질문을 한다.

   📰 "수호는 소연이와 왜 서점에 가기로 했어요?"

4) 대화에 제시된 새 표현의 의미를 설명한다.

5) 교사는 학생들에게 대화문을 다시 한번 읽게 한다. 이 때 역할을 나누는 등 다양한 방식으로 읽게 할 수 있다.

6) 교사는 다음의 절차에 따라 부가 문법 '-자'에 대해 설명한다. 그리고 새로 제시되는 어휘 및 표현이 있다면 그 의미를 함께 설명한다.

부가 문법   '-자'

[설명]

📰 "친구하고 도서관에 가고 싶어요. 친구에게 이야기해요. 우리 도서관에 같이 가자. 이렇게 '-자'는 어떤 행동을 함께 하고 싶다는 뜻을 나타낼 때 사용해요."

[예시]

· 나하고 서울에 가자.
· 우리 밥을 먹자.
· 같이 국어 공부하자.
· 내일 학교에서 만나자.

[정보]

▶형태 정보:

	받침 ○	받침 X
동사	-자	

① 동사 끝음절의 받침 유무에 관계없이 '-자'를 쓴다.

▶제약 정보:

① 형용사와 결합하지 않는다.

② '-자'는 청유형이므로 1인칭 단수, 2인칭 복수, 3인칭 주어와 결합할 수 없다.

③ 과거 '-었-', 미래 · 추측을 나타내는 '-겠-'과 결합할 수 없다.

▶주의 사항:

① 듣는 사람이 말하는 사람보다 아랫사람이거나 친한 사이에서 사용하며, 주로 구어에서 사용한다.

7) 교사는 학생들에게 목표 표현에 대해 설명한다.

목표 표현 1   '~하고 같이 -기로 했어'

[설명]

📰 "'~하고 같이 -기로 했어'는 누구와 같이 어떤 일을 할 것을 약속했을 때 사용해요."

[예시]

· 동생하고 같이 밥을 먹기로 했어.
· 호민이하고 같이 농구를 하기로 했어.
· 부모님하고 같이 백화점에 가기로 했어.
· 와니는 나나하고 같이 우리 집에 오기로 했어.

목표 표현 2   '같이 -자'

[설명]

📰 "'같이 -자'는 어떤 행동을 함께 하자는 뜻을 나타낼 때 사용해요."

[예시]

· 나하고 같이 신문을 읽자.
· 우리 같이 서점에 가자.
· 내일 같이 떡볶이를 먹자.
· 같이 농구를 하자.

◆ **정의** 여럿 중에서 어떤 것을 가려내거나 뽑다.

예 옷 가게에서 옷을 골라요.

◆ **정보** "아직 '르' 불규칙을 배우지 않았으므로 '골라요'를 표현처럼 가르친다.

고르다

● **설명** "문구점에서 지우개를 사요. 큰 지우개가 있고 작은 지우개가 있어요. 그런데 하나만 사요. 하나만 골라요. '고르다'는 물건이 많이 있어요. 다 사지 않아요. 그중에 하나만 사요."

활용 - 10분

1) 교사는 학생들이 목표 표현을 사용하여 대답할 수 있도록 질문을 한다.

📖 "주말에 약속이 있어요?"

📖 "친구하고 같이 공부를 하고 싶어요. 어떻게 말해요?"

2) 교사는 질문을 통해 학생들이 '활용하기'의 대화 상황을 추측할 수 있도록 한다.

📖 "유미는 누구와 함께 공부하고 싶어요?"

3) 교사는 학생들에게 대화문을 읽게 한 후 대화의 내용을 이해했는지 확인하는 질문을 한다. 그리고 새 표현이 있다면 그 의미를 함께 설명한다.

📖 "민우는 오늘 오후에 시간이 있어요?"

📖 "유미는 누구와 과학 문제를 풀 거예요?"

4) 교사는 학생들에게 대화문을 다시 한번 읽게 한다. 이때 역할을 나누는 등 다양한 방식으로 읽게 할 수 있다.

> **교수-학습 지침**
>
> ※ 고등학생 대상 수업의 경우 필수적으로 5분간 다음 활동을 추가로 진행함.
>
> → 교사는 짝 활동, 그룹 활동을 통해 친구와 영화관에 가는 상황을 가정하여 말하기 활동을 하도록 지도한다.

정리 - 8분

교사는 학생들에게 31쪽의 '전체 대화를 들어 보세요' QR 코드 속 대화를 듣게 하고 수업을 마무리한다.

8) 교사는 학생들에게 교재의 1번과 2번 문제를 풀게 한다.

9) 교사는 학생들과 함께 문제의 답을 확인한다.

> **정답**
>
> 1. (1)○ (2)○ (3)○
> 2. 친구하고 영화관에 가기로 했어요. 동생하고 농구를 하기로 했어요. 부모님하고 시장에 가기로 했어요.

10) 교사는 학생들에게 31쪽의 첫 번째 QR 코드 속 영상을 보게 한다.

📖 "소연이와 수호가 무엇을 해요? 함께 확인해 봐요."

11) 교사는 학생들이 대화 내용을 잘 이해했는지 질문을 한다. 그리고 새 표현이 있다면 그 의미를 함께 설명한다.

📖 "두 사람은 지금 어디에 있어요?"

어휘 및 표현

◆ **정의** 배운 것을 연습하기 위해 학습 내용을 문제로 만들어 엮은 책.

예 수학 문제집을 샀어요.

문제집

● **설명** "(문제집 실물이나 사진을 보여 주며) 이것이 '문제집'이에요. 문제집에는 문제가 많이 있어요. '수학 문제집, 영어 문제집' 하고 말해요."

32

● 9차시 | 읽고 써 봐요 - 읽기

[학습 목표]
• 모바일 초대장을 읽고 그 내용을 이해할 수 있다.

본 활동은 생일 파티에 초대하는 모바일 초대장을 읽고 이해하기 위한 활동이다.

읽기 전 - 5분

교사는 학생들에게 읽기 내용을 추측할 수 있는 질문을 한다.

📖 "사람들은 언제 초대장을 줘요?"

📖 "초대장에는 어떤 내용을 써요?"

📖 "모바일 초대장이 뭐예요?"

읽기 중 - 30분

1) 교사는 학생들에게 읽기 지문을 개별적으로 읽게 한다.

2) 교사는 학생들이 읽기 지문의 전체 내용을 이해했는지 확인하는 질문을 한다.

📖 "(32쪽에 있는 휴대 전화의 문자 메시지 그림을 가리키며) 이게 뭐예요?"

📖 "어떤 내용이 있어요?"

3) 교사는 학생들에게 읽기 지문을 읽게 한다. 그리고 세부 내용을 이해했는지 확인하는 질문을 한다.

📖 "누구의 생일이에요?"

📖 "와니의 생일은 언제예요?"

📖 "와니의 생일 파티는 어디에서 하기로 했어요?"

📖 "생일 파티에서 무엇을 할 거예요?"

4) 읽기 지문에 제시된 새 표현의 의미를 설명한다.

어휘 및 표현

이번 주	◆ 정의 곧 돌아올 차례. 또는 막 지나간 차례의 일주일. 📖 예 이번 주에 영화관에 갈 거예요. ◆ 정보 표준국어대사전에 등재된 어휘는 아니나 일상생활에서 많이 사용하는 말이므로 설명하는 것이 좋다. '지난주, 다음 주'로 확장하여 설명하면 좋다. ● 정보 "(달력의 오늘에 해당하는 날짜를 손가락으로 가리키며) 오늘이에요. 이번 주는 이날부터 이날까지예요."

읽기 후 - 10분

1) 교사는 학생들에게 교재의 문제를 풀게 한다.

2) 교사는 학생들과 함께 문제의 답을 확인한다.

정답
1. (1) × (2) × (3) ○
2. 생일 파티에 초대하고 싶어서 초대장을 보냈어요.
3. 2시까지 가야 해요.

3) 교사는 질문을 통해 읽기 내용을 재확인하며 수업을 마무리한다.

📖 "언제 초대장을 받았어요? 초대장에는 어떤 내용이 있어요?"

교수-학습 지침
※ 고등학생 대상 수업의 경우 필수적으로 5분간 다음 활동을 추가로 진행함.
→ 교사는 모임이나 약속에 대한 실제 문자 메시지의 예를 보여주며 정보를 확인하는 활동을 하도록 지도한다.

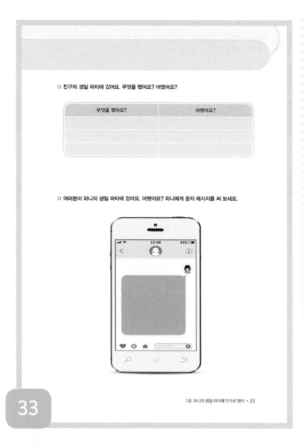

33

● "여러분은 옛날에 친구의 생일 파티에 갔어요?"

● "생일 파티에서 무엇을 했어요?"

● "('무엇을 했어요?' 라고 쓰인 칸을 가리키며) 여기에 쓰세요."

● "생일 파티는 어땠어요?"

● "('어땠어요?' 라고 쓰인 칸을 가리키며) 여기에 쓰세요."

2) 교사는 학생들에게 생일 파티에서 한 일과 생일 파티가 어땠는지 쓰게 한다. 이때 교사는 학생들에게 개별적으로 쓰기 지도를 할 수 있다.

2. 친구의 생일 파티에 다녀온 후에 친구에게 문자 메시지를 쓰는 활동이다.

1) 교사는 학생들에게 무엇을 써야 하는지 알려 준다. 그리고 새 표현이 있다면 그 의미를 함께 설명한다.

● "생일 파티에 가면 무엇이 재미있어요? 기분이 어때요? 친구에게 어떻게 말해요?"

● "여러분이 위에서 친구의 생일 파티에서의 일을 썼어요. 이것을 사용하여 문자 메시지를 써 보세요."

2) 교사는 학생들에게 문자 메시지를 쓰게 한다. 이때 교사는 학생들에게 개별적으로 쓰기 지도를 할 수 있다.

쓰기 후 - 10분

1) 쓰기 활동이 모두 마무리되면 교사는 학생들에게 각자 쓴 것을 발표하게 한다.

2) 교사는 생일 파티에 다녀온 후 보내는 문자 메시지에 대해 다시 한번 정리하며 수업을 마무리한다.

교수-학습 지침

※고등학생 대상 수업의 경우 필수적으로 5분간 다음 활동을 추가로 진행함.

→ 교사는 학생들이 수업 중에 지도받은 내용을 반영해 공책에 글을 다시 쓰는 활동을 할 수 있도록 지도한다. 이를 통해 학생들 스스로 자신의 글을 점검할 수 있다.

● 10차시 | 읽고 써 봐요 - 쓰기

[학습 목표]

• 생일 파티에 다녀온 후에 문자 메시지를 쓸 수 있다.

본 활동은 학생들이 생일 파티에 다녀온 후에 문자 메시지를 써 보도록 하는 활동이다.

쓰기 전 - 5분

1) 교사는 학생들에게 쓰기 내용을 추측할 수 있는 질문을 한다.

● "언제 친구에게 문자 메시지를 보내요?"

● "친구들에게 어떤 내용의 문자 메시지를 보내요?"

2) 교사는 학생들에게 어떤 쓰기 활동을 할 것인지 명확히 알려 준다.

● "문자 메시지를 쓸 거예요."

쓰기 중 - 30분

1. 친구의 생일 파티에서 한 일과 기분에 대해 쓰는 활동이다.

1) 교사는 학생들에게 무엇을 써야 하는지 알려 준다. 그리고 새 표현이 있다면 그 의미를 함께 설명한다.

2과 ⟩ 시험 일정을 확인하고 공부 계획을 잘 세우면 돼

● 단원 목표

다른 사람에게 조언하고 무엇을 설명할 수 있다.

● 단원 내용

꼭 배워요 (필수)	• 주제: 시험
	• 기능: 조언하기, 설명하기
	• 어휘: 시험 관련 어휘
	• 문법: –는, –으니까, –고, –을래(요)
문화	• 문화: 한국의 시험을 엿보다
더 배워요 (선택)	• 대화 1: 시험 준비물에 대해 조언하기 • 대화 2: 시험에 대해 설명하기
	• 읽기: 시험 안내
	• 쓰기: 시험공부 계획 쓰기

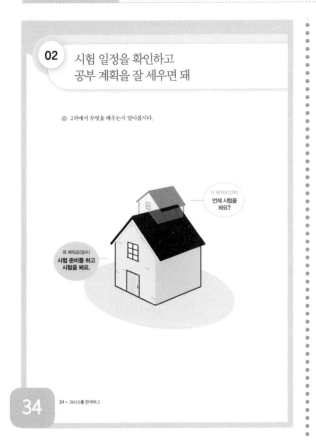

02 시험 일정을 확인하고
공부 계획을 잘 세우면 돼

● 2과에서 무엇을 배우는지 알아봅시다.

더 배워요(선택)
언제 시험을
봐요?

꼭 배워요(필수)
시험 준비를 하고
시험을 봐요.

34 • 의사소통 한국어 2

● 수업 개요

〈꼭 배워요〉 학습 목표

• 다른 사람에게 조언할 수 있다.
• 다른 사람에게 무엇을 설명할 수 있다.

1차시	• 도입 대화를 통해 본 단원의 주제에 대해 이해하고 말할 수 있다.
2차시	• 시험 관련 어휘 및 표현을 알고 말할 수 있다.
3차시	• 제일 잘하는 과목에 대해 설명할 수 있다. • '–는'을 사용하여 앞의 말이 관형어의 기능을 하게 만들고 사건이나 동작이 현재 일어난다는 것을 나타낼 수 있다.
4차시	• 시험을 잘 못 봐서 속상해하는 친구에게 조언할 수 있다. • '–으니까'를 사용하여 뒤에 오는 말에 대하여 앞에 오는 말이 원인이나 근거, 전제가 된다는 것을 강조하여 나타낼 수 있다.

5차시	• 시험을 준비하는 방법에 대해 조언할 수 있다. • '-고'를 사용하여 앞의 말과 뒤의 말이 차례로 일어난다는 것을 나타낼 수 있다.
6차시	• 시험공부를 함께 하자고 자신의 의사를 설명하고 약속을 정할 수 있다. • '-올래(요)'를 사용하여 앞으로 어떤 일을 하려고 하는 자신의 의사를 나타내거나 그 일에 대하여 듣는 사람의 의사를 물어보는 표현을 할 수 있다.

• 1차시 | 복습 및 〈꼭 배워요〉 도입

[학습 목표]
• 도입 대화를 통해 본 단원의 주제에 대해 이해하고 말할 수 있다.

복습 – 20분

1단원에서 배운 주제 및 문법에 대해 복습한다.

1) 교사는 지난 단원의 주제와 관련된 질문을 하여 학생들에게 학습한 내용을 떠올리게 한다.
- 📖 "친구를 언제 집에 초대해요?"
- 📖 "주말에 무슨 계획이 있어요?"
- 📖 "친구가 무엇을 잘해요? 칭찬하세요."
- 📖 "빵을 먹고 있어요. 친구에게 줘요. 선생님께 줘요. 어떻게 말해요?"
- 📖 "'자다', '주다', '아프다', '말하다', '묻다'의 높임말이 뭐예요?"

2) 교사는 '-으시-'와 관련된 질문을 하여 학생들에게 학습한 내용을 떠올리게 한다.
- 📖 "부모님께서 어떤 음식을 좋아하세요?"
- 📖 "부모님께서 어떤 일을 하세요?"
- 📖 "친구들에게 선생님을 소개해요. 어떻게 말해야 돼요?"

3) 교사는 '-네(요)'와 관련된 질문을 하여 학생들에게 학습한 내용을 떠올리게 한다.
- 📖 "오늘 선생님의 옷이 어때요?"
- 📖 "창밖을 보세요. 지금 날씨가 어때요?"
- 📖 "친구의 얼굴을 보세요. 친구가 어때요?"

4) 교사는 '-기로 하다'와 관련된 질문을 하여 학생들에게 학습한 내용을 떠올리게 한다.
- 📖 "방과 후에 무엇을 해요?"
- 📖 "주말에 약속이 있어요? 무슨 약속이 있어요?"
- 📖 "방학에 무슨 계획이 있어요?"

5) 교사는 '처럼'과 관련된 질문을 하여 학생들에게 학습한 내용을 떠올리게 한다.
- 📖 "여러분의 친구는 뭘 잘해요?"

- 📖 "여러분도 그것을 잘해요?"
- 📖 "여러분은 뭘 잘하고 싶어요?"

> **교수-학습 지침**
>
> 교사는 짝 활동, 그룹 활동을 통해 공부하는 방법에 대해 묻고 답하게 할 수 있다. 이때 교사는 지난 단원에서 배운 '-으시-', '-네(요)', '-기로 하다', '-처럼' 중 세 가지 이상의 문법을 사용하여 대화문을 만들 수 있도록 지도한다.

〈꼭 배워요〉 도입 – 25분

1) 교사는 학생들과 교재 35쪽의 그림을 보면서 학습하게 될 주제에 대해 이야기한다.
- 📖 "칠판에 어떤 말이 있어요?"
- 📖 "무엇에 대해 이야기해요?"
- 📖 "여러분도 분식집에 갔어요? 거기에서 뭘 먹었어요?"

2) 교사는 학생들에게 교재 35쪽의 대화를 읽게 한다. 그리고 세부 내용을 이해했는지 확인하는 질문을 한다.
- 📖 "선영이는 수학 시험공부를 어떻게 해요?"
- 📖 "선영이는 집에서 어떻게 공부를 해요?"

3) 교사는 학생들에게 '함께 이야기해 봐요'의 질문을 하면서 단원의 주제를 도입한다.
- 📖 "학교에서 어떤 시험을 봐요?"
- 📖 "시험을 잘 보고 싶어요. 어떻게 해야 해요?"

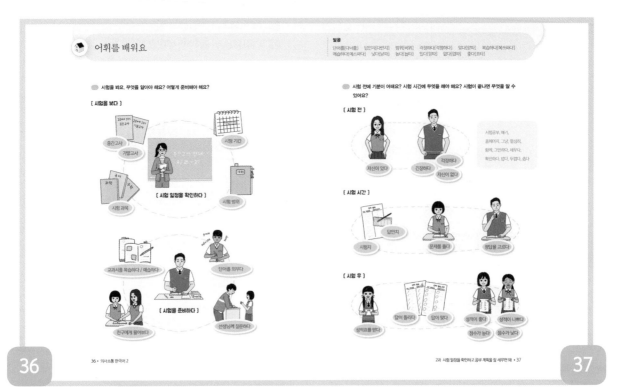

• 2차시 | 어휘를 배워요

[학습 목표]
• 시험 관련 어휘와 표현을 알고 활용할 수 있다.

본 단원에는 시험 일정을 확인하고 준비하는 상황, 시험 전의 기분, 시험 시간이나 시험 후에 할 수 있는 행동에 관련된 어휘 및 표현이 제시되어 있다.

도입 – 5분

1) 교사는 질문을 통해 학습하게 될 어휘 및 표현을 자연스럽게 노출한다.
   📖 "시험을 봐요. 무엇을 알아야 해요? 어떻게 준비해야 해요?"
   📖 "시험 전에 기분이 어때요? 시험 시간에 무엇을 해야 해요? 시험이 끝나면 무엇을 알 수 있어요?"

2) 교사는 학생들과 제시된 그림을 보며 이야기를 나눈다.
   📖 "36쪽에 있는 그림을 보세요. 시험을 봐요. 무엇을 알아야 해요? 어떻게 준비해야 해요?"
   📖 "37쪽에 있는 그림을 보세요. 시험 전에 기분이 어때요? 시험 시간에 무엇을 해야 해요? 시험이 끝나면 무엇을 알 수 있어요?"

전개 – 35분

1. 시험에 관련된 어휘 및 표현이다.

1) 교사는 다음에 제시되는 내용을 참고하여 학생들에

게 어휘 및 표현을 설명한다. 이때 새로 등장하는 발음 규칙이 있다면 함께 설명한다.

교과서	◆ **정의** 학교에서 어떤 과목을 가르치려고 만든 책. 📙 수업 시간에 교과서로 공부해요. ● **설명** "(교과서를 보여 주며) 공부를 해요. 무엇을 봐요? 교과서를 봐요. 교과서를 보면서 공부해요."
복습하다	◆ **정의** 배운 것을 다시 공부하다. 📙 집에서 교과서를 복습해요. ◆ **정보** 반의어 '예습하다' ● **설명** "학교에서 한국어를 배워요. 집에 가서 그것을 다시 공부해요. '복습하다'예요. 학교에서 공부해요. 집에 가서 복습해요."
예습하다	◆ **정의** 앞으로 배울 것을 미리 공부하다. 📙 수업 전에 교과서를 예습해요. ◆ **정보** 반의어 '복습하다' ● **설명** "내일 국어 수업이 있어요. 집에서 먼저 교과서를 읽어요. 먼저 공부해요. '예습하다'예요. 집에서 예습해요. 학교에서 공부를 해요."
중간고사	◆ **정의** 각 학기의 중간에 보는 시험. 📙 다음 주에 중간고사를 봐요. ● **설명** "학교에서 시험을 몇 번 봐요? 학교에서 두 번의 시험을 봐요. 첫 번째 시험은 무슨 시험이에요? '중간고사'예요."
기말고사	◆ **정의** 한 학기의 마지막에 보는 시험. 📙 중간고사를 잘 못 봐서 기말고사는 잘 봐야 해요. ● **설명** "학교에서 두 번 시험 봐요. 두 번째 시험이 뭐예요? '기말고사'예요."

단어	◆ 정의 일정한 뜻과 기능을 가지며 홀로 쓰일 수 있는 가장 작은 말의 단위. 예 영어 단어를 공부해요. ● 설명 "한국어 공부를 해요. 한국어를 잘하고 싶어요. 무엇을 공부해요? 한국어 단어 공부를 해요. '단어'는 '책, 먹다, 예쁘다' 등 뜻이 있는 말이에요."
외우다	◆ 정의 말이나 글 등을 잊지 않고 기억하다. 예 시험을 잘 보고 싶으면 단어를 외워야 해요. ◆ 정보 말이나 글을 기억하고 있다가 한 자도 틀리지 않게 그대로 말하는 것도 '외우다'라고 표현한다. ● 설명 "'외우다'는 말이나 글을 기억하고 아는 거예요. 가족의 생일, 친구의 전화번호를 알아요. 잊지 않아요. 이것이 외우다예요."
질문하다	◆ 정의 모르는 것이나 알고 싶은 것을 묻다. 예 단어를 몰라서 선생님께 질문했어요. ● 설명 "공부를 해요. 문제가 어려워요. 못 풀어요. 어떻게 해요? 선생님께 '선생님이 문제가 어려워요. 어떻게 풀어요?'해요. '질문하다'예요. 문제가 어려워요? 선생님께 질문하세요."
물어보다	◆ 정의 무엇을 알아내기 위하여 묻다. 예 친구에게 숙제를 물어봤어요. ● 설명 "친구의 전화번호를 알고 싶어요. 친구에게 '네 전화번호가 뭐야?' 질문해요. 친구의 전화번호를 물어봐요. '질문하다', '물어보다' 같아요. 문제가 어려워요. 선생님께 질문해요. 선생님께 물어봐요."
시험 과목	◆ 정의 시험을 봐야 할 지식을 분야에 따라 나눈 갈래. 예 기말고사의 시험 과목을 아직 몰라요. ● 설명 "시험을 봐요. 무슨 과목의 시험을 봐요? 국어 시험, 수학 시험, 영어 시험을 봐요. 국어, 수학, 영어가 '시험 과목'이에요. 시험 전에 시험 과목을 알아야 해요."
시험 기간	◆ 정의 시험을 보는 어느 일정한 때부터 다른 일정한 때까지의 동안. 예 시험 기간에는 공부를 더 많이 해요. ● 설명 "시험을 언제부터 봐요? 며칠 시험을 봐요? (달력을 보여 주며) 이날부터 이날까지 시험을 봐요. 이날부터 이날까지 시험 기간이에요. 시험 기간은 4일이에요."
시험 범위	◆ 정의 시험을 보는 일정하게 한정된 내용. 예 이번 수학 시험 범위는 어디부터 어디까지예요? ● 설명 "시험을 봐요. 어디부터 어디까지 공부해요? (교과서를 보여 주며) 여기부터 여기까지 내용을 시험을 봐요. 여기부터 여기까지 시험 범위예요."

일정	◆ 정의 일정한 기간 동안 해야 할 일. 또는 그 일을 하기 위해 짜 놓은 계획. 예 선생님이 시험 일정을 설명해 주셨어요. ● 설명 "선생님께서 중간고사 시험 기간을 말씀해 주셨어요. 시험 전에 공부를 많이 할 거예요. 시험이 끝나고 친구와 영화를 볼 거예요. (달력을 보여 주며) 이날부터 이날까지 시험 기간이에요. 이날부터 공부를 할 거예요. 이날에는 친구와 영화를 봐요. 이번 달 '일정'은 시험 공부, 중간고사, 친구와 영화예요. 여러분은 이번 주에 무슨 일정이 있어요?"

2) 교사는 질문을 통해 학생들이 어휘 및 표현을 잘 이해했는지 확인한다.

🔲 "시험 전에 무엇을 확인해야 해요?"

🔲 "여러분은 시험을 보기 위해 어떻게 해요?"

> 2. 시험 전, 시험 시간, 시험 후와 관련된 어휘 및 표현이다.

1) 교사는 다음에 제시되는 내용을 참고하여 학생들에게 어휘 및 표현을 설명한다. 이때 새로 등장하는 발음 규칙이 있다면 함께 설명한다.

걱정하다	◆ 정의 좋지 않은 일이 있을 것 같아서 두려워하고 불안해하다. 예 어머니가 동생을 걱정했어요. ● 설명 "여러분이 집에 늦게 오면 부모님께서 어때요? 계속 전화를 하세요. 밖에 나와서 기다리세요. 왜 그렇게 하세요? 부모님께서 여러분을 걱정해요. '걱정하다'는 '나쁜 일이 있을 것 같아요.' 생각하는 거예요."
긴장하다	◆ 정의 마음을 놓지 않고 정신을 바짝 차리다. 예 시험 전에 긴장해요. ● 설명 "시험을 봐요. 여러분은 기분이 어때요? 친구들과 선생님 앞에서 서서 이야기해요. 기분이 어때요? '잘할 수 있을까?' 걱정해요. 이런 느낌이 '긴장하다'예요."
자신이 없다	◆ 정의 어떤 일을 해낼 수 있다거나 어떤 일이 꼭 그렇게 될 것이라고 스스로 굳게 믿지 못함. 예 수학이 너무 어려워서 자신이 없어요. ● 설명 "내일 영어 시험이 있어요. 하지만 시험 공부를 못 했어요. 시험을 잘 못 볼 것 같아요. 걱정이에요. 자신이 없어요. '자신이 없다'는 잘할 수 없을 것 같아서 걱정하는 것을 말해요."
자신이 있다	◆ 정의 어떤 일을 해낼 수 있다거나 어떤 일이 꼭 그렇게 될 것이라고 스스로 굳게 믿음. 예 국어 공부를 많이 해서 자신이 있어요. ● 설명 "내일 영어 시험이 있어요. 그래서 시험 공부를 열심히 했어요. 시험을 잘 볼 것 같아요. 자신이 있어요. '자신이 있다'는 잘할 수 있을 것 같아서 걱정하지 않는 것을 말해요."

답	◆ **정의** 질문이나 문제가 요구하는 것에 대해 말함. 또는 그런 말. **예** 이 문제의 답은 몇 번이에요? ● **설명** "(쉬운 수학 문제를 보여 주며) '1+1=?' 이 문제를 보세요. '1+1=' 이 부분이 문제예요. '2'는 답이에요."
정답	◆ **정의** 어떤 문제나 질문에 대한 옳은 답. **예** 이 문제의 정답을 쓰세요. ● **설명** "(쉬운 수학 문제를 보여 주며) '1+1=?' '2'예요? '3'이에요? '2'가 정답이에요. '3'은 정답이 아니에요."
답안지	◆ **정의** 문제에 대한 답을 쓰는 종이. 또는 답을 쓴 종이. **예** 답안지에 답을 쓰세요. ● **설명** "(시험지와 답안지 사진을 보여 주며) 시험을 봐요. 선생님께서 무엇을 주세요? 시험지와 답안지를 주세요. 시험지는 문제가 있어요. 답안지는 문제의 답을 써요."
맞다	◆ **정의** 문제에 대한 답이 틀리지 않다. **예** 문제의 답이 맞았어요? ◆ **정보** 반의어 '틀리다' ● **설명** "시험이 끝나고 답안지를 봤어요. 정답이에요. 답이 맞았어요."
틀리다	◆ **정의** 계산이나 답, 사실 등이 맞지 않다. **예** 수학 문제를 많이 틀렸어요. ◆ **정보** 반의어 '맞다' ● **설명** "시험이 끝나고 답안지를 봤어요. 정답이 아니에요. 답이 틀렸어요."
풀다	◆ **정의** 모르거나 복잡한 문제를 해결하거나 그 답을 알아내다. **예** 영어 문제집을 풀어요. ● **설명** "공부를 해요. 문제집에서 문제를 봐요. 답을 생각해요. 그리고 답을 써요. '문제를 풀다'예요."
성적	◆ **정의** 학생들이 공부한 것을 시험 등으로 평가한 결과. **예** 국어 시험 성적이 좋아요. ● **설명** "시험을 잘 봤어요. 결과가 좋아요. 성적이 좋아요. 시험을 잘 못 봤어요. 결과가 안 좋아요. 성적이 나빠요."
성적표	◆ **정의** 학생들이 공부한 것을 시험 등으로 평가한 결과를 기록한 표. **예** 선생님께 성적표를 받았어요. ● **설명** "시험이 다 끝났어요. 선생님께서 성적표를 주세요. 성적표에는 여러분의 성적이 있어요."
시험지	◆ **정의** 시험 문제가 쓰여 있는 종이나 답을 쓰는 종이. **예** 시험 시간에 시험지와 답안지를 받아요. ● **설명** "(시험지 사진을 보여 주며) 시험을 봐요. 선생님께서 무엇을 주세요? '시험지'를 주세요. 시험지에는 시험 문제가 있어요."

점수	◆ **정의** 성적을 나타내는 숫자. **예** 시험 점수가 좋아요? ● **설명** "시험을 봤어요. 선생님께서 성적표를 주셨어요. 성적표에 무엇이 있어요? 여러분의 시험 점수가 있어요. 점수는 '문제 몇 개 맞았어요, 몇 개 틀렸어요.' 알려 줘요. '많이 맞았어요.' 점수가 높아요. '많이 틀렸어요.' 점수가 낮아요."

2) 교사는 질문을 통해 학생들이 어휘 및 표현을 잘 이해했는지 확인한다.

📖 "어디에서 공부를 해요?"

📖 "시험이 다 끝났어요. 기분이 어때요?"

교수-학습 지침

※ 고등학생 대상 수업의 경우 필수적으로 5분간 다음 활동을 추가로 진행함.

→ 교사는 준비물로 목표 어휘에 대한 그림 카드를 준비한다. 학생들에게 그림 카드를 보여 주고 시험 준비 과정과 시험 준비를 위해 확인해야 하는 것들에 대해 말하기 활동을 하도록 지도한다.

→ 교사는 준비물로 목표 어휘에 대한 그림 카드를 준비한다. 학생들에게 그림 카드를 보여 주고 시험 시간과 시험 후에 받게 되는 것들과 시험 전의 기분에 대해 말하기 활동을 하도록 지도한다.

정리 - 5분

교사는 질문을 통해 어휘 및 표현 학습을 마무리한다.

📖 "시험을 준비하려면 무엇을 확인해야 해요?"

📖 "시험을 어떻게 준비해요?"

📖 "시험 후에 무엇을 받을 수 있어요?"

교사 지식

→ '단어[다너], 답안지[다반지], 범위[버뮈]'에서 확인되는 발음 규칙:
· 연음 법칙 ▶ 1과 28쪽 참고

→ '걱정하다[걱쩡하다], 맞다[맏따], 복습하다[복쓰파다], 낮다[낟따], 높다[놉따], 있다[읻따], 없다[업따]'에서 확인되는 발음 규칙 :
· 경음화 ▶ 1과 28쪽 참고

→ '예습하다[예스파다], 좋다[조타]'에서 확인되는 발음 규칙 :
· 'ㅎ' 축약 ▶ 1과 28쪽 참고

38 · 의사소통 한국어 2

• 3차시 | 문법을 배워요 1

[학습 목표]

- 제일 잘하는 과목에 대해 설명할 수 있다.
- '-는'을 사용하여 앞의 말이 관형어의 기능을 하게 만들고 사건이나 동작이 현재 일어난다는 것을 나타낼 수 있다.

도입 – 5분

1) 교사는 학생들에게 대화문을 읽게 한다. 그리고 학생들이 대화 상황을 이해했는지 확인 질문을 한다.
   🔲 "칠판에 무엇을 썼어요?"
   🔲 "대화가 끝나고 두 사람은 무엇을 할 것 같아요?"

2) 교사는 학생들에게 목표 문법의 의미를 추측할 수 있는 질문을 한다.
   🔲 "소연이는 어떤 과목을 제일 잘해요?"

전개 – 35분

다음의 절차에 따라 문법에 대해 설명한다. 그리고 새로 제시되는 어휘 및 표현이 있다면 그 의미를 함께 설명한다.

[설명]

🔲 "'-는'은 동사나 형용사에 붙여서 명사를 꾸며 줄 때 사용해요."

[예시]

· 좋아하는 친구가 있어요?
· 저는 책을 읽는 것을 좋아해요.
· 선생님이 계신 곳은 교무실이에요.

[정보]

▶형태 정보:

	받침 ○	받침 X, 'ㄹ' 받침	
동사	-는		

	받침 ○	받침 X, 'ㄹ' 받침	있다/없다
형용사	-은	-ㄴ	-는

	받침 ○	받침 X, 'ㄹ' 받침
동사 과거	-은	-ㄴ
동사, 형용사 미래·추측	-을	-ㄹ

① 동사 어간 끝음절의 받침 유무에 관계없이 '-는'을 쓴다. 'ㄹ' 받침으로 끝나는 동사는 'ㄹ'을 탈락시키고 '-는'을 쓴다. 형용사 어간 끝음절에 받침이 있으면 '-은', 형용사 어간 끝음절에 받침이 없거나 'ㄹ' 받침으로 끝나면 '-ㄴ'을 쓴다. 단, 'ㄹ' 받침으로 끝날 때는 'ㄹ'이 탈락한다.

② '있다, 없다'나 '있다, 없다'가 붙어서 만들어진 합성어 '재미있다, 재미없다, 맛있다, 맛없다' 등의 형용사는 '-는'을 쓴다.

③ '이다, 아니다'는 '-ㄴ'을 쓴다.

④ 과거의 경우 동사 어간 끝음절에 받침이 있으면 '-은', 동사 어간 끝음절에 받침이 없거나 'ㄹ' 받침으로 끝나면 '-ㄴ'을 쓴다. 단, 'ㄹ' 받침으로 끝날 때는 'ㄹ'이 탈락한다.

⑤ 미래·추측의 경우 동사, 형용사 어간 끝음절에 받침이 있으면 '-을', 동사, 형용사 어간 끝음절에 받침이 없거나 'ㄹ' 받침으로 끝나면 '-ㄹ'을 쓴다. 단, 'ㄹ' 받침으로 끝날 때는 'ㄹ'이 탈락한다.

▶제약 정보:

① 과거 '-었-'과 결합하지 않는다. 미래·추측을 나타내는 '-겠-'과는 결합하는 경우가 매우 드물게 있는데 이때는 능력의 의미로 해석된다.

[확인]

교사는 문법을 설명한 뒤 '연습 문제'를 통해 학생들이 문법을 이해했는지 확인한다.

정답
(1) 어려운
(2) 편한

※ 고등학생 대상 수업의 경우 필수적으로 5분간 다음 활동을 추가로 진행함.

→ 교사는 학생들에게 목표 문법을 활용할 수 있는 새로운 화제를 제시한다.

📖 "좋아하는 물건과 사고 싶은 물건을 '-는'을 사용하여 말해 보세요."

예시 답안
제가 좋아하는 물건은 컴퓨터예요. 제가 가지고 싶은 물건은 필통이에요.

정리 - 5분

1) 교사는 학생들에게 대화문을 다시 한번 읽게 한다.

2) 교사는 교재에 제시된 열린 질문을 통해 학생들에게 배운 문법을 활용하여 자유롭게 이야기를 나누게 한다.

📖 "여러분은 어떤 일을 좋아해요? 어떤 물건을 좋아해요? '-는'을 사용하여 말해 보세요."

예시 답안
재미있는 일을 좋아해요. 외국어를 배우는 일을 좋아해요. 작은 인형을 좋아해요. 예쁜 모자를 좋아해요.

• 4차시 | 문법을 배워요 2

[학습 목표]

• 시험을 잘 못 봐서 속상해하는 친구에게 조언할 수 있다.

• '-으니까'를 사용하여 뒤에 오는 말에 대하여 앞에 오는 말이 원인이나 근거, 전제가 된다는 것을 강조하여 나타낼 수 있다.

도입 - 5분

1) 교사는 학생들에게 대화문을 읽게 한다. 그리고 학생들이 대화 상황을 이해했는지 확인 질문을 한다.

📖 "호민이는 왜 걱정을 해요?"

📖 "두 사람은 무엇을 하러 갈 거예요?"

2) 교사는 학생들에게 목표 문법의 의미를 추측할 수 있는 질문을 한다.

📖 "시험을 못 본 호민이에게 안나가 어떻게 말했어요?"

전개 - 35분

다음의 절차에 따라 문법에 대해 설명한다. 그리고 새로 제시되는 어휘 및 표현이 있다면 그 의미를 함께 설명한다.

[설명]

📖 "'-으니까'는 앞에 오는 말이 뒤에 오는 말의 원인, 근거,

전제가 된다는 것을 강조할 때 사용해요."

[예시]
· 일찍 자니까 일찍 일어났어.
· 오늘은 시간이 없으니까 우리 내일 만나요.
· 공부를 많이 하니까 성적이 올랐어요.

[정보]
▶형태 정보:

	받침 ○	받침 X, 'ㄹ' 받침
동사, 형용사	-으니까	-니까

① 동사 및 형용사 어간 끝음절에 받침이 있으면 '-으니까', 동사 및 형용사 어간 끝음절에 받침이 없거나 'ㄹ' 받침으로 끝나면 '-니까'를 쓴다. 단, 'ㄹ' 받침으로 끝날 때는 'ㄹ'이 탈락한다.

② '이다, 아니다'는 '-니까'를 쓴다. 단, '이다' 앞의 명사에 받침이 없으면 주로 '명사+니까'라고 쓴다.

▶제약 정보:
① 앞 절과 뒤 절의 주어가 같아도 되고 달라도 된다.

② 미래·추측을 나타낼 때는 '-겠-'을 쓰지 않고 '-을 테니까'를 쓴다.

③ '반갑다, 고맙다, 감사하다, 미안하다' 등과 함께 관용적으로 쓰이는 인사말에서 이유를 말할 때는 '-으니까'를 쓸 수 없다. '-어서'를 쓴다.

▶주의 사항:
① '-으니까'와 '-어서'는 모두 이유나 원인, 근거를 나타내는 연결 어미이다. 그러나 '-어서'는 청유문이나 명령문에 쓸 수 없고 '-었', '-겠-' 뒤에 쓸 수 없다.

[확인]
교사는 문법을 설명한 뒤 '연습 문제'를 통해 학생들이 문법을 이해했는지 확인한다.

> 정답
> (1) 비가 오니까
> (2) 날씨가 추우니까

어휘 및 표현

얘기	◆ 정의 다른 사람과 말을 주고받는 말. 예 친구하고 얘기를 했어요. ◆ 정보 '이야기'의 준말 ● 설명 "친구와 이야기해요. 친구와 얘기해요. '이야기', '얘기' 같아요."
열심히	◆ 정의 어떤 일에 온 정성을 다하여. 예 열심히 공부를 해요. ● 설명 "중간고사 잘 못 봤어요. 기말고사는 어떻게 준비해요? 공부를 열심히 해요. '열심히'는 그냥 하는 것이 아니에요. 노력을 많이 하는 거예요."

함께	◆ 정의 여럿이서 한꺼번에 같이. 예 나하고 함께 서울에 가자. ● 설명 "친구들과 같이 밥을 먹어요. 친구들과 함께 밥을 먹어요. '같이', '함께' 같아요."
그만하다	◆ 정의 하고 있던 일을 멈추다. 예 공부를 그만하고 쉬었어요. ● 설명 "운동을 해요. 너무 힘들어요. 어떻게 해요? 운동을 멈춰요. 운동을 그만해요. 쉬어요. '그만하다'는 '멈추다'와 같아요. 운동을 해요. 너무 힘들면 그만해요. 쉬어요."
덥다	◆ 정의 몸으로 느끼기에 기온이 높다. 예 여름에는 너무 더워요. ◆ 정보 'ㅂ' 불규칙: 더워요, 더우면 ● 설명 "(뜨거운 태양 그림을 보여 주고 선생님이 더워서 손으로 부채질을 행동을 하며) 날씨가 어때요? 더워요. 어떻게 해요? 물을 마셔요. 음료수를 마셔요. (더워하는 행동을 하며) '덥다'예요."
두껍다	◆ 정의 두께가 보통의 정도보다 크다. 예 겨울에는 옷이 두꺼워요. ◆ 정보 'ㅂ' 불규칙: 두꺼워요, 두꺼우면 ● 설명 "(그림으로 교재와 백과사전을 보여 주며) 이 그림에 책이 두 권 있어요. 무엇이 더 두꺼워요? (사전을 가리키며) 이 책이 두꺼워요. 종이 한 장과 종이 열 장이 있어요. 무엇이 두꺼워요? 종이 열 장이 두꺼워요. (교재로 두께를 알 수 있는 부분을 보여 주고 '크다'와 '두껍다'의 차이를 알려 주며) '커요' 아니에요. '두꺼워요'예요."
춥다	◆ 정의 몸으로 느끼기에 기온이 낮다. 예 겨울에는 너무 추워요. ◆ 정보 'ㅂ' 불규칙: 추워요, 추우면 ● 설명 "(눈이 내리고 있는 날씨 사진을 보여주며 선생님이 추워서 떠는 행동을 하며) 날씨가 어때요? 추워요. 어떻게 해요? 목도리를 해요. 모자를 써요. 안 추워요. (추워하는 행동을 하며) '춥다'예요."

> **교수-학습 지침**
> ※ 고등학생 대상 수업의 경우 필수적으로 5분간 다음 활동을 추가로 진행함.
> → 교사는 학생들에게 목표 문법을 활용할 수 있는 새로운 화제를 제시한다.
> 교 "자신이 하기 싫은 행동과 그 이유를 '-으니까'를 사용하여 말해 보세요."

> 예시 답안
> 겨울에는 추우니까 밖에 나가기 싫어요. 채소는 맛이 없으니까 먹기 싫어요.

정리 – 5분

1) 교사는 학생들에게 대화문을 다시 한번 읽게 한다.

2) 교사는 교재에 제시된 열린 질문을 통해 학생들에게 배운 문법을 활용하여 자유롭게 이야기를 나누게 한다.
- 📕 "여러분은 무슨 과목을 좋아해요? 왜 그 과목을 좋아해요? '-으니까'를 사용하여 말해 보세요."

┌─────────────────────────────────────┐
│ 예시 답안   │
│ 쉬우니까 사회를 좋아해요. 재미있으니까 체육을 좋아해요. │
└─────────────────────────────────────┘

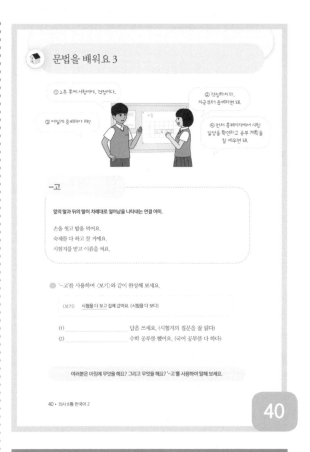

40

• 5차시 | 문법을 배워요 3

[학습 목표]
- 시험을 준비하는 방법에 대해 조언할 수 있다.
- '-고'를 사용하여 앞의 말과 뒤의 말이 차례대로 일어난다는 것을 나타낼 수 있다.

도입 – 5분

1) 교사는 학생들에게 대화문을 읽게 한다. 그리고 학생들이 대화 상황을 이해했는지 확인 질문을 한다.
- 📕 "2주 후에 무엇을 해요?"
- 📕 "호민이는 무엇을 걱정해요?"

2) 교사는 학생들에게 목표 문법의 의미를 추측할 수 있는 질문을 한다.
- 📕 "선영이는 시험을 어떻게 준비해요?"

전개 – 35분

┌─────────────────────────────────────┐
│ 다음의 절차에 따라 문법에 대해 설명한다. 그리고 새로 제시되 │
│ 는 어휘 및 표현이 있다면 그 의미를 함께 설명한다.   │
└─────────────────────────────────────┘

[설명]
- 📕 "'-고'는 두 가지 행동이 차례대로 일어난다는 것을 나타낼 때 사용해요."

[예시]

· 점심을 먹고 친구와 놀러 가요.

· 운동을 하고 샤워를 해요.

· 수업이 끝나고 친구와 이야기해요.

[정보]

▶형태 정보:

	받침 ○	받침 X
동사	-고	

① 동사 어간 끝음절의 받침 유무에 관계없이 '-고'를 쓴다.

▶제약 정보:

① 형용사, '이다, 아니다'와 결합하지 않는다. 형용사나 '이다, 아니다'와 결합하면 나열의 의미인 '-고'로 해석된다.

② 앞 절과 뒤 절의 주어는 같아야 한다.

③ 과거 '-었-', 미래 · 추측을 나타내는 '-겠-'은 뒤 절에서만 나타낸다. 앞 절에 '-었-'과 '-겠-'이 사용되면 나열의 의미인 '-고'로 해석된다.

[확인]

교사는 문법을 설명한 뒤 '연습 문제'를 통해 학생들이 문법을 이해했는지 확인한다.

> 정답
> (1) 시험지의 질문을 잘 읽고
> (2) 국어 공부를 다 하고

어휘 및 표현

홈페이지	◆ **정의** 다른 사람들이 인터넷을 통해서 볼 수 있도록 만든 문서. 예 학교 홈페이지 주소를 알아요? ● **설명** "(학교 홈페이지를 보여 주며) 이것이 뭐예요? 학교 홈페이지예요. 여기를 보면 학교를 알 수 있어요. 다른 홈페이지를 알아요?"
세우다	◆ **정의** 계획이나 결심을 확실히 정하다. 예 방학 계획을 세웠어요. ● **설명** "어떤 일을 확실히 '정하다'가 '세우다'예요. 여러분은 방학에 뭘 해요? 몇 시에 일어날 거예요? 방학 계획을 세워요. 공부를 어떻게 할 거예요? 공부 계획을 세워요."
확인하다	◆ **정의** 틀림없이 그러한지를 알아보거나 인정하다. 예 시험 문제의 답을 다시 확인하세요. ● **설명** "문제를 풀었어요. 답을 썼어요. 답을 다시 보고 다시 생각해요. 답이 맞아요? 틀려요? 확인해요."

> **교수-학습 지침**
>
> ※ 고등학생 대상 수업의 경우 필수적으로 5분간 다음 활동을 추가로 진행함.
> → 교사는 학생들에게 목표 문법을 활용할 수 있는 새로운 화제를 제시한다.
> 교 "자신이 공부를 하는 순서를 '-고'를 사용하여 말해 보세요."

> 예시 답안
> 부 계획을 세우고 공부를 해요. 교재를 읽고 문제를 풀어요.

정리 - 5분

1) 교사는 학생들에게 대화문을 다시 한번 읽게 한다.

2) 교사는 교재에 제시된 열린 질문을 통해 학생들에게 배운 문법을 활용하여 자유롭게 이야기를 나누게 한다.

교 "여러분은 아침에 무엇을 해요? 그리고 무엇을 해요? '-고'를 사용하여 말해 보세요."

> 예시 답안
> 샤워를 하고 밥을 먹어요. 밥을 먹고 이를 닦아요.

41

● 6차시 | 문법을 배워요 4

[학습 목표]

- 시험공부를 함께 하자고 자신의 의사를 설명하고 약속을 정할 수 있다.
- '-을래(요)'를 사용하여 앞으로 어떤 일을 하려고 하는 자신의 의사를 나타내거나 그 일에 대하여 듣는 사람의 의사를 물어보는 표현을 할 수 있다.

도입 – 5분

1) 교사는 학생들에게 대화문을 읽게 한다. 그리고 학생들이 대화 상황을 이해했는지 확인 질문을 한다.

🏫 "두 사람은 오늘 무엇을 할 거예요?"

🏫 "어디에서 공부를 할 거예요?"

2) 교사는 학생들에게 목표 문법의 의미를 추측할 수 있는 질문을 한다.

🏫 "유미는 나나에게 어떻게 이야기했어요?"

전개 – 35분

다음의 절차에 따라 문법에 대해 설명한다. 그리고 새로 제시되는 어휘 및 표현이 있다면 그 의미를 함께 설명한다.

[설명]

🏫 "'-을래(요)'는 말하는 사람이 앞으로 자신이 하고 싶은

일을 말하거나 듣는 사람의 생각을 물어볼 때 사용해요."

[예시]

· 주말에 만나서 무엇을 할래?
· 저는 집에서 책을 읽을래요.
· 내일은 영화를 볼래요.

[정보]

▶형태 정보:

	받침 ○	받침 X, 'ㄹ' 받침
동사	-을래(요)	-ㄹ래(요)

① 동사 어간 끝음절에 받침이 있으면 '-을래(요)', 동사 어간 끝음절에 받침이 없거나 'ㄹ' 받침으로 끝나면 '-ㄹ래(요)'를 쓴다. 단, 'ㄹ' 받침으로 끝날 때는 'ㄹ'이 탈락한다.

▶제약 정보:

① 형용사와 결합하지 않는다.

② 주어는 1인칭만 사용한다.

③ '-을래'의 뒤에 '-요'가 붙어 높임 표현 '-을래요'가 된다. 하지만 '-요'가 붙어도 구어에서 많이 쓰는 비격식체의 말이므로 정중한 느낌을 주지 못해 말하는 사람보다 나이가 많거나 지위가 높은 사람을 상대로 사용할 수 없다.

④ '-을래?'의 뒤에 '요'가 붙어 높임 표현 '-을래요?'가 된다. 하지만 '요'가 붙었다고 해도 말하는 사람보다 나이가 많거나 지위가 높은 사람을 상대로 사용하기 어렵다. 다만, 친분이 있는 윗사람이나 높은 사람, 예를 들어 부모님이나 가까운 직장 상사에게는 '-으시-'와 결합하여 '-으실래요?'의 형태로는 사용할 수 있다.

▶주의 사항:

① 말하는 사람의 의지를 나타내는 '-을래(요)'는 '-고 싶다'와 비슷한 의미를 나타낸다. 하지만 '-고 싶다'는 실현 가능성을 고려하지 않은 단순한 희망을 나타내며 '-을래(요)'는 현재 상황에서 어느 것을 선택하겠다거나 무엇을 하겠다는 구체적인 의사 표현을 나타낸다.

[확인]

교사는 문법을 설명한 뒤 '연습 문제'를 통해 학생들이 문법을 이해했는지 확인한다.

정답
(1) 이 빵도 먹을래/우유만 마실래
(2) 저기에 앉을래/그냥 여기에 있을래

어휘 및 표현

시험공부	◆ 정의 시험을 잘 치기 위하여 하는 공부. 예 시험공부 많이 했어요? ● 설명 "시험 전에 하는 공부가 '시험공부'예요."

그냥	◆ 정의 그런 모양으로 그대로 계속하여.

◆ **정의** 그런 모양으로 그대로 계속하여.
   예 그냥 친구의 이야기를 들었어요.
● **설명** "국어 공부를 했어요. 이제 수학 공부를 하고 싶어요. 그런데 수학 책이 없어요. 그냥 계속 국어 공부를 할 거예요."

교수-학습 지침

※ 고등학생 대상 수업의 경우 필수적으로 5분간 다음 활동을 추가로 진행함.

➔ 교사는 학생들에게 목표 문법을 활용할 수 있는 새로운 화제를 제시한다.

   📖 "이번 주말에 친구와 하고 싶은 일을 '-을래(요)'를 사용하여 말해 보세요."

예시 답안
주말에 친구와 영화를 볼래요. 주말에 친구와 떡볶이를 먹을래요. 주말에 친구와 도서관에 갈래요.

정리 – 5분

1) 교사는 학생들에게 대화문을 다시 한번 읽게 한다.

2) 교사는 교재에 제시된 열린 질문을 통해 학생들에게 배운 문법을 활용하여 자유롭게 이야기를 나누게 한다.

   📖 "여러분은 내일 무엇을 하고 싶어요? '-을래(요)'를 사용하여 말해 보세요."

예시 답안
내일 친구를 만날래요. 내일 도서관에서 공부할래요. 내일 동생하고 영화를 볼래요.

● 메모

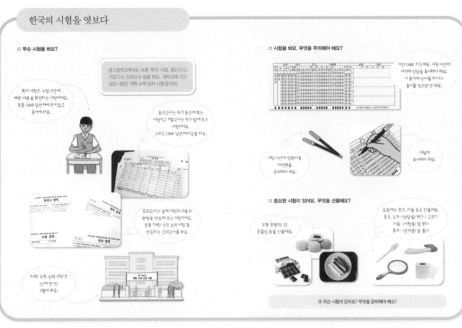

• 문화

[학습 목표]

- 한국에서 어떤 시험을 보는지, 시험을 볼 때 주의해야 하는 사항에 대해 이야기할 수 있다.
- 중요한 시험이 있을 때 선물하는 물건과 그 선물의 의미에 대해 이야기할 수 있다.

1) 질문을 통해 학생들에게 주제를 추측하게 한다.

　📖 "학교에서 어떤 시험을 봐요?"

　📖 "대학교에 가고 싶어요. 어떤 시험을 봐야 해요?"

2) 교재 42쪽을 보며 한국의 학교에서 보는 시험에 대해 설명한다.

3) 교재 43쪽을 보며 한국의 학교에서 시험을 볼 때 주의해야 할 점, 중요한 시험이 있을 때 선물하는 물건과 그 선물의 의미에 대해 설명한다.

교수-학습 지침

교사는 한국의 학교에서 보는 시험에 대한 문화 활동을 진행할 수 있다. 교사는 시험을 보는 사람에게 선물하는 여러 가지 물건의 사진을 준비한다. 사진을 학생들에게 보여 주며 무엇을 하는 물건이고 무슨 의미로 선물하는지 추측해서 말할 수 있도록 지도한다.

4) 본 문화와 관련하여 상호문화적 관점에서 이야기할 수 있도록 한다.

　📖 "다른 나라에서는 무슨 시험을 봐요?"

　📖 "학교에서 보는 시험 말고 또 무슨 시험이 있어요?"

더 알아보기

중국	중국의 대학 입학시험은 '가오카오'라고 부른다. 매년 6월 7일과 8일에 걸쳐서 진행된다. 중국에서는 오직 이 시험 결과에 따라 대학 입학이 결정된다.
일본	일본의 대학 입학시험은 '대학입학자선발 대학입시센터시험'이다. 줄여서 '센터시험'으로 부른다. 매년 1월 13일 이후 첫 번째 주말에 시험이 치러진다.

더 알아보기

- 한자능력검정시험
- 한국사능력검정시험
- 워드프로세서 시험

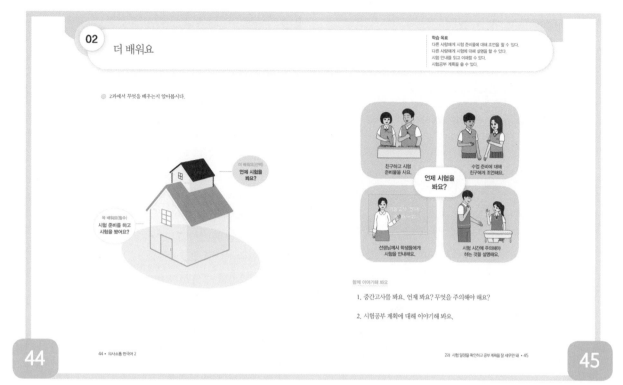

〈더 배워요〉 학습 목표

- 다른 사람에게 시험 준비물에 대해 조언을 할 수 있다.
- 다른 사람에게 시험에 대해 설명을 할 수 있다.

7차시	• 시험 준비물에 대해 설명할 수 있다.
8차시	• 시험 시간에 무엇을 해도 되는지, 하면 안 되는지 조언할 수 있다.
9차시	• 시험 안내문을 읽고 이해할 수 있다.
10차시	• 시험공부 계획을 쓸 수 있다.

● 7차시 | 〈더 배워요〉 도입 및 대화해 봐요 1

〈더 배워요〉 도입 – 5분

1) 〈꼭 배워요〉의 목표 어휘 및 문법 등을 확인할 수 있는 질문을 통해 학생들이 해당 표현을 사용하여 답할 수 있도록 유도한다.
   - 📖 "좋아하는 과목이 뭐예요? 싫어하는 과목은 뭐예요? 왜 좋아해요? 왜 싫어해요?"
   - 📖 "시험공부 계획이 있어요? 어떻게 공부를 할 거예요?"
2) '대화해 봐요 1, 2'에서 학습할 내용을 대표하는 네 개

의 그림들을 확인하며 학생들이 앞으로 배우게 될 주제 및 내용을 추측할 수 있도록 한다.
- 📖 "두 사람은 어디에 있어요?"
- 📖 "두 사람이 무엇을 하고 있어요?"
- 📖 "어떻게 시험 준비를 해야 해요?"
- 📖 "여러분은 친구에게 조언을 해요? 어떤 조언을 해요?"
- 📖 "선생님 뒤에 무엇이 있어요?"
- 📖 "어떤 내용이 있어요?"
- 📖 "두 사람이 무엇을 해요?"
- 📖 "시험 시간에 무엇을 주의해야 해요?"

3) '함께 이야기해 봐요'에 제시된 질문을 통해 이야기를 나눔으로써 '읽고 써 봐요'에서 학습할 내용을 추측하게 한다.
- 📖 "중간고사를 봐요. 언제 봐요? 무엇을 주의해야 해요?"
- 📖 "시험공부 계획에 대해 이야기해 봐요."

[학습 목표]
- 시험 준비물에 대해 설명할 수 있다.
- 부가 문법: -지(요)
- 목표 표현: 너도 -지?
  -으니까 -어야 해

본 대화는 선영이와 정호가 문구점에서 시험 준비물을 사고 있는 상황이다.

도입 - 5분

1) 교사는 학생들에게 '대화해 봐요 1'의 내용을 추측할 수 있는 질문을 한다.
   📕 "시험을 볼 때 무엇이 필요해요?"
   📕 "그것을 어디에서 살 수 있어요?"

2) 교사는 학생들에게 46쪽의 첫 번째 QR 코드 속 영상을 보게 한다.
   📕 "선영이와 정호가 쉬는 시간에 이야기를 하고 있어요. 무슨 이야기를 해요? 함께 확인해 봐요."

3) 교사는 학생들이 대화 내용을 잘 이해했는지 질문을 한다. 그리고 새 표현이 있다면 그 의미를 함께 설명한다.
   📕 "정호는 오늘 시간이 있어요?"
   📕 "두 사람은 수업이 끝나고 어디에 가요?"

전개 - 20분

1) 교사는 학생들에게 본 대화 내용을 소개하며 46쪽의 두 번째 QR 코드 속 영상을 보게 한다.
   📕 "선영이와 정호는 문구점에 갔어요. 왜 갔어요? 함께 확인해 봐요."

2) 교사는 학생들이 대화의 전체 내용을 이해했는지 확인하는 질문을 한다.
   📕 "정호는 문구점에서 무엇을 사요?"

3) 교사는 학생들에게 대화문을 읽게 한다. 그리고 세부 내용을 이해했는지 확인하는 질문을 한다.
   📕 "정호는 무엇을 샀어요?"
   📕 "왜 컴퓨터용 사인펜을 사야 해요?"

4) 대화에 제시된 새 표현의 의미를 설명한다.

5) 교사는 학생들에게 대화문을 다시 한번 읽게 한다. 이 때 역할을 나누는 등 다양한 방식으로 읽게 할 수 있다.

6) 교사는 다음의 절차에 따라 부가 문법 '-지(요)'에 대해 설명한다. 그리고 새로 제시되는 어휘 및 표현이 있다면 그 의미를 함께 설명한다.

부가 문법   '-지(요)'

[설명]
📕 "오늘 ○요일이에요. 맞아요? 오늘 ○요일이지요? 이렇게 '-지(요)'는 이미 알고 있는 사실을 다시 확인할 때 사용해요."

[예시]
· 호민이는 자전거를 잘 타지?
· 내일 국어 시험을 보지?
· 오늘 점심 정말 맛있지?
· 어머니, 오늘 늦게 오시지요?

[정보]
▶형태 정보:

	받침 ○	받침 X
동사, 형용사	-지(요)	

① 동사 및 형용사 어간 끝음절의 받침 유무에 관계없이 '-지(요)'를 쓴다.

② '이다, 아니다'는 '-지(요)'를 쓴다. 단, '이다' 앞의 명사에 받침이 없으면 주로 '명사+지(요)'라고 쓴다.

▶주의 사항:

① 말하는 사람이 어떠한 사실에 대해 듣는 사람도 알고 있다고 전제하여 말함을 나타낸다. 주로 상대방의 의견에 동의하거나 사실을 재확인시킬 때 사용한다.

② '-지'에 '요'가 붙어 높임 표현으로 사용하는 '-지(요)'는 '-죠'로 줄여 쓸 수 있다.

7) 교사는 학생들에게 목표 표현에 대해 설명한다.

목표 표현 1	'너도 -지?'

[설명]

📖 "'너도 -지?'는 친구나 아랫사람에게 사실을 재확인시킬 때 사용해요."

[예시]

· 너도 도서관에 가지?
· 오늘 너도 춥지?
· 너도 배고프지?
· 내일 와니 생일 파티에 너도 오지?

목표 표현 2	'-으니까 -어야 해'

[설명]

📖 "'-으니까 -어야 해'는 다른 사람에게 이유를 설명하면서 해야 할 일을 말할 때 사용해요."

[예시]

· 내일 시험을 보니까 공부해야 해.
· 공책이 필요하니까 가져와야 해.
· 수업 시간이니까 조용히 해야 해.
· 늦었으니까 잠을 자야 해.

8) 교사는 학생들에게 교재의 1번과 2번 문제를 풀게 한다.

9) 교사는 학생들과 함께 문제의 답을 확인한다.

정답

1. (1) ○   (2) ×   (3) ×
2. 볼펜을 사요. 공책을 사요. 수첩을 사요.

10) 교사는 학생들에게 47쪽의 첫 번째 QR 코드 속 영상을 보게 한다.

📖 "정호와 선영이가 문구점에서 나와요. 이제 무엇을 해요? 함께 확인해 봐요."

11) 교사는 학생들이 대화 내용을 잘 이해했는지 질문을 한다. 그리고 새 표현이 있다면 그 의미를 함께 설명한다.

📖 "정호는 내일 어떻게 할 거예요?"

어휘 및 표현

사전	◆ 정의 여러 가지 사항을 모아 일정한 순서로 배열하고 그 각각에 해설을 붙인 책. 예 영어 단어를 몰라서 사전을 봐요. ● 설명 "여러분은 국어나 영어 공부를 해요. 모르는 단어가 있어요. 어떻게 해요? '사전'을 봐요. 사전은 모르는 단어의 뜻이 있는 책이에요. 컴퓨터로도 사전을 볼 수 있어요."
연습장	◆ 정의 연습하는 데에 쓰는 공책. 예 연습장에 수학 문제를 풀어요. ● 설명 "'연습장'은 내용이 안 써 있어요. 연습을 할 수 있는 공책이에요. 여러분은 연습장이 있어요? 연습장에 문제를 풀고 그림도 그릴 수 있어요."
꼭	◆ 정의 어떤 일이 있어도 반드시. 예 약속을 꼭 지키세요. ● 설명 "숙제가 있어요. 숙제를 해요. 숙제를 꼭 해요. '꼭 하다'는 안 하면 안 되는 거예요."
자세히	◆ 정의 아주 사소한 부분까지 구체적이고 분명하게. 예 어제 한 일을 자세히 말했어요. ● 설명 "여러분이 병원에 가요. 어디가 아파요? 목이 아파요. 목이 어떻게 아파요? 목이 이렇게 아파요. 모두 다 말해요. 자세히 말해요. '자세히'는 '모두 다'예요."
혹시	◆ 정의 그러할 리는 없지만 만약에. 예 혹시 오늘 비가 오면 내 우산을 써. ● 설명 "'혹시'는 '만약에'와 같아요. 미래에 대한 일을 생각해서 이야기해요. 혹시 내일 비가 오면 우산을 가지고 오세요."
설명하다	◆ 정의 어떤 것을 남에게 알기 쉽게 풀어 말하다. 예 선생님께서 국어 문제를 설명해 주셨어요. ● 설명 "여러분이 선생님에게 잘 모르는 단어를 물어봐요. 그럼 선생님은 여러분에게 그 단어의 의미를 자세히 말해 줘요. 여러분은 선생님의 말을 듣고 그 단어를 이해할 수 있어요. 이렇게 모르는 것을 자세히 말해 주는 것을 '설명하다' 하고 말해요."

<table>
<tr>
<td rowspan="1">잊다</td>
<td>◆ 정의 한번 알았던 것을 기억하지 못하거나 기억해 내지 못하다.
예 우리의 약속을 잊지 마세요.
● 설명 "어제 숙제가 있었어요. 그런데 숙제를 잊었어요. 숙제를 못 했어요. '잊다'는 '생각이 안 나다'예요. 숙제 생각이 안 나서 숙제를 못 했어요. 숙제를 잊어서 숙제를 못 했어요."</td>
</tr>
</table>

활용 – 10분

1) 교사는 학생들이 목표 표현을 사용하여 대답할 수 있도록 질문을 한다.

📕 "다른 사람에게 조언을 하고 싶어요. 어떻게 말해요?"

2) 교사는 질문을 통해 학생들이 '활용하기'의 대화 상황을 추측할 수 있도록 한다.

📕 "안나가 호민이에게 조언을 해요. 어떤 조언을 해요?"

3) 교사는 학생들에게 대화문을 읽게 한 후 대화의 내용을 이해했는지 확인하는 질문을 한다.

📕 "영어 시간에 무엇이 있어야 해요?"

📕 "그것이 왜 있어야 해요?"

4) 교사는 학생들에게 대화문을 다시 한번 읽게 한다. 이때 역할을 나누는 등 다양한 방식으로 읽게 할 수 있다.

교수-학습 지침

※ 고등학생 대상 수업의 경우 필수적으로 5분간 다음 활동을 추가로 진행함.
➔ 교사는 짝 활동, 그룹 활동을 통해 시험공부 방법에 대해 조언하는 상황을 가정하여 말하기 활동을 하도록 지도한다.

정리 – 5분

교사는 학생들에게 47쪽의 '전체 대화를 들어 보세요' QR 코드 속 대화를 듣게 하고 수업을 마무리한다.

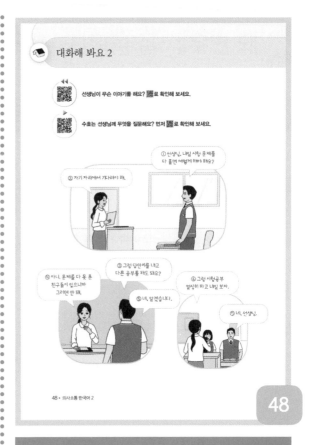

📖 대화해 봐요 2

선생님이 무슨 이야기를 해요? █로 확인해 보세요.

수호는 선생님께 무엇을 질문해요? 먼저 █로 확인해 보세요.

48 · 의사소통 한국어 2

48

● 8차시 | 대화해 봐요 2

[학습 목표]

• 시험 시간에 무엇을 해도 되는지, 하면 안 되는지 조언할 수 있다.
• 부가 문법: 못
• 목표 표현: -고 -어도 돼요?
　　　　　　 -는 -으니까 안 돼

본 대화는 수호와 선생님이 시험에 대해 이야기하고 있는 상황이다.

도입 – 7분

1) 교사는 학생들에게 '대화해 봐요 2'의 내용을 추측할 수 있는 질문을 한다.

📕 "여러분은 시험을 봤어요?"

📕 "시험 시간에 어떻게 해야 해요? 무엇을 하면 안 돼요?"

2) 교사는 학생들에게 48쪽의 첫 번째 QR 코드 속 영상을 보게 한다.

📕 "선생님이 이야기를 하고 있어요. 무슨 이야기를 해요? 함께 확인해 봐요."

3) 교사는 학생들이 대화 내용을 잘 이해했는지 질문을 한다. 그리고 새 표현이 있다면 그 의미를 함께 설명한다.

📕 "언제 시험을 봐요?"

📕 "학생들이 시험공부를 많이 했어요?"

전개 - 20분

1) 교사는 학생들에게 본 대화 내용을 소개하며 48쪽의 두 번째 QR 코드 속 영상을 보게 한다.
   📖 "선영이와 정호는 문구점에 갔어요. 왜 갔어요? 함께 확인해 봐요."

2) 교사는 학생들이 대화의 전체 내용을 이해했는지 확인하는 질문을 한다.
   📖 "정호는 문구점에서 무엇을 사요?"

3) 교사는 학생들에게 대화문을 읽게 한다. 그리고 세부 내용을 이해했는지 확인하는 질문을 한다.
   📖 "정호는 무엇을 샀어요?"
   📖 "왜 컴퓨터용 사인펜을 사야 해요?"

4) 대화에 제시된 새 표현의 의미를 설명한다.

5) 교사는 학생들에게 대화문을 다시 한번 읽게 한다. 이때 역할을 나누는 등 다양한 방식으로 읽게 할 수 있다.

6) 교사는 다음의 절차에 따라 부가 문법 '못'에 대해 설명한다. 그리고 새로 제시되는 어휘 및 표현이 있다면 그 의미를 함께 설명한다.

부가 문법   '못'

[설명]
   📖 "이가 많이 아파요. 밥을 먹을 수 없어요. 이가 아파서 밥을 못 먹어요. 이렇게 '못'은 어떤 행동을 할 수 없을 때 사용해요."

[예시]
   · 저는 피아노를 못 쳐요.
   · 목이 아파서 노래를 못 불러요.
   · 늦게 일어나서 밥을 못 먹었어요.
   · 밖에 비가 많이 와서 못 나가요.

[정보]
▶형태 정보:

	받침 ○	받침 X
동사	못	

① '못' 다음에 동사를 쓴다.

▶주의 사항:
① 명령문과 청유문에 사용되지 않는다. 평서문, 의문문, 감탄문에서만 사용된다.
② '못+동사'는 단형 부정, '동사+못하다'는 장형 부정이라고 한다.
③ 단형 부정과 장형 부정이 모든 상황에서 동일하게 치환되는 것은 아니다. '공부하다'처럼 '명사+하다' 형태의 동사를 부정하려면 '못'을 '명사+하다' 앞이 아니라 '하다' 앞에 써야 한다.

목표 표현 1   '-고 -어도 돼요?'

[설명]
   📖 "'-고 -어도 돼요?'는 어떤 행동 다음에 다른 행동을 해도 되는지 물어볼 때 사용해요."

[예시]
   · 숙제를 다 하고 친구를 만나도 돼요?
   · 밥을 먹고 아이스크림을 먹어도 돼요?
   · 친구와 놀고 집에 들어가도 돼요?
   · 수업이 끝나고 축구를 해도 돼요?

목표 표현 2   '-는 -으니까 안 돼'

[설명]
   📖 "'-는 -으니까 안 돼'는 이유를 설명하면서 어떤 행동을 금지할 때 사용해요."

[예시]
   · 들어오는 사람이 있으니까 문을 닫으면 안 돼.
   · 도서관에서는 책을 읽는 사람들이 많으니까 떠들면 안 돼.
   · 너무 비싼 신발이니까 사면 안 돼.
   · 지금 밖에 많은 눈이 오니까 창문을 열면 안 돼.

8) 교사는 학생들에게 교재의 1번과 2번 문제를 풀게 한다.

9) 교사는 학생들과 함께 문제의 답을 확인한다.

2과 · 시험 일정을 확인하고 공부 계획을 잘 세우면 돼 **61**

10) 교사는 학생들에게 49쪽의 첫 번째 QR 코드 속 영상을 보게 한다.

📖 "소연이와 수호가 시험을 봤어요. 둘이 이야기를 하고 있어요. 무슨 이야기해요? 함께 확인해 봐요."

11) 교사는 학생들이 대화 내용을 잘 이해했는지 질문을 한다. 그리고 새 표현이 있다면 그 의미를 함께 설명한다.

📖 "수호는 시험을 잘 봤어요?"

📖 "성적표를 언제 받아요?"

어휘 및 표현

자기	◆ 정의 그 사람 자신. 📖 자기 일은 자기가 해요. ● 설명 "자기 일은 자기가 해요. '자기'는 ('나'를 손가락으로 가리키며) '나'예요.'자기 일'은 '내 일'이에요."
자리	◆ 정의 사람이 앉을 수 있도록 만들어 놓은 곳. 📖 영화가 시작하면 자리에 앉아요. ● 설명 "교실에 의자가 있어요. 여러분이 앉은 의자가 여러분의 자리예요. 자리는 앉은 곳이에요. 선생님이 '자기 자리에 앉아요.' 했어요. 그럼 여러분은 자기 의자에 앉아야 해요."
들다	◆ 정의 아래에 있는 것을 위로 올리다. 📖 손을 들고 친구에게 인사했어요. ● 설명 "(손을 위로 들어 올리며) 선생님이 손을 들어요. (책을 위로 들며) 선생님이 책을 들어요. '들다'는 위로 이렇게 하는 거예요."
괜찮다	◆ 정의 별 문제가 없다. 📖 안 아프고 괜찮아요. ● 설명 "친구가 표정이 안 좋아요. 어떻게 해요? '괜찮아?' 물어봐요. 그러면 친구가 '괜찮아.' 대답해요. '괜찮다'는 '안 아파요.'예요. '문제가 없다'와 같아요."

활용 – 10분

1) 교사는 학생들이 목표 표현을 사용하여 대답할 수 있도록 질문을 한다.

📖 "다른 사람에게 무엇을 설명하고 싶어요. 어떻게 말해요?"

2) 교사는 질문을 통해 학생들이 '활용하기'의 대화 상황을 추측할 수 있도록 한다.

📖 "민우가 나나에게 시험 시간의 행동을 설명해요. 무엇을 하면 안 돼요?"

3) 교사는 학생들에게 대화문을 읽게 한 후 대화의 내용을 이해했는지 확인하는 질문을 한다. 그리고 새 표현

이 있다면 그 의미를 함께 설명한다.

📖 "시험 시간에 선생님께 질문이 있으면 어떻게 해야 해요?"

📖 "시험 문제를 다 풀고 어떻게 하면 안 돼요?"

4) 교사는 학생들에게 대화문을 다시 한번 읽게 한다. 이때 역할을 나누는 등 다양한 방식으로 읽게 할 수 있다.

교수–학습 지침

※ 고등학생 대상 수업의 경우 필수적으로 5분간 다음 활동을 추가로 진행함.
→ 교사는 학생들에게 학교 홈페이지에서 시험 안내문을 보면서 설명하는 상황을 가정하여 이야기하도록 지도한다.

정리 – 8분

교사는 학생들에게 49쪽의 '전체 대화를 들어 보세요' QR 코드 속 대화를 듣게 하고 수업을 마무리한다.

• 9차시 | 읽고 써 봐요 – 읽기

[학습 목표]
• 시험 안내문을 읽고 이해할 수 있다.

본 활동은 시험 안내문을 읽고 이해하기 위한 활동이다.

읽기 전 – 5분

교사는 학생들에게 읽기 내용을 추측할 수 있는 질문을 한다.

🔲 "여러분, 시험 안내문을 봤어요?"

🔲 "시험 안내문에는 어떤 내용이 있었어요?"

🔲 "시험 안내문에서 어떤 내용을 확인해야 해요?"

읽기 중 – 30분

1) 교사는 학생들에게 읽기 지문을 개별적으로 읽게 한다.

2) 교사는 학생들이 읽기 지문의 전체 내용을 이해했는지 확인하는 질문을 한다.

🔲 "이게 뭐예요?"

🔲 "언제 이 종이를 받아요?"

🔲 "어떤 내용이 있어요?"

3) 교사는 학생들에게 읽기 지문을 읽게 한다. 그리고 세부 내용을 이해했는지 확인하는 질문을 한다.

🔲 "시험을 언제 봐요?"

🔲 "무슨 과목의 시험을 봐요?"

🔲 "몇 교시까지 시험을 봐요?"

🔲 "시험 시간에 무엇을 하면 안 돼요?"

읽기 후 – 10분

1) 교사는 학생들에게 교재의 문제를 풀게 한다.

2) 교사는 학생들과 함께 문제의 답을 확인한다.

정답
1. (1) ○ (2) × (3) ○
2. 시험을 4일 동안 봐요.
3. 휴대 전화를 사용하면 안 돼요. 친구하고 이야기하면 안 돼요. 친구의 시험지를 보면 안 돼요.

3) 교사는 질문을 통해 읽기 내용을 재확인하며 수업을 마무리한다.

🔲 "시험 안내문을 받고 시험을 어떻게 준비해요?"

> **교수–학습 지침**
> ※ 고등학생 대상 수업의 경우 필수적으로 5분간 다음 활동을 추가로 진행함.
> → 교사는 실제 시험 안내문을 활용하여 안내 사항을 확인하는 활동을 하도록 지도한다.

여러분은 자신 있는 과목과 자신 없는 과목이 뭐예요? 그 과목을 쓰고 이유를 말해 보세요.

(와니의 생각)

		과목명	이유
	자신 있다	수학	수업 시간에 열심히 공부했으니까 자신이 있어요.
	자신 없다	국어	항상 시험 점수가 낮으니까 자신이 없어요.

(나의 생각)

		과목명	이유
☺	자신 있다		
☹	자신 없다		

□ 시험을 잘 보고 싶어요. 어떻게 준비해야 해요? 자신의 생각을 써 보세요.

1. 매일 예습, 복습을 열심히 해요.
2.
3.
4.
5.

2과 시험 일정을 확인하고 공부 계획을 잘 세워보아요 • 51

• 10차시 | 읽고 써 봐요 - 쓰기

[학습 목표]

• 시험공부 계획을 쓸 수 있다.

본 활동은 학생들이 자신의 시험공부 계획을 써 보도록 하는 활동이다.

쓰기 전 – 5분

1) 교사는 학생들에게 쓰기 내용을 추측할 수 있는 질문을 한다.
   🔳 "여러분은 무슨 과목의 시험 점수가 높아요?"
   🔳 "여러분은 자신 있는 과목과 자신 없는 과목이 있어요?"

2) 교사는 학생들에게 어떤 쓰기 활동을 할 것인지 명확히 알려 준다.
   🔳 "오늘 시험공부 계획을 써 볼 거예요."

쓰기 중 – 30분

1. 자신 있는 과목과 자신 없는 과목을 쓰는 활동이다.

1) 교사는 학생들에게 무엇을 써야 하는지 알려 준다. 그리고 새 표현이 있다면 그 의미를 함께 설명한다.
   🔳 "와니는 어떤 과목이 자신 있어요? 왜 자신 있어요?"

🔳 "와니는 어떤 과목이 자신 없어요? 왜 자신 없어요?"
🔳 "여러분이 자신이 있는 과목이 있어요? 왜 자신이 있어요?"
🔳 "자신이 없는 과목이 있어요? 왜 자신이 없어요?"
🔳 "(나의 생각이라고 쓰인 칸을 가리키며) 여기에 쓰세요."

2) 교사는 학생들에게 자신 있는 과목과 자신 없는 과목에 대해 쓰게 한다. 이때 교사는 학생들에게 개별적으로 쓰기 지도를 할 수 있다.

2. 자신의 시험공부 계획에 대해 쓰는 활동이다.

1) 교사는 학생들에게 무엇을 써야 하는지 알려 준다. 그리고 새 표현이 있다면 그 의미를 함께 설명한다.
   🔳 "시험 전에 시험공부 계획을 세워요?"
   🔳 "여러분이 위에서 자신 있는 과목과 자신 없는 과목을 썼어요. 시험을 잘 보고 싶어. 어떻게 준비해야 해요? 자신의 시험공부 계획을 쓰세요."

2) 교사는 학생들에게 시험공부 계획을 쓰게 한다. 이때 교사는 학생들에게 개별적으로 쓰기 지도를 할 수 있다.

쓰기 후 – 10분

1) 쓰기 활동이 모두 마무리되면 교사는 학생들에게 각자 쓴 것을 발표하게 한다.

2) 교사는 시험공부 계획에 대해 다시 한번 정리하며 수업을 마무리한다.

교수-학습 지침

※ 고등학생 대상 수업의 경우 필수적으로 5분간 다음 활동을 추가로 진행함.
→ 교사는 학생들이 수업 중에 지도받은 내용을 반영해 공책에 글을 다시 쓰는 활동을 할 수 있도록 지도한다. 이를 통해 학생들 스스로 자신의 글을 점검할 수 있다.

● 메모

3과   어떤 졸업 선물을 주면 좋아할까?

● 단원 목표

학교 행사에 대해 알려 주고, 자신의 의견을 서로 이야기할 수 있다.

● 단원 내용

꼭 배워요 (필수)	• 주제: 계절별 학사 일정
	• 기능: 안내하기, 의견 교환하기
	• 어휘: 계절과 계절별 날씨 관련 어휘, 계절별 학사 일정 관련 어휘
	• 문법: -기 전에, -은 후에, -고 있다, -을까(요)
문화	• 문화: 한국 중고등학교의 행사를 가 보다
더 배워요 (선택)	• 대화 1: 학교 행사 안내를 이해하기 • 대화 2: 학교 행사에 대한 의견을 서로 교환하기
	• 읽기: 행사 안내
	• 쓰기: 체험학습을 다녀온 후에 글쓰기

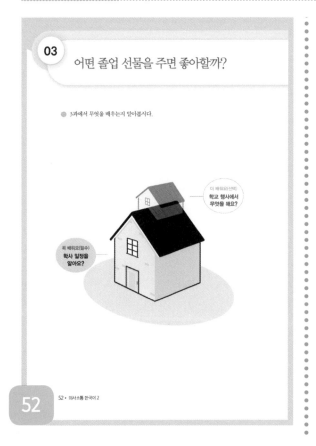

03 어떤 졸업 선물을 주면 좋아할까?

◉ 3과에서 무엇을 배우는지 알아봅시다.

더 배워요(선택)
학교 행사에서
무엇을 해요?

꼭 배워요(필수)
학사 일정을
알아요?

52 • 의사소통 한국어 2

● 수업 개요

〈꼭 배워요〉 학습 목표

• 학교 행사에 대해 알려 줄 수 있다.
• 자신의 의견을 서로 이야기할 수 있다.

1차시	• 도입 대화를 통해 본 단원의 주제에 대해 이해하고 말할 수 있다.
2차시	• 계절과 계절별 날씨, 학사 일정 관련 어휘를 알고 활용할 수 있다.
3차시	• 계획에 대한 의견을 이야기할 수 있다. • '-기 전에'를 사용하여 뒤에 오는 말의 행동이 앞에 오는 말의 행동보다 앞서는 것을 나타낼 수 있다.
4차시	• 다가오는 학사 일정(여름 방학)에 대해 궁금한 정보를 알려 줄 수 있다. • '-은 후에'를 사용하여 앞에 오는 말의 행동을 먼저 하고 뒤에 오는 행동을 다음에 한다는 것을 나타낼 수 있다.

5차시	• 다가오는 학교 행사(체육 대회)에 대해 궁금한 정보를 알려 줄 수 있다. • '-고 있다'를 사용하여 앞의 말이 나타내는 행동이 계속 진행된다는 것을 나타낼 수 있다.
6차시	• 졸업식 선물에 대해 의견을 이야기할 수 있다. • '-을까(요)'를 사용하여 아직 일어나지 않았거나 모르는 일에 대해서 말하는 사람이 추측하여 질문할 때 쓰는 표현을 할 수 있다.

• 1차시 | 복습 및 〈꼭 배워요〉 도입

[학습 목표]
• 도입 대화를 통해 본 단원의 주제에 대해 이해하고 말할 수 있다.

복습 – 20분

2단원에서 배운 주제 및 문법에 대해 복습한다.

1) 교사는 지난 단원의 주제와 관련된 질문을 하여 학생들에게 학습한 내용을 떠올리게 한다.
  📻 "시험을 잘 보고 싶어요. 어떻게 준비해요?"
  📻 "시험을 봐요. 무엇을 준비해야 돼요?"
  📻 "시험을 보면 기분이 어때요?"
  📻 "시험을 보고 그 후에 기분이 어때요?"
  📻 "시험을 보고 성적표를 받았어요? 어땠어요?"

2) 교사는 '-으니까'와 관련된 질문을 하여 학생들에게 학습한 내용을 떠올리게 한다.
  📻 "여러분은 아이스크림을 왜 좋아해요?"
  📻 "학교에 체육복을 왜 가지고 와요?"
  📻 "오늘 기분이 어때요? 왜 기분이 좋아요? 왜 기분이 안 좋아요?"

3) 교사는 '-는'과 관련된 질문을 하여 학생들에게 학습한 내용을 떠올리게 한다.
  📻 "여러 과목을 배워요. 어떤 과목을 좋아해요?"
  📻 "어떤 음식을 좋아해요?"
  📻 "날씨가 아주 더워요. 어떤 음료수를 마시고 싶어요?"

4) 교사는 '-고'와 관련된 질문을 하여 학생들에게 학습한 내용을 떠올리게 한다.
  📻 "아침에 무엇을 했어요? 그 다음 무엇을 했어요?"
  📻 "이번 주말에 무엇을 할 거예요? 그 다음에 무엇을 할 거예요?"
  📻 "청소를 해요. 무엇을 먼저 해요? 그 다음에 무엇을 해요?"

5) 교사는 '-을래(요)'와 관련된 질문을 하여 학생들에게 학습한 내용을 떠올리게 한다.

📻 "친구하고 같이 수영을 배우고 싶어요. 어떻게 이야기해요?"
📻 "친구하고 전화를 해요. 친구하고 10분 뒤에 학교 앞에서 만나고 싶어요. 어떻게 이야기해요?"
📻 "주말에 친구와 점심을 먹고 싶어요. 어떻게 이야기해요?"

교수–학습 지침

교사는 짝 활동, 그룹 활동을 통해 공부하는 방법에 대해 묻고 답하게 할 수 있다. 이때 교사는 지난 단원에서 배운 '-는', '-으니까', '-고', '-을래(요)' 중 세 가지 이상의 문법을 사용하여 대화문을 만들 수 있도록 지도한다.

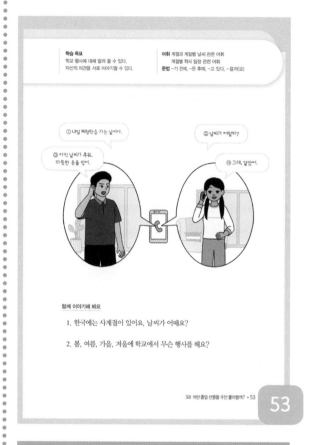

〈꼭 배워요〉 도입 – 25분

1) 교사는 학생들과 교재 53쪽의 그림을 보고 이야기하며 본 단원의 주제에 대해 흥미를 유발한다.
  📻 "무엇을 하고 있어요?"
  📻 "무슨 이야기를 하고 있어요?"
  📻 "내일 무엇을 하는 날이에요?"

2) 교사는 학생들에게 교재 53쪽의 대화를 읽게 한다. 그리고 세부 내용을 이해했는지 확인하는 질문을 한다.
  📻 "내일은 무슨 날이에요?"
  📻 "내일 날씨가 어때요?"

3) 교사는 학생들에게 '함께 이야기해 봐요'의 질문을 하면서 단원의 주제를 도입한다.
  📻 "한국에는 사계절이 있어요. 한국의 날씨가 어때요?"
  📻 "학교에서 봄, 여름, 가을, 겨울에 무슨 행사를 해요?"

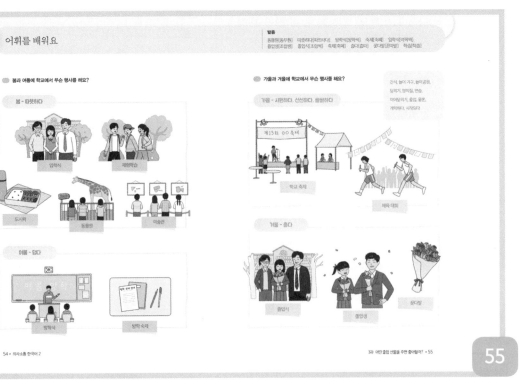

• 2차시 | 어휘를 배워요

[학습 목표]
• 계절과 계절별 날씨, 학사 일정 관련 어휘를 알고 활용할 수 있다.

본 단원에는 계절별로 진행되는 학교 행사에 관련된 어휘 및 표현이 제시되어 있다.

도입 – 5분

1) 교사는 질문을 통해 학습하게 될 어휘 및 표현을 자연스럽게 노출한다.
   교 "봄과 여름에 학교에서 무슨 행사를 해요?"
   교 "가을과 겨울에 학교에서 무슨 행사를 해요?"

2) 교사는 학생들과 제시된 그림을 보며 이야기를 나눈다.
   교 "54쪽의 그림을 보세요. 봄과 여름에 날씨가 어때요? 무엇을 해요?"
   교 "55쪽의 그림을 보세요. 가을과 겨울에 날씨가 어때요? 그때 학교에서 무슨 행사를 해요?"

전개 – 35분

1. 봄과 여름에 하는 학교 행사에 관련된 어휘 및 표현이다.

1) 교사는 다음에 제시되는 내용을 참고하여 학생들에게 어휘 및 표현을 설명한다. 이때 새로 등장하는 발음 규칙이 있다면 함께 설명한다.

봄	◆ 정의 사계절 중 겨울이 지나면 오는 계절. 예 겨울이 가면 봄이 와요. ● 설명 "(봄 사진을 보여 주며) 꽃이 많이 피고 날씨가 좋아요. 언제예요? 봄이에요."
따뜻하다	◆ 정의 덥지 않을 정도로 온도가 알맞게 높다. 예 이 옷이 정말 따뜻해요. ◆ 정보 '따뜻하다'는 날씨뿐만 아니라 옷, 음식 등의 경우에도 사용한다. ● 설명 "밖에 날씨가 추워요. 집은 어때요? 집은 따뜻해요. '따뜻하다'는 덥지 않아요. 춥지 않아요. 추우면 따뜻한 옷을 입어요. 따뜻한 물을 마셔요."
동물원	◆ 정의 일정한 시설에 동물을 구경할 수 있는 곳. 예 동물원으로 소풍을 갔어요. ● 설명 "동물원에는 많은 동물들이 살아요. 동물원에 가면 동물을 볼 수 있어요. 사자나 호랑이도 볼 수 있어요."
미술관	◆ 정의 다른 사람이 그린 그림이나 작품을 볼 수 있는 곳. 예 이 미술관에 유명한 화가의 그림이 있어요. ● 설명 "어디에 가면 그림을 볼 수 있어요? 미술관에서 볼 수 있어요. 많은 그림이 있는 곳이 미술관이에요."
여름	◆ 정의 사계절 중에서 가장 더운 계절. 예 여름에 바다로 수영하러 갈 거예요. ● 설명 "(여름 사진을 보여 주며) 너무 더워요. 언제예요? 여름이에요. 여름은 봄 다음의 계절이에요."

입학식	◆ **정의** 새로 학교에 입학하는 신입생을 환영하는 행사. **예** 신입생들이 입학식에 가요. ◆ **정보** 참조어 '졸업식' ● **설명** "초등학교 6학년이에요. 그 다음에 중학생이 돼요. 중학교에 가면 무엇을 해요? 중학교 입학식을 해요. 고등학교에 가면 고등학교 입학식을 해요. 입학식은 학교에 들어가서 하는 행사예요."
체험학습	◆ **정의** 학교 말고 다른 곳에 직접 가서 공부하는 것. **예** 체험학습을 전주 한옥마을로 가고 싶어요. ◆ **정보** '체험학습'은 표준국어대사전에 등재된 어휘는 아니다. 학교에서만 사용되는 특수한 어휘이다. ● **설명** "여러분은 체험학습을 어디로 갔어요? 미술관에 가요. 동물원에도 가요. 체험학습은 학교 밖에 있는 다른 장소에서 공부하는 거예요."
도시락	◆ **정의** 작은 그릇에 반찬을 같이 담은 밥. **예** 도시락이 맛있어요. ◆ **정보** '도시락'은 밥을 담는 그릇을 의미하기도 한다. ● **설명** "여러분이 체험학습을 가요. 밥을 어떻게 먹어요? 집에서 그릇에 넣어요. 그리고 그것을 가져가요. 그것이 '도시락'이에요."
방학식	◆ **정의** 학교에서 일정 기간 동안 수업을 하지 않는 방학을 시작할 때 하는 것. **예** 내일 방학식을 해요. ◆ **정보** '방학식'은 표준국어대사전에 등재된 어휘는 아니다. 학교에서만 사용되는 특수한 어휘이다. ● **설명** "기말고사가 끝났어요. 이제 무엇을 해요? 방학을 해요. 방학을 하는 날에 무엇을 해요? 방학식을 해요. 방학을 하는 날에 하는 행사가 '방학식'이에요."
방학 숙제	◆ **정의** 방학 동안 집에서 해야 하는 숙제. **예** 방학 숙제가 너무 많아요. ● **설명** "방학식 때 선생님이 숙제를 주세요. 여러분은 방학에 그 숙제를 해요. 방학 숙제는 방학에 하는 숙제예요."

2) 교사는 질문을 통해 학생들이 어휘 및 표현을 잘 이해했는지 확인한다.

🔳 "입학식은 보통 언제 해요?"

🔳 "체험학습으로 어디에 가고 싶어요?"

---

2. 가을과 겨울에 하는 학교 행사에 관련된 어휘 및 표현이다.

1) 교사는 다음에 제시되는 내용을 참고하여 학생들에게 어휘 및 표현을 설명한다. 이때 새로 등장하는 발음 규칙이 있다면 함께 설명한다.

가을	◆ **정의** 여름과 겨울 사이에 있는 계절. **예** 가을은 단풍이 예뻐요. ● **설명** "(가을 사진을 보여 주며) '가을'은 여름 다음의 계절이에요. 날씨가 많이 춥지 않고, 많이 덥지 않아요."
시원하다	◆ **정의** 덥거나 춥지도 않고 적당하게 서늘하다. **예** 바람이 불어서 날씨가 시원해요. ◆ **정보** '시원하다'는 날씨뿐만 아니라 음식, 기분, 행동에서도 사용한다. ● **설명** "더워요. 땀이 나요. 그런데 바람이 불어요. 어때요? 덥지 않고 기분이 좋아요. 시원해요."
선선하다	◆ **정의** 조금 찬 느낌이 들 정도로 서늘하다. **예** 이제 아침 날씨가 선선해요. ● **설명** "가을은 여름보다 더 바람이 불어요. 바람이 불면 선선해요. 바람이 조금 차가워요. '선선하다'는 '시원하다'보다 추운 거예요."
쌀쌀하다	◆ **정의** 조금 추운 느낌이 들 정도로 날씨가 차다. **예** 바람이 쌀쌀해요. ◆ **정보** '시원하다', '선선하다', '쌀쌀하다'의 의미를 비교해서 제시한다. ● **설명** "가을이 끝나요. 날씨가 좀 더 추워요. 날씨가 쌀쌀해요. '쌀쌀하다'는 '선선하다'보다 조금 더 추워요."
학교 축제	◆ **정의** 학교에서 학생들과 함께 공연 등을 하는 학교 행사. **예** 다음 주에 학교 축제를 해요. ● **설명** "(학교 축제 사진을 보여 주며) 친구들과 같이 춤을 춰요. 노래를 불러요. 무슨 행사예요? '학교 축제'예요. 학교 축제는 학교에서 학생들이 공연을 하거나 다양한 행사를 하는 거예요. 여러분은 학교 축제에서 무엇을 하고 싶어요?"
체육 대회	◆ **정의** 여러 가지 운동 경기를 하면서 순위를 정하는 대회. **예** 체육 대회에서 우리 반이 1등을 했어요. ◆ **정보** 유의어 '운동회' ● **설명** "(체육 대회 사진을 보여 주며) 반 친구들과 같이 운동을 해요. 무슨 행사예요? '체육 대회'예요. 체육 대회는 학교에서 학생들이 여러 가지 운동 경기를 하는 거예요. 여러분은 체육 대회에서 무엇을 하고 싶어요?"
겨울	◆ **정의** 가을과 봄 사이에 있는 계절. **예** 겨울에는 눈이 많이 내려요. ● **설명** "(겨울 사진을 보여 주며) 한국에는 계절이 4개 있어요. 봄, 여름, 가을, 겨울이에요. 겨울은 많이 추워요. 눈도 와요."

졸업식	◆ **정의** 학생들이 초중고등학교를 마쳤다는 것을 축하하는 학교 행사. 　　**예** 우리 학교 졸업식은 다음 주예요. ◆ **정보** 참조어 '입학식' ● **설명** "초등학교를 다녀요. 초등학교 6학년이 끝나요. 초등학교 졸업식을 해요. 그리고 중학교에 가요. 중학교를 다녀요. 중학교 3학년이 끝나요. 졸업식을 해요. 고등학교에 가요. 고등학교를 다녀요. 고등학교 3학년이 끝나요. 무엇을 해요? 졸업식을 해요."
졸업생	◆ **정의** 학교에서 해야 하는 공부를 모두 마친 학생. 　　**예** 졸업식에서 졸업생들이 울어요. ● **설명** "중학교 3학년이에요. 졸업식을 해요. 이제 중학교 졸업생이에요. 고등학교 3학년이에요. 졸업식을 해요. 이제 고등학교 졸업생이에요. 졸업생은 학교를 졸업한 학생이에요."
꽃다발	◆ **정의** 여러 송이의 꽃을 하나로 묶은 것. 　　**예** 꽃다발이 예뻐요. ● **설명** "(꽃다발 사진을 보여 주며) 이게 뭐예요? 꽃이에요. 이렇게 꽃이 많이 있어요. 꽃다발이에요. 졸업식 때 졸업생에게 꽃다발을 줘요."

2) 교사는 질문을 통해 학생들이 어휘 및 표현을 잘 이해했는지 확인한다.

　📖 "가을에 날씨가 어때요? 겨울에 날씨가 어때요?"

　📖 "학교 축제에서 무엇을 하고 싶어요?"

교수-학습 지침
※ 고등학생 대상 수업의 경우 필수적으로 5분간 다음 활동을 추가로 진행함.
➡ 교사는 교재에 제시된 학교 행사 실물 그림 카드를 준비해서 학생들과 학교 행사 이름 맞추기 게임을 하도록 지도한다.

정리 – 5분

교사는 질문을 통해 어휘 및 표현 학습을 마무리한다.

　📖 "봄에는 무슨 학교 행사가 있어요?"

　📖 "학교 축제는 언제 해요?"

　📖 "졸업생에게 무엇을 선물해요?"

교사 지식
➡ '따뜻하다[따뜨타다]'에서 확인되는 발음 규칙 :
　· 'ㅎ' 축약 ▶ 1과 28쪽 참고

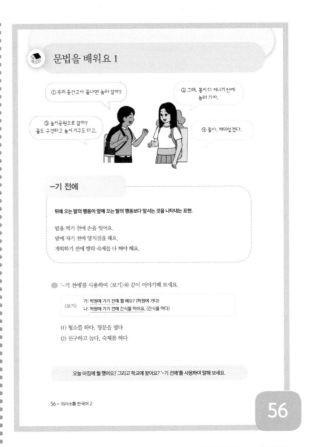

56 · 의사소통 한국어 2

56

• 3차시 | 문법을 배워요 1

[학습 목표]
- 계획에 대한 의견을 이야기할 수 있다.
- '-기 전에'를 사용하여 뒤에 오는 말의 행동이 앞에 오는 말의 행동보다 앞서는 것을 나타낼 수 있다.

도입 – 5분

1) 교사는 학생들에게 대화문을 읽게 한다. 그리고 학생들이 대화 상황을 이해했는지 확인 질문을 한다.

　📖 "지금은 무슨 계절이에요?"

　📖 "두 사람은 시험이 끝나면 무엇을 할 거예요?"

2) 교사는 학생들에게 목표 문법의 의미를 추측할 수 있는 질문을 한다.

　📖 "놀이공원에는 언제 가요?"

전개 – 35분

다음의 절차에 따라 문법에 대해 설명한다. 그리고 새로 제시되는 어휘 및 표현이 있다면 그 의미를 함께 설명한다.

[설명]
　📖 "'-기 전에'는 뒤에 오는 말의 행동이 앞에 오는 말의 행동보다 앞서는 것을 설명할 때 사용해요."

[예시]

· 집에 오기 전에 어디에 갔어요?
· 잠을 자기 전에 무엇을 해요?
· 학원 수업이 시작하기 전에 학원에 도착했어요.

[정보]

▶형태 정보:

	받침 ○	받침 X
동사	-기 전에	

① 동사 어간 끝음절의 받침 유무에 관계없이 '-기 전에'를 쓴다.

▶제약 정보:

① 형용사와 결합하지 않는다.

② 과거 '-었-', 미래·추측의 '-겠-'과 결합하지 않는다.

▶주의 사항:

① 명사와 함께 사용할 때는 '독서 전에', '식사 전에'의 형태로 '명사+ 전에'로 쓴다.

[확인]

교사는 문법을 설명한 뒤 '연습 문제'를 통해 학생들이 문법을 이해했는지 확인한다.

정답
(1) 청소를 하기 전에 / 청소를 하기 전에 창문을 열어요
(2) 친구하고 놀기 전에 / 친구하고 놀기 전에 숙제를 해요

어휘 및 표현

간식	◆ 정의 식사와 식사 사이에 간단하게 먹는 음식. 예 어머니께서 만들어 주시는 간식이 제일 맛있어요. ● 설명 "밥을 먹어요. 몇 시간이 지나요. 배가 고파요. 아직 식사 시간이 아니에요. 어떻게 해요? 무엇을 먹어요? 간식을 먹어요. '간식'은 아침밥, 점심밥, 저녁밥이 아니에요. 식사와 식사 사이에 빵, 과자, 과일 등 음식을 조금 먹는 거예요."
놀이공원	◆ 정의 구경하거나 타고 놀 수 있는 시설이나 기구들이 있는 곳. 예 지난 주말에 가족들과 놀이공원에 갔다 왔어요. ● 설명 "(놀이공원 사진을 보여 주며) 여기가 어디예요? 여기는 놀이공원이에요. 놀이공원에는 재미있는 것이 많아요. 구경할 수 있는 것도 많아요."
놀이 기구	◆ 정의 놀이공원에 있는 시설로 사람들이 재미를 위해 탈 수 있는 기계. 예 놀이 기구를 타려면 기다려야 해요. ● 설명 "(놀이공원 사진을 보여 주며) 놀이공원에 가요. 무엇을 해요? (바이킹, 회전목마 등 사진을 보여 주며) 이런 것이 놀이 기구예요. 놀이공원에 가서 놀이 기구를 타요."

양치질	◆ 정의 이를 닦고 입 안을 씻는 일. 예 자기 전에 양치질을 해요. ● 설명 "저녁을 먹었어요. 무엇을 해요? 잠을 자요. 잠을 자기 전에 꼭 무엇을 해요? 양치질을 해요. '양치질을 하다'는 '이를 닦다'예요."
개학하다	◆ 정의 학교에서 방학이나 휴교 등으로 쉬었다가 다시 수업을 시작하다. 예 드디어 내일 개학해요. ● 설명 "방학이 끝났어요. 학교에 가요. 무엇을 해요? 개학을 해요. '개학하다'는 '방학이 끝나서 학교에 가다'예요."

교수-학습 지침

※ 고등학생 대상 수업의 경우 필수적으로 5분간 다음 활동을 추가로 진행함.
➔ 교사는 학생들에게 목표 문법을 활용할 수 있는 새로운 화제를 제시할 수 있다.
  교 "방학 전에 무엇을 해요? '-기 전에'를 사용하여 말해 보세요."

예시 답안
방학을 하기 전에 공부를 열심히 해요. 방학을 하기 전에 시험을 봐요.

정리 - 5분

1) 교사는 학생들에게 대화문을 다시 한번 읽게 한다.

2) 교사는 교재에 제시된 열린 질문을 통해 학생들에게 배운 문법을 활용하여 자유롭게 이야기를 나누게 한다.

  교 "오늘 아침에 뭘 했어요? 그리고 학교에 왔어요? '-기 전에'를 사용하여 말해 보세요."

예시 답안
학교에 오기 전에 텔레비전을 봤어요. 학교에 오기 전에 책을 읽었어요.

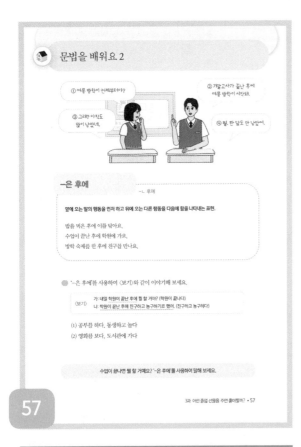

• 4차시 | 문법을 배워요 2

[학습 목표]
- 다가오는 학사 일정(여름 방학)에 대해 궁금한 정보를 알려 줄 수 있다.
- '-은 후에'를 사용하여 앞에 오는 말의 행동을 먼저 하고 뒤에 오는 행동을 다음에 한다는 것을 나타낼 수 있다.

도입 - 5분

1) 교사는 학생들에게 대화문을 읽게 한다. 그리고 학생들이 대화 상황을 이해했는지 확인 질문을 한다.
   교 "두 사람은 무슨 이야기를 해요?"
   교 "여름 방학은 얼마나 남았어요?"
2) 교사는 학생들에게 목표 문법의 의미를 추측할 수 있는 질문을 한다.
   교 "여름 방학은 언제부터 시작해요?"

전개 - 35분

다음의 절차에 따라 문법에 대해 설명한다. 그리고 새로 제시되는 어휘 및 표현이 있다면 그 의미를 함께 설명한다.

[설명]
   교 "'-은 후에'는 앞에 오는 말의 행동을 먼저 하고 뒤에 오는

다른 행동을 다음에 한다는 것을 나타낼 때 사용해요."

[예시]
- 음악을 들은 후에 씻을게요.
- 친구와 같이 영화를 본 후에 쇼핑을 해요.
- 감기에 걸린 후에 병원에 가요.

[정보]

▶형태 정보:

	받침 ○	받침 X, 'ㄹ' 받침
동사	-은 후에	-ㄴ 후에

① 동사 어간 끝음절에 받침이 있으면 '-은 후에', 동사 어간 끝음절에 받침이 없거나 'ㄹ' 받침으로 끝나면 '-ㄴ 후에'를 쓴다. 단, 'ㄹ' 받침으로 끝날 때는 'ㄹ'이 탈락한다.

▶제약 정보:
① 형용사와 결합하지 않는다.
② 과거 '-었-', 미래·추측을 나타내는 '-겠'과 결합하지 않는다.

▶주의 사항:
① '-은 후에'는 '에'를 생략하고 '-은 후'로 사용할 수 있다.
② '-은 뒤에'와 바꿔 사용할 수 있다. 이 역시 '에'를 생략할 수 있다.
③ 명사와 함께 사용할 때는 '독서 후에', '식사 후에'의 형태로 '명사+ 후에'로 쓴다.

[확인]

교사는 문법을 설명한 뒤 '연습 문제'를 통해 학생들이 문법을 이해했는지 확인한다.

정답
(1) 공부를 한 후에 / 공부를 한 후에 동생하고 놀기로 했어
(2) 영화를 본 후에 / 영화를 본 후에 도서관에 가기로 했어

어휘 및 표현

시작되다	◆ 정의 어떤 일이나 행동의 처음 단계가 이루어지다. 예 영화가 시작돼요. ● 설명 "방학식을 해요. 다음 날은 뭐예요? 방학이에요. 방학식을 하면 방학이 시작돼요."

※ 고등학생 대상 수업의 경우 필수적으로 5분간 다음 활동을
추가로 진행함.

→ 교사는 학생들에게 목표 문법을 활용할 수 있는 새로운 화제
를 제시한다.

📖 "집에 가면 무엇을 해요? 보통 주말에 뭐해요? '-은 후
에'를 사용하여 말해 보세요."

예시 답안
집에 간 후에 손을 씻었어요. 텔레비전을 본 후에 숙제를 해요.

정리 - 5분

1) 교사는 학생들에게 대화문을 다시 한번 읽게 한다.

2) 교사는 교재에 제시된 열린 질문을 통해 학생들에게
배운 문법을 활용하여 자유롭게 이야기를 나누게 한다.

📖 "수업이 끝나면 뭘 할 거예요? '-은 후에'를 사용하여 말
해 보세요."

예시 답안
수업이 끝난 후에 친구랑 떡볶이를 먹을 거예요. 수업이 끝난 후에 농구
를 할 거예요.

• 5차시 | 문법을 배워요 3

[학습 목표]

• 다가오는 학교 행사(체육 대회)에 대해 궁금한 정보
를 알려 줄 수 있다.

• '-고 있다'를 사용하여 앞의 말이 나타내는 행동이 계
속 진행된다는 것을 나타낼 수 있다.

도입 - 5분

1) 교사는 학생들에게 대화문을 읽게 한다. 그리고 학생
들이 대화 상황을 이해했는지 확인 질문을 한다.

📖 "지금 무슨 행사를 해요?"

📖 "누가 우리 반의 선수예요?"

2) 교사는 학생들에게 목표 문법의 의미를 추측할 수 있
는 질문을 한다.

📖 "정호와 호민이는 어디에 있어요?"

전개 - 35분

다음의 절차에 따라 문법에 대해 설명한다. 그리고 새로 제시되
는 어휘 및 표현이 있다면 그 의미를 함께 설명한다.

[설명]

📖 "'-고 있다'는 앞의 말이 나타내는 행동이 계속 진행된다
는 것을 나타낼 때 사용해요."

[예시]
· 나나는 친구와 이야기하고 있어요.
· 바람이 심하게 불고 있어요.
· 비가 많이 내리고 있어요.

[정보]
▶형태 정보:

	받침 ○	받침 X
동사	-고 있다	

① 동사 어간 끝음절의 받침 유무에 관계없이 '-고 있다'를 쓴다.

▶제약 정보:
① 형용사와 결합하지 않는다.
② 동작의 시작과 함께 끝나는 동사와는 결합하지 않는다.
   • 앉다, 서다, 죽다 등

▶주의 사항:
① '입다, 신다, 쓰다, 갈아입다'와 같은 동사는 동작이 진행되고 있다는 것과 그 상태가 지속되고 있다는 것을 모두 뜻하기도 한다.

[확인]
교사는 문법을 설명한 뒤 '연습 문제'를 통해 학생들이 문법을 이해했는지 확인한다.

정답
(1) 그림을 그리고 있어요
(2) 옷을 갈아입고 있어요

어휘 및 표현

달리기	◆ 정의 정해진 거리를 누가 빨리 뛰는지 겨루는 것. 예 저는 우리 반에서 달리기를 제일 잘해요. ● 설명 "(달리기하는 사진을 보여 주며) 무엇을 하고 있어요? 달리기를 하고 있어요. 달리기는 체육 시간에 해요. 체육 대회에서도 해요. 빨리 달리면 달리기에서 1등을 할 수 있어요."
연습	◆ 정의 무엇을 잘하도록 반복하여 익히다. 예 매일 피아노 연습을 해요. ● 설명 "춤을 잘 추고 싶어요. 무엇을 해야 돼요? 연습을 해요. '연습'은 어떤 일을 잘하고 싶어서 계속, 여러 번, 많이 하는 거예요. 춤 연습을 많이 하면 춤을 잘 춰요. 노래도 연습을 많이 하면 잘 부를 수 있어요."

이어달리기	◆ 정의 일정한 거리를 나누어서 몇 사람이 차례대로 이어 달리는 육상 경기. 예 운동회에서 가장 재미있는 경기는 이어달리기야. ● 설명 "(이어달리기하는 영상을 보여 준 후) 달리기하고 있어요. 친구들과 같이 해요. (바통 사진을 보여 주며) 이것을 친구에게 주면 다음 친구가 달리기를 해요. '이어달리기'예요. 이어달리기는 언제 해요? 체육 대회에서 해요."

교수-학습 지침
※ 고등학생 대상 수업의 경우 필수적으로 5분간 다음 활동을 추가로 진행함.
→ 교사는 학생들에게 목표 문법을 활용할 수 있는 새로운 화제를 제시할 수 있다.
   교 "교실에 친구들이 무엇을 해요? '-고 있다'를 사용하여 말해 보세요."

예시 답안
○○은 책을 보고 있어요. ○○이는 자고 있어요.

정리 - 5분

1) 교사는 학생들에게 대화문을 다시 한번 읽게 한다.

2) 교사는 교재에 제시된 열린 질문을 통해 학생들에게 배운 문법을 활용하여 자유롭게 이야기를 나누게 한다.
   교 "친구들이 지금 뭘 해요? '-고 있다'를 사용하여 말해 보세요."

예시 답안
책을 읽고 있어요. 휴대 전화를 보고 있어요. 공부하고 있어요.

• 6차시 | 문법을 배워요 4

[학습 목표]

- 졸업식 선물에 대해 의견을 이야기할 수 있다.
- '-을까(요)'를 사용하여 아직 일어나지 않았거나 모르는 일에 대해서 말하는 사람이 추측하여 질문할 때 쓰는 표현을 할 수 있다.

도입 – 5분

1) 교사는 학생들에게 대화문을 읽게 한다. 그리고 학생들이 대화 상황을 이해했는지 확인 질문을 한다.

　🔲 "내일은 무슨 날이에요?"

　🔲 "유미는 무엇을 살 거예요?"

2) 교사는 학생들에게 목표 문법의 의미를 추측할 수 있는 질문을 한다.

　🔲 "유미는 수호에게 무슨 질문을 했어요?"

전개 – 35분

다음의 절차에 따라 문법에 대해 설명한다. 그리고 새로 제시되는 어휘 및 표현이 있다면 그 의미를 함께 설명한다.

[설명]

　🔲 "'-을까(요)'는 아직 일어나지 않았거나 모르는 일에 대해서 말하는 사람이 추측하며 질문할 때 사용해요."

[예시]

- 내일 놀이공원에 사람이 많이 있을까?
- 기말고사를 잘 볼 수 있을까요?
- 저 영화가 재미있을까요?

[정보]

▶형태 정보:

	받침 ○	받침 X, 'ㄹ' 받침
동사, 형용사	-을까(요)	-ㄹ까(요)

① 동사 및 형용사 어간 끝음절에 받침이 있으면 '-을까(요)', 동사 및 형용사 어간 끝음절에 받침이 없거나 'ㄹ' 받침으로 끝나면, '-ㄹ까(요)'를 쓴다. 단, 'ㄹ' 받침으로 끝날 때는 'ㄹ'이 탈락한다.

② '이다, 아니다'는 '-ㄹ까(요)'를 쓴다. 단, '이다' 앞의 명사에 받침이 없으면 주로 '명사+ㄹ까(요)'라고 쓴다.

▶주의 사항:

① 과거를 뜻하는 '-었-'과 결합할 수 있다.

[확인]

교사는 문법을 설명한 뒤 '연습 문제'를 통해 학생들이 문법을 이해했는지 확인한다.

> 정답
> (1) 비가 올까요
> (2) 책을 읽을까요

어휘 및 표현

졸업	◆ **정의** 학생이 학교에서 정해진 교과 과정을 모두 마침. 〔예〕 지난달에 중학교 졸업을 했어요. ◆ **설명** "초등학교 6학년이 끝나요. 초등학교 졸업을 해요. 그리고 중학교에 가요. 중학교 3학년이 끝나요. 중학교 졸업을 해요. 고등학교에 가요. 고등학교 3학년이 끝나요. 고등학교 졸업을 해요."
물론	◆ **정의** 굳이 말할 필요 없이. 〔예〕 한국 음식은 물론 중국 음식도 잘 만들어요. ◆ **정보** '은/는 물론'이라는 표현으로 자주 사용한다. ● **설명** "'물론'은 '말할 필요가 없이 그렇게'라는 뜻이에요. 월요일은 개교기념일이에요. 토요일, 일요일은 물론, 월요일도 학교에 안 가요. '수미야 숙제 다했어? 물론 다 했지.' 물론은 이렇게 써요."

교수-학습 지침

※ 고등학생 대상 수업의 경우 필수적으로 5분간 다음 활동을 추가로 진행함.

➔ 교사는 학생들에게 목표 문법을 활용할 수 있는 새로운 화제를 제시한다.

🔲 "식당에 갔어요. 메뉴판을 보면서 음식을 생각해요. '-을까(요)'를 사용하여 말해 보세요."

예시 답안
떡볶이가 매울까? 라면이 맛있을까?

정리 - 5분

1) 교사는 학생들에게 대화문을 다시 한번 읽게 한다.
2) 교사는 교재에 제시된 열린 질문을 통해 학생들에게 배운 문법을 활용하여 자유롭게 이야기를 나누게 한다.

🔲 "내일 날씨에 대해 '-을까(요)'를 사용하여 말해 보세요."

예시 답안
내일 비가 올까요? 내일 날씨가 좋을까요? 내일 더울까요?

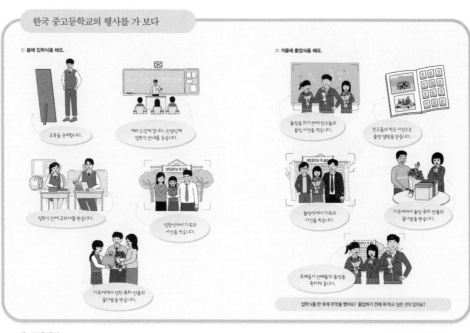

● 문화

[학습 목표]

- 한국 중고등학교의 학교 행사에 대해 알 수 있다.
- 한국의 학교 행사를 알고 여러 나라의 학교 행사와 비교하여 이야기할 수 있다.

1) 질문을 통해 학생들에게 주제를 추측하게 한다.

- 🔲 "여러분, 입학식이 뭐예요? 입학식에 갔어요? 입학식에서 뭘 해요? 입학식 전에 무엇을 준비해요?"
- 🔲 "여러분, 졸업식에 갔어요? 졸업식에서 뭘 해요? 졸업식 전에 무엇을 준비해요? 기분이 어떨까요?"

2) 교재 60쪽을 보며 한국 중고등학교의 입학식에 대해 설명한다.

3) 교재 61쪽을 보며 한국 중고등학교의 졸업식에 대해 설명한다.

- 🔲 "한국의 옛날 입학식, 졸업식과 요즘 입학식, 졸업식이 달라요. 알아요?"
- 🔲 "여러분은 입학식이나 졸업식에서 뭘 했어요?"
- 🔲 "다른 나라의 특별한 입학식과 졸업식을 알아요? 다른 나라에서는 입학식과 졸업식에서 뭘 해요?"

교수-학습 지침

교사는 한국 중고등학교의 입학식과 졸업식에 대한 문화 활동을 진행할 수 있다. 교사는 입학식과 졸업식 때 무엇을 하는지 상황을 알려 주고 역할극을 할 수 있도록 지도한다.

더 알아보기

일본	일본은 한국과 다르게 3월에 학기가 끝나고 4월에 학기가 시작한다. 그래서 3월에 졸업식을 하고 벚꽃이 피는 4월에 입학식을 한다. 일본 여학생들은 졸업식 때 전통 의상을 입는 경우가 있다.
중국	중국은 보통 9월에 입학식을 하고 5월, 6월에 졸업식을 한다.

회가 끝난 후에 기분이 어때요?"

2) '대화해 봐요 1, 2'에서 학습할 내용을 대표하는 네 개의 그림들을 확인하며 학생들이 앞으로 배우게 될 주제 및 내용을 추측할 수 있도록 한다.

🔲 "칠판에 무엇을 썼어요?"

🔲 "체험학습에 가기 전에 무엇을 준비해요?"

🔲 "여러분은 운동을 잘해요?"

🔲 "운동회에서 무엇을 해요?"

🔲 "축제에서 무엇을 해요?"

🔲 "두 사람은 무엇을 하고 있어요?"

🔲 "축제하기 전에 무엇을 준비해요?"

3) '함께 이야기해 봐요'에 제시된 질문을 통해 이야기를 나눔으로써 '읽고 써 봐요'에서 학습할 내용을 추측하게 한다.

🔲 "체험학습을 가기 전에 무엇을 알아야 해요?"

🔲 "체험학습이 끝난 후에 어떤 생각을 했어요?"

〈더 배워요〉 학습 목표

- 학교 행사 안내를 이해할 수 있다.
- 학교 행사에 대한 의견을 서로 교환할 수 있다.

7차시	• 체험학습 안내를 이해할 수 있다.
8차시	• 학교 축제 준비에 대해 친구와 의견을 교환할 수 있다.
9차시	• 체험학습 안내문을 읽고 이해할 수 있다.
10차시	• 체험학습 후 자신의 생각을 쓸 수 있다.

● 7차시 | 〈더 배워요〉 도입 및 대화해 봐요 1

〈더 배워요〉 도입 – 5분

1) 〈꼭 배워요〉의 목표 어휘 및 문법 등을 확인할 수 있는 질문을 통해 학생들이 해당 표현을 사용하여 답할 수 있도록 유도한다.

🔲 "학교에서 어떤 행사를 해요? 보통 언제 해요?"

🔲 "학교 축제를 하기 전에 무엇을 준비해야 해요?"

🔲 "방학은 언제 해요? 무엇이 끝난 후에 해요?"

🔲 "여러분은 체육 대회에서 주로 어떤 경기를 해요? 체육 대

대화해 봐요 1

호민이와 와니가 체험학습에 대해서 이야기하고 있어요. ◀◀ 로 확인해 보세요.

체험학습 안내를 들어요. 먼저 ▶로 확인해 보세요.

① 여러분, 이번 달에 민속촌으로 체험학습을 갈 거예요. 모두 함께 갑시다.

② 와, 좋아요.

③ 봄이지만 좀 더울 거예요. 물과 모자를 준비하세요.

④ 선생님, 체험학습은 몇 시에 끝나요? 끝난 후에 학원에 가야 돼요?

⑤ 아마 3시쯤 끝날 거예요. 신청하기 전에 안내문을 잘 읽으세요.

⑥ 네, 알겠습니다.

[학습 목표]

• 체험학습 안내를 이해할 수 있다.

• 부가 문법: -을 거예요
　　　　　　 -읍시다

• 목표 표현: 모두 함께 -읍시다
　　　　　　 -은 후에 -어야 되다

본 대화는 교실에서 선생님이 학생들에게 체험학습을 안내하고 있는 상황이다.

도입 - 5분

1) 교사는 학생들에게 '대화해 봐요 1'의 내용을 추측할 수 있는 질문을 한다.
　　📖 "여러분은 체험학습을 어디로 갔어요?"
　　📖 "체험학습 일정을 어떻게 확인해요?"

2) 교사는 학생들에게 64쪽의 첫 번째 QR 코드 속 영상을 보게 한다.
　　📖 "호민이와 와니가 이야기를 하고 있어요. 무슨 이야기를 할까요? 함께 확인해 봐요."

3) 교사는 학생들이 대화 내용을 잘 이해했는지 질문을 한다. 그리고 새 표현이 있다면 그 의미를 함께 설명한다.
　　📖 "호민이와 와니의 학교에서 무슨 행사를 해요?"

전개 - 20분

1) 교사는 학생들에게 본 대화 내용을 소개하며 64쪽의 두 번째 QR 코드 속 영상을 보게 한다.
　　📖 "선생님과 친구들이 이야기를 해요. 무슨 이야기를 할까요? 함께 확인해 봐요."

2) 교사는 학생들이 대화의 전체 내용을 이해했는지 확인하는 질문을 한다.
　　📖 "어디로 체험학습을 갈 거예요?"
　　📖 "체험학습은 언제 끝나요?"

3) 교사는 학생들에게 대화문을 읽게 한다. 그리고 세부 내용을 이해했는지 확인하는 질문을 한다.
　　📖 "체험학습을 가요. 무엇을 준비해야 돼요?"
　　📖 "와니는 체험학습이 끝난 후에 어디에 가야 돼요?"
　　📖 "체험학습을 신청하기 전에 무엇을 읽어요?"

4) 대화에 제시된 새 표현의 의미를 설명한다.

어휘 및 표현

민속촌	◆ 정의 옛날 사람들이 어떻게 살았는지 집과 건물을 만들어 놓은 마을. 📖 예 민속촌에 가면 옛날 집을 볼 수 있어요. ● 설명 "(민속촌의 사진을 보여 주며) 여러분, 여기가 어디예요? 여기는 '민속촌'이에요. 민속촌에 가면 옛날 한국의 모습을 볼 수 있어요."
신청하다	◆ 정의 단체나 기관에 어떤 일을 해 줄 것을 정식으로 요구하다. 📖 예 체험학습을 신청했어요. ● 설명 "축제에서 친구와 노래를 부르고 싶어요. 선생님께 '신청하다'는 '이거 할 거예요.' 하고 말하거나 종이에 써서 내는 거예요. '해도 돼요?' 물어보는 거예요. 체험학습을 가기 전에도 신청해요. 체육 대회를 하기 전에도 신청해요."
안내문	◆ 정의 어떤 내용을 소개하는 글. 📖 예 안내문을 읽어 보세요. ● 설명 "(체험학습의 안내문을 보여 주며) 이게 뭐예요? '체험학습을 어디로 가요.', '언제 가요.', '몇 시에 모여요.' 알려 줘요. '안내문'이에요. '안내문'은 안내해 주는 글이에요."

5) 교사는 학생들에게 대화문을 다시 한번 읽게 한다. 이때 역할을 나누는 등 다양한 방식으로 읽게 할 수 있다.

6) 교사는 다음의 절차에 따라 부가 문법 '-을 거예요', '-읍시다'에 대해 설명한다. 그리고 새로 제시되는 어휘 및 표현이 있다면 그 의미를 함께 설명한다.

부가 문법 1	'-을 거예요'

[설명]

📖 "지금 눈이 내려요. 내일 날씨가 추울 거예요. 그리고 친구가 내일 시험이 있어요. 그래서 저녁 약속에 오지 못할 거예요. '-을 거예요'는 어떤 상황에 추측할 때 사용해요."

[예시]

· 오늘은 비가 많이 오지만 내일 날씨는 좋을 거예요.
· 길이 막혀서 좀 늦을 거예요.
· 아마 다음 주에 시험을 볼 거예요.
· 나나는 과일을 잘 먹을 거예요.

[정보]

▶형태 정보:

	받침 ○	받침 X, 'ㄹ' 받침
동사, 형용사	-을 거예요	-ㄹ 거예요

① 동사 및 형용사 어간 끝음절에 받침이 있으면 '-을 거예요', 동사 및 형용사 어간 끝음절에 받침이 없거나 'ㄹ' 받침으로 끝나면, '-ㄹ 거예요'를 쓴다. 단, 'ㄹ' 받침으로 끝날 때는 'ㄹ'이 탈락한다.

▶주의 사항:

① '-을 겁니다', '-을 것입니다'의 형태로도 사용된다.

부가 문법 2	'-읍시다'

[설명]

📖 "수업 시간이에요. 친구들이 이야기를 해요. 친구들에게 반장이 이야기해요. '수업 시간에 조용히 합시다.' '-읍시다'는 어떤 행동을 다른 사람과 같이 하고 싶을 때 사용해요."

[예시]

· 수업 후에 같이 축구를 합시다.
· 영화를 같이 봅시다.
· 책을 많이 읽읍시다.
· 선생님 말씀을 잘 들읍시다.

[정보]

▶형태 정보:

	받침 ○	받침 X, 'ㄹ' 받침
동사	-읍시다	-ㅂ시다

① 동사 어간 끝음절에 받침이 있으면 '-읍시다', 동사 어간 끝음절에 받침이 없거나 'ㄹ' 받침으로 끝나면 '-ㅂ시다'를 쓴다. 단, 'ㄹ' 받침으로 끝날 때는 'ㄹ'이 탈락한다.

▶주의 사항:

① 형용사와 결합하지 않는다.

② 청자가 나이가 많을 때는 사용하지 않는다.

7) 교사는 학생들에게 목표 표현에 대해 설명한다.

목표 표현 1	'모두 함께 -읍시다'

[설명]

📖 "'모두 함께 -읍시다'는 어떤 행동을 다른 사람들과 같이 하고 싶을 때 사용해요."

[예시]

· 모두 함께 밥을 먹읍시다.
· 모두 함께 영화를 봅시다.
· 모두 함께 도서관에 갑시다.
· 모두 함께 시험공부를 합시다.

목표 표현 2	'-은 후에 -어야 되다'

[설명]

📖 "'-은 후에 -어야 되다'는 앞의 동작을 한 다음 뒤의 동작을 꼭 해야 할 때 사용해요."

[예시]

· 숙제를 한 후에 놀아야 돼요.
· 밥을 먹은 후에 이를 닦아야 돼요.
· 운동을 한 후에 샤워를 해야 돼요.
· 수업이 끝난 후에 도서관에 가야 돼요.

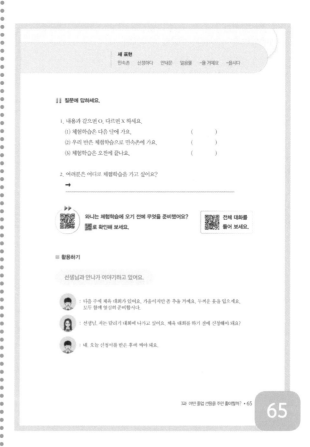

8) 교사는 학생들에게 교재의 1번과 2번 문제를 풀게 한다.

9) 교사는 학생들과 함께 문제의 답을 확인한다.

10) 교사는 학생들에게 65쪽의 첫 번째 QR 코드 속 영상
을 보게 한다.

🔲 "와니가 체험학습을 갔어요. 함께 확인해 봐요."

11) 교사는 학생들이 대화 내용을 잘 이해했는지 질문을
한다. 그리고 새 표현이 있다면 그 의미를 함께 설명
한다.

🔲 "오늘 날씨가 어때요?"

🔲 "와니는 무엇을 준비했어요? 왜 가져왔어요?"

어휘 및 표현

얼음물	◆ 정의 얼음을 넣은 물. 📕 예 시원한 얼음물을 주세요. ● 설명 "여름은 더워요. 시원한 물을 마셔요. 시원한 물에 얼음을 넣어요. '얼음물' 이 에요."

활용 – 10분

1) 교사는 학생들이 목표 표현을 사용하여 대답할 수 있
도록 질문을 한다.

🔲 "내일 날씨를 몰라요. 친구에게 어떻게 물어봐요?"

🔲 "내일 친구들과 영화를 봐요. 친구들에게 어떻게 말해요?"

2) 교사는 질문을 통해 학생들이 '활용하기'의 대화 상
황을 추측할 수 있도록 한다.

🔲 "다음 주에 체육 대회가 있어요. 날씨가 어때요? 함께 확인해
봐요."

3) 교사는 학생들에게 대화문을 읽게 한 후 대화의 내용
을 이해했는지 확인하는 질문을 한다. 그리고 새 표현
이 있다면 그 의미를 함께 설명한다.

🔲 "안나는 어떤 대회에 나가고 싶어요?"

🔲 "체육 대회를 하기 전에 무엇을 써야 돼요?"

4) 교사는 학생들에게 대화문을 다시 한번 읽게 한다. 이
때 역할을 나누는 등 다양한 방식으로 읽게 할 수 있다.

교수–학습 지침

※ 고등학생 대상 수업의 경우 필수적으로 5분간 다음 활동을
추가로 진행함.

→ 교사는 학생들이 참고할 수 있는 체험학습이나 체육 대회 일
정표 등을 준비해 주고 짝 활동, 그룹 활동을 통해 행사를 하
기 전에 준비하는 상황에 대한 말하기 활동을 하도록 지도한다.

정리 – 5분

교사는 학생들에게 65쪽의 '전체 대화를 들어 보세요'
QR 코드 속 대화를 듣게 하고 수업을 마무리한다.

• 8차시 | 대화해 봐요 2

[학습 목표]
• 학교 축제 준비에 대해 친구와 의견을 교환할 수 있다.
• 목표 표현: -은 후에 -고 있다
뭘 하면 -을까(요)?

본 대화는 나나와 민우가 학교 축제에 대해 이야기를 하
고 있는 상황이다.

도입 – 7분

1) 교사는 학생들에게 '대화해 봐요 2'의 내용을 추측할
수 있는 질문을 한다.

🔲 "학교 축제에서는 무엇을 해요?"

🔲 "여러분은 학교 축제에서 무엇을 하고 싶어요?"

2) 교사는 학생들에게 66쪽의 첫 번째 QR 코드 속 영상
을 보게 한다.

🔲 "나나와 민우가 축제에 대해서 이야기를 하고 있어요. 무
슨 이야기를 해요? 함께 확인해 봐요."

3) 교사는 학생들이 대화 내용을 잘 이해했는지 질문을
한다. 그리고 새 표현이 있다면 그 의미를 함께 설명한다.

🔲 "학교 축제에서 무엇을 해요?"

🔲 "학교 축제에서 무엇을 팔아요?"

어휘 및 표현

간단하다	◆ **정의** 복잡하지 않고 많지 않다. 　**예** 간단한 문제예요. ● **설명** "'2+2+2+2+2=10'과 '2x5=10'은 같아요? 네, 같아요. 첫 번째는 길어요. 두 번째는 짧고 쉬워요. 두 번째는 간단해요. '간단하다'는 짧고 어렵지 않은 것을 말해요. '수학 문제가 간단해요.'예요."

전개 – 20분

1) 교사는 학생들에게 본 대화 내용을 소개하며 66쪽의 두 번째 QR 코드 속 영상을 보게 한다.

　🔲 "민우와 나나가 이야기해요. 무엇을 할 거예요? 함께 확인해 봐요."

2) 교사는 학생들이 대화의 전체 내용을 이해했는지 확인하는 질문을 한다.

　🔲 "민우와 나나는 학교 축제에서 무엇을 할 거예요?"

　🔲 "민우는 요즘 무엇을 배우고 있어요?"

3) 교사는 학생들에게 대화문을 읽게 한다. 그리고 세부 내용을 이해했는지 확인하는 질문을 한다.

　🔲 "나나는 기타를 잘 쳐요?"

　🔲 "민우는 언제 학원에 가서 기타를 배우고 있어요?"

4) 대화에 제시된 새 표현의 의미를 설명한다.

어휘 및 표현

연주	◆ **정의** 악기를 다루어 곡을 들려주는 것. 　**예** 피아노를 연주해요. ● **설명** "여러분은 피아노 연주를 할 수 있어요? (피아노, 바이올린 등 다양한 악기를 연주하는 사진이나 그림을 보여 주며) '연주'는 피아노, 기타를 치는 것을 말해요. 그리고 리코더를 부는 것도 연주예요."
글쎄	◆ **정의** 다른 사람이 질문에 대해 분명하지 않은 태도를 나타낼 때 사용하는 말. 　**예** 글쎄, 잘 모르겠어요. ● **설명** "친구와 이야기를 해요. 친구가 물어봐요. 그런데 여러분이 잘 몰라요. '글쎄' 하고 말해요."

5) 교사는 학생들에게 대화문을 다시 한번 읽게 한다. 이때 역할을 나누는 등 다양한 방식으로 읽게 할 수 있다.

6) 교사는 학생들에게 목표 표현에 대해 설명한다.

목표 표현 1 　　'–은 후에 –고 있다'

[설명]

🔲 "'–은 후에 –고 있다'는 어떤 행동이 끝난 다음에 지금 무엇을 하는지 이야기할 때 사용해요."

[예시]

· 숙제를 다 한 후에 쉬고 있어.

· 운동을 한 후에 샤워하고 있어.

· 집에 돌아온 후에 손을 씻고 있어요.

· 체육 대회가 끝난 후에 부모님과 밥을 먹고 있어요.

목표 표현 2 　　'뭘 하면 –을까(요)?'

[설명]

🔲 "'뭘 하면 –을까(요)?'는 어떤 일을 할지 추측하면서 다른 사람에게 의견을 물어볼 때 사용해요."

[예시]

· 뭘 하면 힘들지 않을까?

· 뭘 하면 친구들이 좋아할까?

· 뭘 하면 키가 클까요?

· 뭘 하면 재미있을까요?

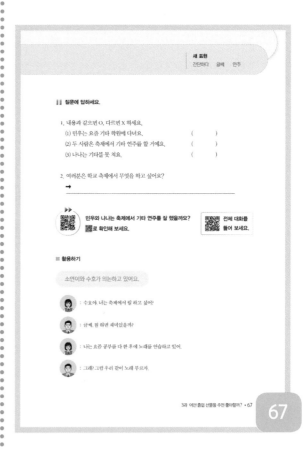

8) 교사는 학생들에게 교재의 1번과 2번 문제를 풀게 한다.

9) 교사는 학생들과 함께 문제의 답을 확인한다.

정답
1. (1) ○　(2) ○　(3) ×
2. 피아노 연주를 하고 싶어요. 춤을 추고 싶어요.

---

10) 교사는 학생들에게 67쪽의 첫 번째 QR 코드 속 영상을 보게 한다.
📺 "민우와 나나는 공연을 잘 했을까요? 함께 확인해 봐요."

11) 교사는 학생들이 대화 내용을 잘 이해했는지 질문을 한다. 그리고 새 표현이 있다면 그 의미를 함께 설명한다.
📺 "민우와 나나는 공연을 잘 했어요?"
📺 "연주가 끝난 후에 무엇을 해요?"

1) 교사는 학생들이 목표 표현을 사용하여 대답할 수 있도록 질문을 한다.
📺 "지금 어머니께서 집에서 무엇을 해요? 선생님은 무엇을 해요?"
📺 "학교 축제에서 무엇을 해요? 무엇을 하고 싶어요? 어떻게 말해요?"

2) 교사는 질문을 통해 학생들이 '활용하기'의 대화 상황을 추측할 수 있도록 한다.
📺 "소연이와 민우는 무슨 이야기를 해요?"

3) 교사는 학생들에게 대화문을 읽게 한 후 대화의 내용을 이해했는지 확인하는 질문을 한다. 그리고 새 표현이 있다면 그 의미를 함께 설명한다.
📺 "소연이는 요즘 무엇을 배우고 있어요?"
📺 "소연이는 언제 노래 연습을 해요?"
📺 "소연이와 민우는 같이 무엇을 할 거예요?"

4) 교사는 학생들에게 대화문을 다시 한번 읽게 한다. 이때 역할을 나누는 등 다양한 방식으로 읽게 할 수 있다.

> **교수-학습 지침**
> ※ 고등학생 대상 수업의 경우 필수적으로 5분간 다음 활동을 추가로 진행함.
> → 교사는 짝 활동, 그룹 활동을 통해 목표 표현을 활용하여 학교 축제 준비 상황에서 일어날 수 있는 대화를 만드는 활동을 하도록 지도한다.

교사는 학생들에게 67쪽의 '전체 대화를 들어 보세요' QR 코드 속 대화를 듣게 하고 수업을 마무리한다.

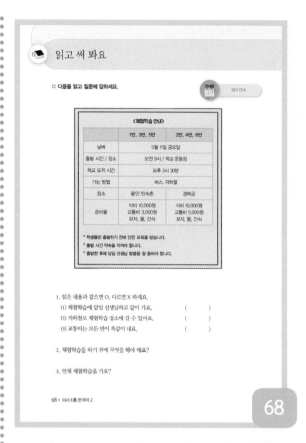

• 9차시 | 읽고 써 봐요 - 읽기

[학습 목표]
• 체험학습 안내문을 읽고 이해할 수 있다.

본 활동은 체험학습에 대한 안내문을 읽고 이해하기 위한 활동이다.

교사는 학생들에게 읽기 내용을 추측할 수 있는 질문을 한다.
📺 "체험학습을 가기 전에 무엇을 준비해요?"
📺 "친구들과 버스나 지하철을 타고 가요. 무엇을 조심해야 해요?"
📺 "반 친구들과 함께 학습을 갈 거예요. 무엇을 꼭 알고 있어야 해요? 또 무엇을 준비해야 돼요? 그 내용을 어떻게 알 수 있어요?"

1) 교사는 학생들에게 읽기 지문을 개별적으로 읽게 한다.

2) 교사는 학생들이 읽기 지문의 전체 내용을 이해했는지 확인하는 질문을 한다.
📺 "무슨 표예요?"
📺 "학생들이 어디로 체험학습을 가요?"

3) 교사는 학생들에게 읽기 지문을 읽게 한다. 그리고 세부 내용을 이해했는지 확인하는 질문을 한다.

- 🔲 "학생들은 언제, 어디에서 모여서 출발해요?"
- 🔲 "1반부터 6반까지 모든 학생이 같은 곳으로 가요?"
- 🔲 "체험학습 장소까지 어떻게 가요?"

4) 읽기 지문에 제시된 새 표현의 의미를 설명한다.

어휘 및 표현

경복궁	◆ **정의** 조선 시대에 왕이 살던 궁궐. 🔲 경복궁은 서울에 있어요. ● **설명** "(경복궁 사진을 보여 주며) 여러분 여기 알아요? 여기에서 옛날 왕이 살았어요. '경복궁'이에요."
교통비	◆ **정의** 버스, 지하철을 탈 때 내는 비용. 🔲 교통비를 절약해요. ● **설명** "여러분은 버스, 지하철 많이 타요? 버스, 지하철을 타요. 돈을 내요. 그 돈이 교통비예요."
식비	◆ **정의** 음식을 먹을 때 내는 돈. 🔲 식비가 많이 나왔어요. ● **설명** "식당에서 밥을 먹고 돈을 내요. 마트에서 음식 재료를 사고 돈을 내요. 음식을 먹고, 음식 재료를 사고 내는 돈이 식비예요."
안전	◆ **정의** 위험하지 않고 사고가 날 염려가 없음. 🔲 수영장에 안전 요원이 있어야 해요. ● **설명** "체험학습에 가면 조심해야 해요. 안전 교육을 받아요. 수영장에 가면 안전 요원이 있어요. 위험하지 않게 도와줘요. 안전은 위험한 일이 일어나지 않는 것을 말해요."
출발	◆ **정의** 어떤 곳을 향하여 길을 떠남. 🔲 버스 출발 시간은 10시예요. ● **설명** "'출발'은 어떤 곳에 가려고 시작하는 거예요. 학교에 가려고 7시에 집에서 나왔어요. 출발 시간은 7시예요."
똑같이	◆ **정의** 모양, 크기, 행동이 비슷하거나 같음. 🔲 엄마랑 똑같이 생겼어요. ● **설명** "여러분이 친구와 빵 하나를 함께 먹을 거예요. 빵을 반으로 잘라요. 반으로 자른 빵의 크기가 같아요. 빵을 똑같이 나눴어요. '똑같이'는 비슷하고 같은 것을 말해요."

읽기 후 – 10분

1) 교사는 학생들에게 교재의 문제를 풀게 한다.

2) 교사는 학생들과 함께 문제의 답을 확인한다.

> **정답**
> 1. (1) ○   (2) ○   (3) ×
> 2. 안전 교육을 받아야 해요.
> 3. 5월 11일 금요일에 가요.

3) 교사는 질문을 통해 읽기 내용을 재확인하며 수업을 마무리한다.

- 🔲 "무슨 글이에요?"
- 🔲 "체험학습을 갈 때 무엇을 지켜야 해요?"

> **교수-학습 지침**
> ※ 고등학생 대상 수업의 경우 필수적으로 5분간 다음 활동을 추가로 진행함.
> → 교사는 실제 체험학습 안내문을 활용하여 안내 사항을 확인하는 활동을 하도록 지도한다.

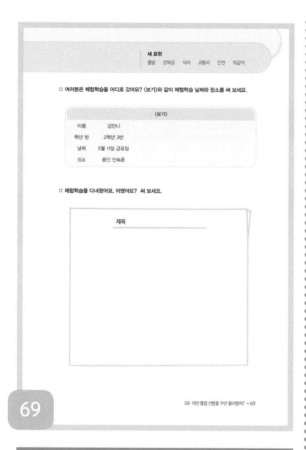

• 10차시 | 읽고 써 봐요 - 쓰기

[학습 목표]
• 체험학습 후 자신의 생각을 쓸 수 있다.

본 활동은 학생들이 체험학습을 다녀온 후에 느낀 점을 직접 써 보도록 하는 활동이다.

쓰기 전 - 5분

1) 교사는 학생들에게 쓰기 내용을 추측할 수 있는 질문을 한다.
🔳 "체험학습을 어디로 갔어요?"
🔳 "체험학습이 어땠어요? 뭐가 좋았어요?"

2) 교사는 학생들에게 어떤 쓰기 활동을 할 것인지 명확히 알려 준다.
🔳 "자신이 체험학습을 다녀온 후의 기분을 쓸 거예요."

쓰기 중 - 30분

1. 체험학습의 정보를 쓰는 활동이다.

1) 교사는 학생들에게 무엇을 써야 하는지 알려 준다. 그리고 새 표현이 있다면 그 의미를 함께 설명한다
🔳 "이 메모는 안나가 썼어요. 안나가 5월 11일 금요일에 용

인 민속촌에 갔어요."
🔳 "여러분은 누구와 같이 언제, 어디로 체험학습을 갔어요? 메모해 보세요."

2) 교사는 학생들에게 체험학습 정보를 쓰게 한다. 이때 교사는 학생들에게 개별적으로 쓰기 지도를 할 수 있다.

2. 체험학습 감상문을 쓰는 활동이다.

1) 교사는 학생들에게 무엇을 써야 하는지 알려 준다. 그리고 새 표현이 있다면 그 의미를 함께 설명한다.
🔳 "여러분이 다녀온 체험학습에 대해 메모했어요. 그 메모를 보고 체험학습이 어땠는지 글을 쓸 거예요."

2) 교사는 학생들에게 체험학습 감상문을 쓰게 한다. 이때 교사는 학생들에게 개별적으로 쓰기 지도를 할 수 있다.

쓰기 후 - 10분

1) 쓰기 활동이 모두 마무리되면 교사는 학생들에게 각자 쓴 것을 발표하게 한다.

2) 교사는 체험학습 활동 정보와 체험학습 감상문에 대해 다시 한번 정리하며 수업을 마무리한다.

> **교수-학습 지침**
> ※고등학생 대상 수업의 경우 필수적으로 5분간 다음 활동을 추가로 진행함.
> → 교사는 학생들이 수업 중에 지도받은 내용을 반영해 공책에 글을 다시 쓰는 활동을 할 수 있도록 지도한다. 이를 통해 학생들 스스로 자신의 글을 점검할 수 있다.

4과 방과 후 수업을 들어 봐

● 단원 목표

자신의 계획을 말하고 다른 사람에게 활동을 추천할 수 있다.

● 단원 내용

꼭 배워요 (필수)	• 주제: 교내 활동
	• 기능: 계획 표현하기, 활동 추천하기
	• 어휘: 동아리와 방과 후 수업 관련 어휘
	• 문법: -을게(요), -을까 하다, -어 보다, -지 못하다
문화	• 문화: 한국 중고등학교의 교내 활동을 들여다보다
더 배워요 (선택)	• 대화 1: 방과 후 수업에 대한 자신의 계획 말하기 • 대화 2: 동아리 활동을 추천하기
	• 읽기: 동아리 소개
	• 쓰기: 동아리 가입 신청서 쓰기

● 수업 개요

〈꼭 배워요〉 학습 목표	
• 자신의 계획을 말할 수 있다. • 다른 사람에게 활동을 추천할 수 있다.	
1차시	• 도입 대화를 통해 본 단원의 주제에 대해 이해하고 말할 수 있다.
2차시	• 동아리와 방과 후 수업 관련 어휘와 표현을 알고 활용할 수 있다.
3차시	• 동아리 활동 후 계획을 표현할 수 있다. • '-을게(요)'를 사용하여 말하는 사람이 어떤 행동을 할 것을 듣는 사람에게 약속하거나 의지를 나타낼 수 있다.
4차시	• 동아리 활동에 대한 계획을 표현할 수 있다. • '-을까 하다'를 사용하여 앞에 오는 말이 나타내는 행동을 할 의도가 있다는 것을 나타낼 수 있다.

5차시	• 방과 후 수업 활동을 추천할 수 있다. • '-어 보다'를 사용하여 앞의 말이 나타내는 행동을 시험 삼아 한다는 것을 나타낼 수 있다.
6차시	• 방과 후 수업 신청 방법을 추천할 수 있다. • '-지 못하다'를 사용하여 앞의 말이 나타내는 행동을 할 능력이 없거나 주어의 의지대로 되지 않는다는 것을 나타낼 수 있다.

• 1차시 | 복습 및 〈꼭 배워요〉 도입

[학습 목표]
• 도입 대화를 통해 본 단원의 주제에 대해 이해하고 말할 수 있다.

복습 – 20분

3단원에서 배운 주제 및 문법에 대해 복습한다.

1) 교사는 지난 단원의 주제와 관련된 질문을 하여 학생들에게 학습한 내용을 떠올리게 한다.
🔳 "봄, 여름, 가을, 겨울에 학교에서 어떤 행사를 해요?"
🔳 "봄에 어디로 체험학습을 가고 싶어요?"
🔳 "여름에 방학이 되면 무엇을 해요?"
🔳 "가을에 축제를 해요? 축제에서 무엇을 하고 싶어요?"
🔳 "겨울에 방학을 하면 무엇을 해요?"

2) 교사는 '-기 전에'와 관련된 질문을 하여 학생들에게 학습한 내용을 떠올리게 한다.
🔳 "학교에 와요. 그 전에 뭘 했어요?"
🔳 "잠을 자요. 그 전에 뭘 해요?"
🔳 "친구를 만나요. 그 전에 뭘 해요?"

3) 교사는 '-은 후에'와 관련된 질문을 하여 학생들에게 학습한 내용을 떠올리게 한다.
🔳 "밥을 다 먹어요. 그 후에 뭘 해요?"
🔳 "숙제를 해요. 그 후에 뭘 해요?"
🔳 "공원에서 운동을 했어요. 그 후에 뭘 해요?"

4) 교사는 '-고 있다'와 관련된 질문을 하여 학생들에게 학습한 내용을 떠올리게 한다.
🔳 "지금 우리는 교실에서 무엇을 해요?"
🔳 "옆에 친구가 지금 무엇을 해요?"
🔳 "창문 밖을 보세요. 누가 무엇을 해요?"

5) 교사는 '-을까(요)'와 관련된 질문을 하여 학생들에게 학습한 내용을 떠올리게 한다.
🔳 "주말 날씨를 친구에게 질문해 보세요."
🔳 "내일 급식 메뉴를 친구에게 질문해 보세요."
🔳 "10년 후의 일을 친구들에게 질문해 보세요."

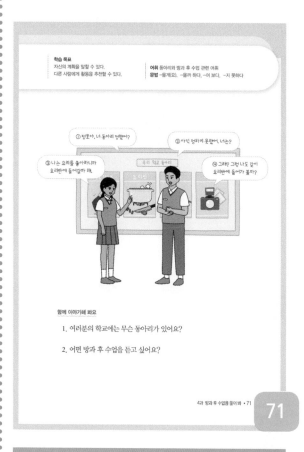

〈꼭 배워요〉 도입 – 25분

1) 교사는 학생들과 교재 71쪽의 그림을 보고 이야기하며 본 단원의 주제에 대해 흥미를 유발한다.
🔳 "게시판에는 무엇이 있어요?"
🔳 "두 사람은 무슨 이야기를 해요?"

2) 교사는 학생들에게 교재 71쪽의 대화를 읽게 한다. 그리고 세부 내용을 이해했는지 확인하는 질문을 한다.
🔳 "정호는 동아리를 정했어요?"
🔳 "와니는 어떤 동아리를 추천했어요?"
🔳 "와니는 왜 요리반에 들어갈 거예요?"

3) 교사는 학생들에게 '함께 이야기해 봐요'의 질문을 하면서 단원의 주제를 도입한다.
🔳 "여러분의 학교에는 어떤 동아리가 있어요?"
🔳 "여러분은 어떤 방과 후 수업을 듣고 싶어요?"

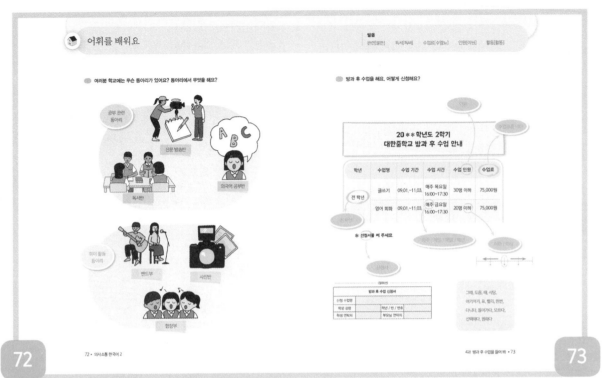

• 2차시 | 어휘를 배워요

[학습 목표]
• 동아리와 방과 후 수업 관련 어휘와 표현을 알고 활용할 수 있다.

본 단원에는 동아리와 방과 후 수업에 관련된 어휘 및 표현이 제시되어 있다.

도입 – 5분

1) 교사는 질문을 통해 학습하게 될 어휘 및 표현을 자연스럽게 노출한다.
   📖 "여러분은 동아리를 알아요?"
   📖 "여러분은 어떤 방과 후 수업을 들었어요?"
2) 교사는 학생들과 제시된 그림을 보며 이야기를 나눈다.
   📖 "72쪽의 그림을 보세요. 무슨 동아리가 있어요? 동아리에서 무엇을 해요?"
   📖 "73쪽의 그림을 보세요. 방과 후 수업을 해요. 어떻게 신청해요?"

전개 – 35분

1. 동아리에 관련된 어휘 및 표현이다.

1) 교사는 다음에 제시되는 내용을 참고하여 학생들에게 어휘 및 표현을 설명한다. 이때 새로 등장하는 발음 규칙이 있다면 함께 설명한다.

관련	◆ 정의 둘 이상의 사람, 사물, 현상 등이 서로 영향을 주고받도록 관계를 맺고 있음. 또는 그 관계. 예 숙제를 해야 해서 관련 자료를 찾고 있어요. ● 설명 "도서관에 가서 책을 보면서 숙제를 해요. 무슨 책을 읽어요? 숙제 관련 책을 읽어요. '관련'은 관계가 있는 거예요. 숙제와 책의 내용이 관련 있어요. 그래서 읽었어요. 숙제를 해요. 관련 책을 읽어요."
동아리	◆ 정의 취미나 뜻이 같은 사람들의 모임. 예 영화 동아리 친구들과 영화를 봐요. ● 설명 "동아리를 해요? '동아리'는 여러분이 좋아하는 것을 다른 사람과 같이 하는 거예요. 영화를 좋아해요. 영화 동아리에 가요. 동아리 사람들과 영화를 같이 봐요. 같이 이야기 해요."
활동	◆ 정의 몸을 움직여 행동함. 예 동아리 활동이 재미있어요? ● 설명 "'활동'은 몸으로 무엇을 하는 거예요. 동아리에서는 무엇을 해요? 무슨 활동을 해요?"
독서반	◆ 정의 책을 읽는 것을 좋아하는 사람이 모이는 동아리. 예 독서반 친구들은 책을 많이 읽어요. ◆ 정보 동아리에서 하는 일에 따라 ○○반이라고 이야기한다. ● 설명 "(다 같이 모여 책을 읽고 있는 사진을 보여 주며) 이 동아리는 책 읽는 것을 좋아하는 사람들이 모인 동아리예요. 무슨 동아리예요? 독서반이에요."

밴드부	◆ 정의 여러 가지 악기로 음악을 연주하는 소규모의 단체. 예 저는 밴드부에서 기타를 쳐요. ◆ 정보 동아리에서 하는 일에 따라 ○○부라고 이야기한다. ○○반과 ○○부의 의미를 명확히 구분하여 설명하기 어렵고 학교마다 그 사용이 다르다. ● 설명 "(기타를 치는 모습을 보여 주고 피아노를 치는 모습을 보여 주고 노래를 부르는 모습을 보여 주며) 이 동아리의 사람들이 같이 노래를 불러요. 연주를 해요. 무슨 동아리예요? 밴드부예요. '밴드부'는 노래를 부르고 연주하는 사람들이 모여요."
사진반	◆ 정의 사진 찍는 것을 좋아하는 사람이 모이는 동아리. 예 사진반 친구들하고 공원에서 사진을 찍었어요. ● 설명 "(사진 찍는 활동을 하고 있는 사진을 보여 주며) 이 동아리에서는 사진을 많이 찍어요. 무슨 동아리예요? '사진반'이에요."
신문 방송반	◆ 정의 학교 신문을 만들고 교내 방송을 하는 동아리. 예 신문 방송반에서는 학교 신문을 만들어요. ● 설명 "(학교 방송반 사진을 보여 주며) 이 동아리에서는 학교의 방송을 해요. 신문도 만들어요. 무슨 동아리예요? 신문 방송반이에요."
외국어 공부반	◆ 정의 다른 나라의 말을 공부하는 동아리. 예 외국어 공부반에서 영어를 배워요. ◆ 정보 공부하는 외국어에 따라 중국어반, 일본어반 등으로 이야기할 수 있다. ● 설명 "(원어민과 학생들이 대화를 하며 공부하고 있는 사진을 보여 주며) 이 동아리에서는 외국어를 공부해요. 무슨 동아리예요? 외국어 공부반이에요."
합창부	◆ 정의 여러 사람이 모여서 함께 노래를 부르는 동아리. 예 우리 학교 합창부는 노래를 정말 잘 불러요. ● 설명 "(무대에서 합창을 하고 있는 사진을 보여 주며) 이 동아리에서는 친구들과 같이 노래를 불러요. 무슨 동아리예요? 합창부예요."

2) 교사는 질문을 통해 학생들이 어휘 및 표현을 잘 이해했는지 확인한다.
- 교 "하고 싶은 동아리가 있어요?"
- 교 "음악과 관련이 있는 동아리는 어떤 동아리예요?"

2. 방과 후 수업에 관련된 어휘 및 표현이다.

1) 교사는 다음에 제시되는 내용을 참고하여 학생들에게 어휘 및 표현을 설명한다. 이때 새로 등장하는 발음 규칙이 있다면 함께 설명한다.

인원	◆ 정의 모임이나 단체를 이루고 있는 사람들. 또는 그 사람들의 수. 예 방과 후 수업에 오는 인원이 많아요. ● 설명 "우리 반에 사람이 몇 명 있어요? 우리 반에 인원이 몇 명 있어요? '인원'은 '사람의 수'예요."
수업료	◆ 정의 학생이 수업을 받는 대가로 내는 돈. 예 방과 후 수학 수업의 수업료가 얼마예요? ● 설명 "방과 후 수업을 듣고 싶어요. 그럼 돈을 내야 해요. 그 돈이 '수업료'예요."
매주	◆ 정의 각각의 주마다. 예 매주 토요일에 수영장에 가요. ● 설명 "언제 학교에 안 와요? 토요일과 일요일에 안 와요. 이번 주도, 다음 주도, 다다음 주도 토요일과 일요일에는 학교에 안 와요. 매주 토요일과 일요일에 학교에 안 와요."
매일	◆ 정의 하루하루마다 빠짐없이. 예 매일 일기를 써요. ● 설명 "운동을 해요. 월요일부터 일요일까지 모두 해요. 하루도 안 쉬어요. '매일' 운동을 해요."
매달	◆ 정의 각각의 달마다. 예 "매달 시험을 봐요?" ◆ 정보 유의어 '매월' ● 설명 "휴대 전화를 사용해요. 그리고 한 달에 한 번 요금을 내요. 이번 달도, 그 다음 달도, 모든 달에 내요. '매달' 휴대 전화 요금을 내요."
매년	◆ 정의 해마다. 예 매년 생일파티를 해요. ◆ 정보 유의어 '매해' ● 설명 "작년에 했어요. 올해도 했어요. 내년에도 해요. 그 다음 해에도 해요. 매년 해요."
이하	◆ 정의 수량이나 정도가 일정한 기준을 포함하여 그보다 적거나 모자란 것. 예 열아홉 살 이하는 술을 살 수 없어요. ◆ 정보 반의어 '이상' ● 설명 "'이하'는 '어떤 숫자와 그 수보다 더 적은 수'예요. '3 이하'는 3과 함께 3보다 적은 수예요. 1, 2, 3이에요. 영화에 '15세 이하 관람불가'가 있어요. 15살과 그보다 어린 사람은 그 영화를 볼 수 없어요. 13살도 14살도 15살도 못 봐요. 16살은 볼 수 있어요."
이상	◆ 정의 수량이나 정도가 일정한 기준을 포함하여 그보다 많거나 나은 것. 예 스무 살 이상만 술을 살 수 있어요. ◆ 정보 반의어 '이하' ● 설명 "'이상'은 '어떤 숫자와 그 수보다 더 많은 수'예요. '3 이상'은 3과 함께 3보다 많은 수예요. 3, 4, 5예요. 술이나 담배는 20세 이상 살 수 있어요. 20살과 그보다 나이가 많은 사람은 살 수 있어요. 20살보다 어리면 못 사요. 19살, 18살, 17살은 못 사요."

신청서	◆ 정의 단체나 기관 등에 어떤 사항을 요청할 때 쓰는 문서. 예 동아리 신청서를 썼어요. ● 설명 "동아리를 하고 싶어요. 어떻게 해요? 동아리 방에 가서 말해요. 그럼 종이를 줘요. 그 종이가 '신청서'예요."
전 학년	◆ 정의 모든 학년. 예 1학년부터 3학년까지 전 학년이 모여요. ● 설명 "입학하면 몇 학년이에요? 1학년이에요. 졸업은 누가 해요? 3학년이 해요. 학교에 있는 학생들은 누구예요? 1학년, 2학년, 3학년, 모든 학년이 다 있어요. 전 학년이 다 있어요. "

2) 교사는 질문을 통해 학생들이 어휘 및 표현을 잘 이해했는지 확인한다.

> 🔊 "방과 후 수업을 신청하고 싶으면 무엇을 확인해야 해요?"
> 🔊 "방과 후 수업을 신청하고 싶으면 무엇을 내야 해요?"

> **교수-학습 지침**
>
> ※ 고등학생 대상 수업의 경우 필수적으로 5분간 다음 활동을 추가로 진행함.
> → 교사는 준비물로 목표 어휘에 대한 그림 카드를 준비한다. 학생들에게 그림 카드를 보여 주고 해당 동아리 종류에 대해 말하기 활동을 하도록 지도한다.
> → 교사는 준비물로 목표 어휘에 대한 실물 방과 후 수업 신청서를 준비한다. 학생들에게 신청서를 보여 주면서 내용을 이해했는지 확인하는 활동을 하도록 지도한다.

정리 – 5분

교사는 질문을 통해 어휘 및 표현 학습을 마무리한다.

> 🔊 "어떤 동아리 활동을 하고 싶어요?"
> 🔊 "왜 그 동아리 활동을 하고 싶어요?"
> 🔊 "어떤 방과 후 수업을 듣고 싶어요?"

> **교사 지식**
>
> → '인원[이뤈]'에서 확인되는 발음 규칙 :
> · 연음 법칙 ▶1과 28쪽 참고
> → '독서[독써]'에서 확인되는 발음 규칙 :
> · 경음화 ▶ 1과 28쪽 참고
> → '관련[괄련]'에서 확인되는 발음 규칙 :
> · 유음화 ▶ 1과 28쪽 참고
> → '수업료[수엄뇨]'에서 확인되는 발음 규칙 :
> · 자음동화 ▶ 받침 'ㄱ, ㅂ' 뒤에 연결되는 'ㄹ'도 [ㄴ]으로 발음한다. / 받침 'ㄱ(ㄲ, ㅋ, ㄳ, ㄺ), ㄷ(ㅅ, ㅆ, ㅈ, ㅊ, ㅌ, ㅎ), ㅂ(ㅍ, ㄼ, ㄿ, ㅄ)'은 'ㄴ, ㅁ' 앞에서 [ㅇ, ㄴ, ㅁ]으로 발음한다.
> → '활동[활똥]'에서 확인되는 발음 규칙 :
> · 경음화 ▶ 한자어에서 'ㄹ' 받침 뒤에 연결되는 'ㄷ, ㅅ, ㅈ'은 된소리로 발음한다. 단, 같은 한자가 겹쳐진 단어의 경우에는 된소리로 발음하지 않는다.

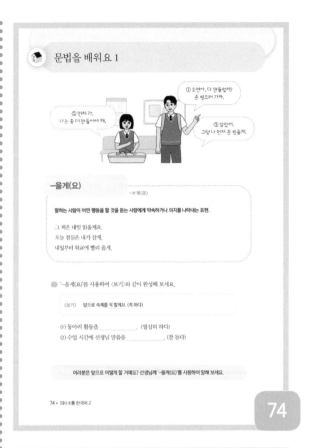

74

● 3차시 | 문법을 배워요 1

[학습 목표]

• 동아리 활동 후 계획을 표현할 수 있다.
• '-을게(요)'를 사용하여 말하는 사람이 어떤 행동을 할 것을 듣는 사람에게 약속하거나 의지를 나타낼 수 있다.

도입 – 5분

1) 교사는 학생들에게 대화문을 읽게 한다. 그리고 학생들이 대화 상황을 이해했는지 확인 질문을 한다.

> 🔊 "무엇을 하고 있어요?"
> 🔊 "소연이는 만들기를 다 했어요?"

2) 교사는 학생들에게 목표 문법의 의미를 추측할 수 있는 질문을 한다.

> 🔊 "세인이는 소연이에게 무슨 말을 하고 어디에 갔어요?"

전개 – 35분

다음의 절차에 따라 문법에 대해 설명한다. 그리고 새로 제시되는 어휘 및 표현이 있다면 그 의미를 함께 설명한다.

[설명]

> 🔊 "'-을게(요)'는 말하는 사람이 어떤 행동을 할 것을 듣는 사람에게 약속하거나 의지를 나타낼 때 사용해요."

[예시]

· 밥을 다 먹고 학교에 갈게.
· 지금 창문을 닫을게요.
· 숙제를 다 하고 나갈게.

[정보]

▶형태 정보:

	받침 ○	받침 X, 'ㄹ' 받침
동사	-을게(요)	-ㄹ게(요)

① 동사 어간 끝음절에 받침이 있으면 '-을게(요)', 동사 어간 끝음절에 받침이 없거나 'ㄹ' 받침으로 끝나면 '-ㄹ게(요)'를 쓴다. 단, 'ㄹ' 받침으로 끝날 때는 'ㄹ'이 탈락한다.

▶제약 정보:

① 형용사와 결합하지 않는다.

② 인식 동사나 심리 동사 등 상태나 성질을 나타내는 동사와 결합하지 않는다.

· 숙제가 알게요. (X)
· 저는 좋아할게요. (X)

③ 주어는 1인칭만 사용할 수 있으며 2, 3인칭은 사용할 수 없다.

④ 의문문에는 사용할 수 없으며 평서문에만 사용한다.

⑤ 다른 사람에게 도움이 안 되거나 손해가 되는 행위를 나타낼 때는 '-을게(요)'를 쓸 수 없다.

· 제가 책을 안 찾을게요. (X)

[확인]

교사는 문법을 설명한 뒤 '연습 문제'를 통해 학생들이 문법을 이해했는지 확인한다.

정답
(1) 열심히 할게요
(2) 잘 들을게요

교수-학습 지침
※ 고등학생 대상 수업의 경우 필수적으로 5분간 다음 활동을 추가로 진행함.
➡ 교사는 학생들에게 목표 문법을 활용할 수 있는 새로운 화제를 제시한다.
📖 "친구에게 무슨 일을 해 줄 거예요? '-을게(요)'를 사용하여 말해 보세요."

예시 답안
내가 창문을 닫을게. 내가 불을 끌게. 내가 선생님께 말씀드릴게.

정리 - 5분

1) 교사는 학생들에게 대화문을 다시 한번 읽게 한다.

2) 교사는 교재에 제시된 열린 질문을 통해 학생들에게 배운 문법을 활용하여 자유롭게 이야기를 나누게 한다.
📖 "여러분은 앞으로 어떻게 할 거예요? 선생님께 '-을게(요)'를 사용하여 말해 보세요."

예시 답안
열심히 공부할게요. 매일 숙제를 할게요. 학교에 안 늦을게요.

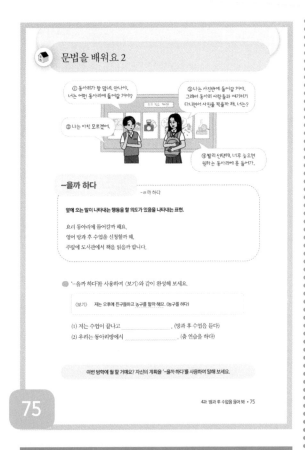

• 4차시 | 문법을 배워요 2

[학습 목표]
• 동아리 활동에 대한 계획을 표현할 수 있다.
• '-을까 하다'를 사용하여 앞에 오는 말이 나타내는 행동을 할 의도가 있다는 것을 나타낼 수 있다.

도입 – 5분

1) 교사는 학생들에게 대화문을 읽게 한다. 그리고 학생들이 대화 상황을 이해했는지 확인 질문을 한다.
   📖 "두 사람이 무엇을 보면서 이야기하고 있어요?"
   📖 "왜 동아리를 빨리 선택해야 돼요?"

2) 교사는 학생들에게 목표 문법의 의미를 추측할 수 있는 질문을 한다.
   📖 "안나는 어떤 동아리에 들어갈 거예요?"
   📖 "동아리에 들어가서 무엇을 하고 싶어요?"

전개 – 35분

다음의 절차에 따라 문법에 대해 설명한다. 그리고 새로 제시되는 어휘 및 표현이 있다면 그 의미를 함께 설명한다.

[설명]
📖 "'-을까 하다'는 앞에 오는 말이 나타내는 행동을 할 의도가 있다는 것을 나타내는 표현을 할 때 사용해요."

[예시]
· 오늘 점심에 김치찌개를 먹을까 해요.
· 나는 파란색 가방을 살까 해.
· 집에서 생일 파티를 할까 해.

[정보]
▶형태 정보:

	받침 ○	받침 X, 'ㄹ' 받침
동사	-을까 하다	-ㄹ까 하다

① 동사 어간 끝음절에 받침이 있으면 '-을까 하다', 동사 어간 끝음절에 받침이 없거나 'ㄹ' 받침으로 끝나면 '-ㄹ까 하다'를 쓴다. 단, 'ㄹ' 받침으로 끝날 때는 'ㄹ'이 탈락한다.

▶제약 정보:
① 형용사와는 결합하지 않는다.
② 주어는 1인칭인 '나, 우리, 저, 저희' 등만 쓴다.
③ 주어가 1인칭만 가능하기 때문에 의문, 명령, 청유로 사용되지 않는다.
   · 저는 밥을 먹을까 하세요. (X)
④ 과거 '-었-', 미래·추측을 나타내는 '-겠-'과 결합하지 않는다.
   · 어제 운동을 했을까 해요. (X)

▶주의 사항:
① 부정은 '-지 말까 하다', '안 -을까 하다'로 쓴다.

[확인]
교사는 문법을 설명한 뒤 '연습 문제'를 통해 학생들이 문법을 이해했는지 확인한다.

정답
(1) 방과 후 수업을 들을까 해요
(2) 춤 연습을 할까 해요

어휘 및 표현

여기저기	◆ 정의 분명하게 정해지지 않은 여러 장소나 위치. 예 제주도에서 바다도 가고 산에도 갔어요. 여기저기를 많이 갔어요. ● 설명 "여러분이 체험학습을 갔어요. 박물관도 가고 미술관도 갔어요. 체험학습에서 여러 장소에 갔어요. 체험학습에서 여기저기 갔어요. '여러 장소', '여기저기' 같아요."
빨리	◆ 정의 걸리는 시간이 짧게. 예 저는 밥을 빨리 먹어요. ● 설명 "'빨리'는 어떤 일, 행동을 하는 시간이 아주 짧은 것을 말해요."

들어가다	◆ **정의** 어떤 단체의 구성원이 되다. **예** 사진반에 들어가고 싶어요. ● **설명** "친구의 동아리가 사진반이에요. 같이 하고 싶어요. 어떻게 말해요? '나도 사진반을 하고 싶어.', '나도 사진반에 들어가고 싶어.' 해요. '동아리에 들어가다'는 동아리 사람이 되어서 같이 하는 거예요."
모르다	◆ **정의** 사람이나 사물, 사실 등을 알지 못하거나 이해하지 못하다. **예** 중간고사 성적을 아직 몰라요. ◆ **정보** 반대말 '알다' ● **설명** "'모르다'는 '알다' 아니에요. '알지 못해요. 이해하지 못해요'예요."
선택하다	◆ **정의** 여럿 중에서 필요한 것을 골라 뽑다. **예** 하고 싶은 동아리를 선택했어요. ● **설명** "(치킨과 피자 사진을 보여 주며) 둘 중에 무엇을 더 좋아해요? 고르세요. 선택하세요. '고르다', '선택하다' 같아요."
원하다	◆ **정의** 무엇을 바라거나 하고자 하다. **예** 부모님께서 동생에게 원하는 선물을 사 주었어요. ● **설명** "'생일에 받고 싶은 선물을 받았어요.', '생일에 원하는 선물을 받았어요.' 같아요. '사고 싶은 물건이 있어요.', '원하는 선물이 있어요.' 같아요. '받고 싶다', '사고 싶다', '가지고 싶다' 모두 '원하다'예요."

교수-학습 지침

※ 고등학생 대상 수업의 경우 필수적으로 5분간 다음 활동을 추가로 진행함.
➜ 교사는 학생들에게 목표 문법을 활용할 수 있는 새로운 화제를 제시할 수 있다.
　📖 "이번 주말의 계획을 '-을까 하다'를 사용하여 말해 보세요."

예시 답안
이번 주말에 영화를 볼까 해. 이번 주말에 백화점에 갈까 해.

정리 – 5분

1) 교사는 학생들에게 대화문을 다시 한번 읽게 한다.

2) 교사는 교재에 제시된 열린 질문을 통해 학생들에게 배운 문법을 활용하여 자유롭게 이야기를 나누게 한다.
　📖 "이번 방학에 뭘 할 거예요? 자신의 계획을 '-을까 하다'를 사용하여 말해 보세요."

예시 답안
할머니 댁에 갈까 해요. 수학 학원에 다닐까 해요. 책을 많이 읽을까 해요.

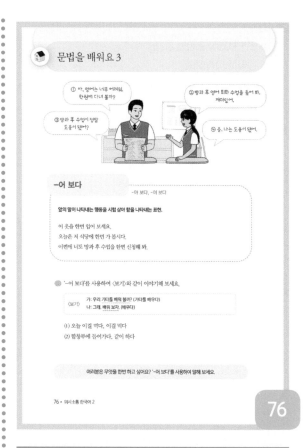

5차시 | 문법을 배워요 3

[학습 목표]

• 방과 후 수업 활동을 추천할 수 있다.
• '-어 보다'를 사용하여 앞의 말이 나타내는 행동을 시험 삼아 한다는 것을 나타낼 수 있다.

도입 – 5분

1) 교사는 학생들에게 대화문을 읽게 한다. 그리고 학생들이 대화 상황을 이해했는지 확인 질문을 한다.
　📖 "수호는 무엇이 어려워요?"
　📖 "유미는 방과 후 수업이 도움이 됐어요?"

2) 교사는 학생들에게 목표 문법의 의미를 추측할 수 있는 질문을 한다.
　📖 "수호는 어떤 생각을 하고 있어요?"
　📖 "유미는 수호에게 어떻게 말했어요?"

전개 – 35분

다음의 절차에 따라 문법에 대해 설명한다. 그리고 새로 제시되는 어휘 및 표현이 있다면 그 의미를 함께 설명한다.

[설명]
　📖 "'-어 보다'는 앞의 말이 나타내는 행동을 시험 삼아 한다는 것을 나타낼 때 사용해요."

[예시]
· 아프면 보건실에 한번 가 봐.
· 이 음식을 먹어 봐.
· 날씨가 좋으니까 창문을 열어 볼까?

[정보]

▶형태 정보:

	ㅏ, ㅗ	ㅓ, ㅜ, ㅣ…	-하다
동사	-아 보다	-어 보다	-여 보다

① 동사 어간 끝음절 모음이 'ㅏ, ㅗ'인 경우 '-아 보다', 동사 어간 끝음절 모음이 'ㅏ, ㅗ'가 아닌 경우 '-어 보다'를 쓴다. '-하다'가 붙은 동사 어간에는 '-여 보다'를 쓰는데, 흔히 줄여서 '-해 보다'로 쓴다.

▶제약 정보:

① 형용사와 결합하지 않는다.

② 동사 '보다'와의 결합은 자연스럽지 않다. '보다'의 형태가 중복되어 어색해지기 때문에 '봐 보다'의 구성으로는 잘 사용하지 않는다.

▶주의 사항:

① '한번 -어 보다' 형태로 주로 사용한다.

[확인]

교사는 문법을 설명한 뒤 '연습 문제'를 통해 학생들이 문법을 이해했는지 확인한다.

> 정답
> (1) 오늘 이걸 먹어 볼까, 이걸 먹어 보자
> (2) 합창부에 들어가 볼까, 같이 해 보자

어휘 및 표현

도움	◆ **정의** 다른 사람을 돕는 일. 예 친구에게 도움을 많이 받았어요. ● **설명** "여러분은 친구들을 많이 도와줘요? 친구에게 도움을 줘요? '도와주는 것'이 '도움'이에요."
식당	◆ **정의** 음식을 만들어 파는 가게. 예 식당에서 밥을 먹었어요. ● **설명** "(식당 그림을 보여 주며) 여기가 '식당'이에요. 음식을 팔아요."
한번	◆ **정의** 어떤 일을 시험 삼아 시도함을 나타내는 말. 예 선생님께 한번 여쭤보세요. ● **설명** "'한번'은 어떤 일을 해 보고 싶어서 하는 거예요. 책이 재미있을 것 같아요. 책을 한번 읽어요."

다니다	◆ **정의** 직장이나 학교 등의 기관을 정기적으로 오고 가다. 예 평일에 학교에 다녀요. ● **설명** "여러분은 학교에 매일 와요. 학교에 다녀요. 학원에 가서 공부해요. 학원에 다녀요. 부모님은 회사에 가서 일해요. 회사에 다녀요."

> **교수-학습 지침**
>
> ※ 고등학생 대상 수업의 경우 필수적으로 5분간 다음 활동을 추가로 진행함.
> ➔ 교사는 학생들에게 목표 문법을 활용할 수 있는 새로운 화제를 제시한다.
> 🔟 "방학에 하고 싶은 일을 '-어 보다'를 사용하여 말해 보세요."

> 예시 답안
> 바다에 가 보고 싶어요. 불고기를 먹어 보고 싶어요.

정리 - 5분

1) 교사는 학생들에게 대화문을 다시 한번 읽게 한다.

2) 교사는 교재에 제시된 열린 질문을 통해 학생들에게 배운 문법을 활용하여 자유롭게 이야기를 나누게 한다.
   🔟 "여러분은 무엇을 한번 하고 싶어요? '-어 보다'를 사용하여 말해 보세요."

> 예시 답안
> 제주도에 한번 가 보고 싶어요. 요리를 한번 배워 보고 싶어요.

77

• 6차시 | 문법을 배워요 4

[학습 목표]

• 방과 후 수업 신청 방법을 추천할 수 있다.
• '-지 못하다'를 사용하여 앞의 말이 나타내는 행동을 할 능력이 없거나 주어의 의지대로 되지 않는 것을 나타낼 수 있다.

도입 – 5분

1) 교사는 학생들에게 대화문을 읽게 한다. 그리고 학생들이 대화 상황을 이해했는지 확인 질문을 한다.
   📕 "와니는 무엇을 신청하고 싶었어요?"
   📕 "정호는 방학 때 어떤 방과 후 수업을 들을 거예요?"
2) 교사는 학생들에게 목표 문법의 의미를 추측할 수 있는 질문을 한다.
   📕 "와니는 왜 방과 후 수업을 들을 수 없어요?"

전개 – 35분

다음의 절차에 따라 문법에 대해 설명한다. 그리고 새로 제시되는 어휘 및 표현이 있다면 그 의미를 함께 설명한다.

[설명]

📕 "'-지 못하다'는 앞의 말이 나타내는 행동을 할 능력이 없거나 말하는 사람의 의지대로 되지 않는다는 것을 나타낼

때 사용해요."

[예시]

· 저녁을 많이 먹어서 간식은 먹지 못해요.
· 저는 피아노를 치지 못해요.
· 친구가 늦게 와서 영화를 보지 못했어요.

[정보]

▶형태 정보:

	받침 ○	받침 X
동사	-지 못하다	

① 동사 어간 끝음절의 받침 유무에 관계없이 '-지 못하다'를 쓴다.

▶제약 정보:

① 능력이나 의지와 관계없는 동사나, 피동형의 동사와는 결합하기 어렵다.
   · 텔레비전이 켜지지 못해요. (X)

② 이루고 싶지 않은 부정적 의미의 동사와도 결합하기 어렵다.
   · 시험에 떨어지지 못해요. (X)

③ '-지 못하다'는 의도를 나타내는 연결어미(-려고, -고자)나 '-고 싶다'와 결합하지 못한다.
   · 밥을 먹지 못하고 싶어요. (X)

④ 명령문과 청유문에 사용되지 않는다. 평서문, 의문문, 감탄문에서만 사용된다.
   · 수영을 하지 못하자. (X)

[확인]

교사는 문법을 설명한 뒤 '연습 문제'를 통해 학생들이 문법을 이해했는지 확인한다.

정답
(1) 친구를 만나지 못해요
(2) 영화를 보지 못해요

어휘 및 표현

그때	◆ 정의 앞에서 이야기한 어떤 때. 예 8시에 밥을 먹었어요. 그때 언니도 같이 먹었어요. ● 설명 "'그때'는 '그 시간에'예요."
때	◆ 정의 시간의 어떤 순간이나 부분. 예 초등학생 때도 공부를 잘했어요. ● 설명 "방학 때 뭐 할 거예요? '때'는 '시간에'이에요. '방학 때'는 '방학 시간에'와 같은 말이에요. '여러분은 수업 때 뭐해요?', '여러분은 수업 시간에 뭐 해요?' 같아요."

표	◆ 정의 어떤 권리가 있음을 증명하는 쪽지. 예 영화를 보고 싶으면 표를 사야 해요. ● 설명 "(영화표 같은 것을 사진으로 보여 주며) 여러분이 영화를 보고 싶어요. 영화를 보 기 전에 표를 사요. 영화표를 사요. 비행 기를 타고 싶어요. 표를 사요. 비행기표 를 사요. '표'는 영화를 봐도 돼요. 비행 기를 타도 돼요. 알려 주는 종이예요."

교수-학습 지침

※ 고등학생 대상 수업의 경우 필수적으로 5분간 다음 활동을 추가로 진행함.
➔ 교사는 학생들에게 목표 문법을 활용할 수 있는 새로운 화제를 제시한다.
　교 "수업 시간, 시험 시간에 무엇을 하면 안 돼요? '-지 못하다'를 사용하여 말해 보세요."

예시 답안
수업 시간에는 잠을 자지 못해요. 시험 시간에는 돌아다니지 못해요.

정리 - 5분

1) 교사는 학생들에게 대화문을 다시 한번 읽게 한다.

2) 교사는 교재에 제시된 열린 질문을 통해 학생들에게 배운 문법을 활용하여 자유롭게 이야기를 나누게 한다.
　교 "여러분은 요즘 무엇을 못 해요? '-지 못하다'를 사용하여 말해 보세요."

예시 답안
숙제가 많아서 만화책을 보지 못해요. 돈이 없어서 옷을 사지 못해요.

● 메모

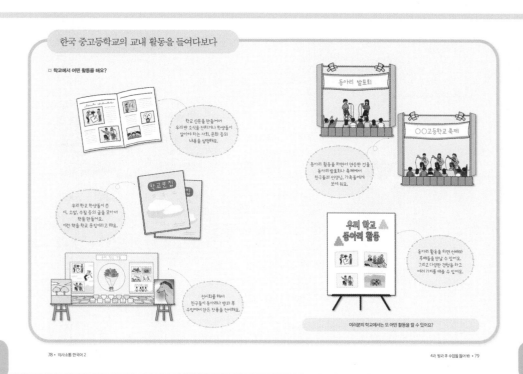

● 문화

[학습 목표]

- 한국 중고등학교에서 어떤 교내 활동을 하는지에 대해 이야기할 수 있다.
- 한국 중고등학교 동아리에서 어떤 활동을 하는지, 동아리 활동을 하면 어떤 장점이 있는지에 대해 이야기할 수 있다.

1) 질문을 통해 학생들에게 주제를 추측하게 한다.

📖 "학교에서 어떤 활동을 해요?"

📖 "동아리 활동을 하면 어떤 것이 좋아요?"

2) 교재 78쪽을 보며 여러 교내 활동에 대해 설명한다.

3) 교재 79쪽을 보며 동아리 활동에 대해 설명한다.

교수-학습 지침

교사는 여러 가지 동아리가 있다는 것을 알려 준다. 그리고 동아리 활동을 하는 사진을 보여 준다. 교사는 학생들에게 무엇을 하고 싶은지 물어보고 하고 싶은 이유와 왜 하고 싶은지를 발표하는 활동을 하도록 지도한다.

4) 본 문화와 관련하여 상호문화적 관점에서 이야기할 수 있도록 한다.

📖 "여러분의 학교에서는 또 어떤 활동을 할 수 있어요?"

📖 "다른 나라의 학교에서 하는 특별한 활동이 있어요?"

더 알아보기

토론회	어떤 문제에 대하여 여러 사람이 옳고 그름을 따지며 논의하는 모임.
퀴즈 대회	어떤 질문에 대한 답을 알아맞히며 서로 겨루는 대회.
(수학, 과학, 영어 등) 경시 대회	한 분야의 특기자들이 한곳에 모여 시험을 치르는 대회.
합창 대회	여러 사람이 목소리를 맞추어서 노래를 부르며 잘한 팀을 뽑는 대회.

〈더 배워요〉 학습 목표

- 다른 사람에게 방과 후 수업에 대한 자신의 계획을 말할 수 있다.
- 다른 사람에게 동아리 활동을 추천할 수 있다.

7차시	• 어떤 방과 후 수업을 듣고 싶은지 말할 수 있다.
8차시	• 하고 싶은 동아리 활동을 이야기하고 추천할 수 있다.
9차시	• 동아리 홍보문을 읽고 이해할 수 있다.
10차시	• 동아리 가입 신청서를 쓸 수 있다.

● 7차시 | 〈더 배워요〉 도입 및 대화해 봐요 1

〈더 배워요〉 도입 – 5분

1) 〈꼭 배워요〉의 목표 어휘 및 문법 등을 확인할 수 있는 질문을 통해 학생들이 해당 표현을 사용하여 답할 수 있도록 유도한다.
   교 "어떤 동아리 활동을 하고 싶어요?"
   교 "친구에게 어떤 방과 후 수업을 추천하고 싶어요?"
   교 "방학에 어떤 방과 후 수업을 들을 거예요?"

2) '대화해 봐요 1, 2'에서 학습할 내용을 대표하는 네 개의 그림들을 확인하며 학생들이 앞으로 배우게 될 주제 및 내용을 추측할 수 있도록 한다.
   교 "두 사람은 무엇을 하고 있어요?"
   교 "신청서에는 무엇을 써야 할까요?"
   교 "신문 방송반에 들어가면 무엇을 할까요?"
   교 "친구에게 무엇을 줘요?"
   교 "초대장을 주는 친구에게 어떻게 말해요?"
   교 "두 사람은 무슨 이야기를 해요?"
   교 "친구에게 추천하고 싶은 동아리가 있으면 어떻게 말해요?"

3) '함께 이야기해 봐요'에 제시된 질문을 통해 이야기를 나눔으로써 '읽고 써 봐요'에서 학습할 내용을 추측하게 한다.
   교 "동아리 홍보문에는 어떤 내용이 있어요?"
   교 "어떤 동아리에 들어가고 싶어요?"

대화해 봐요 1

⏪ 쉬는 시간에 선영이와 호민이가 이야기해요. 💬로 확인해 보세요.

▶️ 두 사람은 교실에서 지금 무엇을 할까요? 먼저 💬로 확인해 보세요.

① 선영아, 나는 방과 후 수학 수업을 신청할까 해. 너는 정했어?

② 응. 나는 국어 수업을 신청할 거야.

③ 수요일마다 하는 수업?

④ 아니, 목요일마다 하는 글쓰기 수업. 나는 글을 잘 못 써서 글쓰기 수업을 듣기로 했어.

⑤ 그래? 그럼 나도 같이 들을까? 나도 필요해.

⑥ 그래, 우리 같이 열심히 공부하자.

82 · 의사소통 한국어 2

[학습 목표]
- 어떤 방과 후 수업을 듣고 싶은지 말할 수 있다.
- 부가 문법: 마다
- 목표 표현: 나는 -을까 해
  ~마다 -하다

본 대화는 선영이와 호민이가 방과 후 수업으로 무엇을 신청할지에 대해 이야기하고 있는 상황이다.

도입 – 5분

1) 교사는 학생들에게 '대화해 봐요 1'의 내용을 추측할 수 있는 질문을 한다.

  📖 "여러분은 방과 후 수업을 들어요?"

  📖 "어떤 방과 후 수업을 들어요?"

  📖 "왜 방과 후 수업을 들어요?"

2) 교사는 학생들에게 82쪽의 첫 번째 QR 코드 속 영상을 보게 한다.

  📖 "쉬는 시간에 선영이와 호민이가 이야기를 하고 있어요. 무슨 이야기를 해요? 함께 확인해 봐요."

3) 교사는 학생들이 대화 내용을 잘 이해했는지 질문을 한다. 그리고 새 표현이 있다면 그 의미를 함께 설명한다.

  📖 "호민이는 방과 후 수업을 정했어요?"

  📖 "방과 후 수업은 언제까지 신청해야 해요?"

어휘 및 표현

결정하다	◆ **정의** 무엇을 어떻게 하기로 분명하게 정하다. 📖 와니의 생일 선물을 결정했어요. ● **설명** "사고 싶은 물건이 두 개 있어요. 한 개만 살 수 있어요. 어떻게 해요? 결정해요. '결정하다'는 '정하다'와 같아요."

전개 – 20분

1) 교사는 학생들에게 본 대화 내용을 소개하며 82쪽의 두 번째 QR 코드 속 영상을 보게 한다.

  📖 "선영이와 호민이는 교실에서 방과 후 수업 계획을 이야기해요. 무슨 이야기를 해요? 함께 확인해 봐요."

2) 교사는 학생들이 대화의 전체 내용을 이해했는지 확인하는 질문을 한다.

  📖 "두 사람은 같이 무슨 수업을 들을 거예요?"

3) 교사는 학생들에게 대화문을 읽게 한다. 그리고 세부 내용을 이해했는지 확인하는 질문을 한다.

  📖 "호민이는 무슨 방과 후 수업을 신청할 거예요?"

  📖 "글쓰기 수업은 언제 해요?"

4) 대화에 제시된 새 표현의 의미를 설명한다.

어휘 및 표현

정하다	◆ **정의** 마음이나 뜻을 굳히다. 📖 약속 시간을 정했어요? ● **설명** "'정하다'는 '이것을 꼭 할 거예요.' 하고 생각하는 거예요."
필요하다	◆ **정의** 꼭 있어야 하다. 📖 시험 시간에 컴퓨터용 사인펜이 꼭 필요해요. ● **설명** "'필요하다'는 '꼭 있어야 해요.'예요. 체육 시간에는 체육복이 필요해요."

5) 교사는 학생들에게 대화문을 다시 한번 읽게 한다. 이때 역할을 나누는 등 다양한 방식으로 읽게 할 수 있다.

6) 교사는 다음의 절차에 따라 부가 문법 '마다'에 대해 설명한다. 그리고 새로 제시되는 어휘 및 표현이 있다면 그 의미를 함께 설명한다.

부가 문법   '마다'

[설명]

  📖 "저는 매일 저녁에 운동을 해요. 지난주 저녁에도 하고 어제 저녁에도 하고 오늘 저녁에도 했어요. 저녁마다 운동을 해요. 이렇게 '마다'는 하나도 빠짐없이 모두 비슷한 상황에 있음을 나타내거나 또는 각 상황이 되풀이된다는 것을 나타낼 때 사용해요."

[예시]

· 층마다 화장실이 있어요.

4과 · 방과 후 수업을 들어 봐   99

· 버스가 십 분마다 와요.
· 저는 일요일마다 수영장에 가요.
· 어머니의 생신마다 꽃을 선물해요.

[정보]

▶형태 정보:

	받침 ○	받침 X
명사	마다	

① 명사 끝음절의 받침 유무에 관계없이 '마다'를 쓴다.

7) 교사는 학생들에게 목표 표현에 대해 설명한다.

목표 표현 1	'나는 -을까 해'

[설명]

🔲 "'나는 -을까 해'는 자신의 계획을 말할 때 사용해요."

[예시]

· 나는 이번 주에 여행을 갈까 해.
· 나는 오후에 책을 읽을까 해.
· 나는 오늘 저녁에 치킨을 먹을까 해.
· 나는 주말에 호민이를 만날까 해.

목표 표현 2	'~마다 -하다'

[설명]

🔲 "'~마다 -하다'는 하나도 빠짐없이 모두 비슷한 상황에서 어떤 일을 되풀이할 때 사용해요."

[예시]

· 아침마다 샤워를 해요.
· 매주 금요일마다 방과 후 수업을 해요.
· 1년마다 학교 축제를 해요.
· 일요일마다 운동을 했어요.

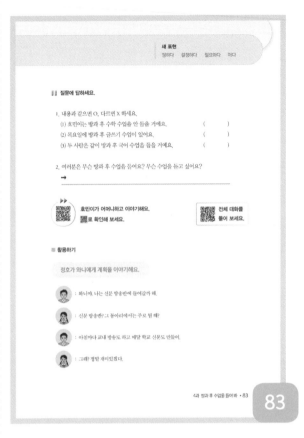

8) 교사는 학생들에게 교재의 1번과 2번 문제를 풀게 한다.

9) 교사는 학생들과 함께 문제의 답을 확인한다.

정답
1. (1) × (2) ○ (3) ○
2. 국어 수업을 들어요. 영어 수업을 듣고 싶어요.

10) 교사는 학생들에게 83쪽의 첫 번째 QR 코드 속 영상을 보게 한다.
   🔲 "호민이가 엄마하고 이야기해요. 무슨 이야기를 해요? 함께 확인해 봐요."

11) 교사는 학생들이 대화 내용을 잘 이해했는지 질문을 한다. 그리고 새 표현이 있다면 그 의미를 함께 설명한다.
   🔲 "호민이는 어떤 수업을 신청할 거예요?"
   🔲 "호민이의 엄마는 무엇을 걱정해요?"

활용 - 10분

1) 교사는 학생들이 목표 표현을 사용하여 대답할 수 있도록 질문을 한다.
   🔲 "다른 사람에게 자신의 계획을 어떻게 말해요?"

2) 교사는 질문을 통해 학생들이 '활용하기'의 대화 상황을 추측할 수 있도록 한다.
   🔲 "정호는 어떤 계획이 있어요? 함께 읽어 봐요."

3) 교사는 학생들에게 대화문을 읽게 한 후 대화의 내용을 이해했는지 확인하는 질문을 한다. 그리고 새 표현이 있다면 그 의미를 함께 설명한다.

📖 "정호는 어떤 동아리에 들어가고 싶어요?"

📖 "그 동아리에서는 어떤 활동을 해요?"

4) 교사는 학생들에게 대화문을 다시 한번 읽게 한다. 이때 역할을 나누는 등 다양한 방식으로 읽게 할 수 있다.

> **교수-학습 지침**
>
> ※ 고등학생 대상 수업의 경우 필수적으로 5분간 다음 활동을 추가로 진행함.
> → 교사는 짝 활동, 그룹 활동을 통해 하고 싶은 동아리 활동에 대해 말하기 활동을 하도록 지도한다.

정리 – 5분

교사는 학생들에게 83쪽의 '전체 대화를 들어 보세요' QR 코드 속 대화를 듣게 하고 수업을 마무리한다.

• 8차시 | 대화해 봐요 2

[학습 목표]

• 하고 싶은 동아리 활동을 이야기하고 추천할 수 있다.

• 부가 문법: 중에서 가장/제일

• 목표 표현: ~중에서 가장/제일 많아
　　　　　　 나도 -어 볼까?

본 대화는 유미와 세인이가 동아리 활동에 대해 이야기하고 있는 상황이다.

도입 – 7분

1) 교사는 학생들에게 '대화해 봐요 2'의 내용을 추측할 수 있는 질문을 한다.

📖 "여러분은 동아리 활동을 하고 있어요?"

📖 "어떤 동아리에 들어갔어요?"

📖 "그 동아리에서 무엇을 해요?"

2) 교사는 학생들에게 84쪽의 첫 번째 QR 코드 속 영상을 보게 한다.

📖 "유미와 세인이가 이야기를 하고 있어요. 무슨 이야기를 해요? 함께 확인해 봐요."

3) 교사는 학생들이 대화 내용을 잘 이해했는지 질문을 한다. 그리고 새 표현이 있다면 그 의미를 함께 설명한다.

📖 "유미가 세인이에게 무엇을 줬어요?"

1) 교사는 학생들에게 본 대화 내용을 소개하며 84쪽의 두 번째 QR 코드 속 영상을 보게 한다.
    📖 "유미가 세인이에게 동아리를 추천해요. 어떤 동아리를 추천해요? 함께 확인해 봐요."

2) 교사는 학생들이 대화의 전체 내용을 이해했는지 확인하는 질문을 한다.
    📖 "유미는 왜 동아리 활동을 열심히 해요?"

3) 교사는 학생들에게 대화문을 읽게 한다. 그리고 세부 내용을 이해했는지 확인하는 질문을 한다.
    📖 "유미가 하는 동아리에는 회원이 많아요?"
    📖 "세인이는 언제 유미의 동아리 방에 갈 거예요?"

4) 대화에 제시된 새 표현의 의미를 설명한다.

5) 교사는 학생들에게 대화문을 다시 한번 읽게 한다. 이때 역할을 나누는 등 다양한 방식으로 읽게 할 수 있다.

6) 교사는 다음의 절차에 따라 부가 문법 '중에서 가장/제일'에 대해 설명한다. 그리고 새로 제시되는 어휘 및 표현이 있다면 그 의미를 함께 설명한다.

부가 문법   '중에서 가장/제일'

[설명]
  📖 "저는 과일을 좋아해요. 딸기, 사과, 바나나, 귤⋯⋯. 그런데 과일 중에서 딸기를 가장 좋아해요. 이렇게 '중에서 가장/제일'은 여럿 가운데에서 정도가 높거나 세다는 것을 나타낼 때 사용해요."

[예시]
· 호민이는 친구들 중에서 가장 노래를 잘 불러요.
· 영수가 친구들 중에서 키가 가장 커요.
· 저는 우리 가족 중에서 제일 머리가 길어요.
· 국어가 여러 시험 과목 중에서 가장 점수가 높아요.

[정보]
▶형태 정보:

	받침 ○	받침 X
명사	중에서 가장/제일	

① 명사 끝음절의 받침 유무에 관계없이 '중에서 가장/제일'을 쓴다.

▶주의 사항:

① '중'이 의존 명사이므로 앞의 말에 띄어 써야 한다.
② '가장/제일'이 부사이므로 뒤에 주로 동사, 형용사를 쓴다.

7) 교사는 학생들에게 목표 표현에 대해 설명한다.

목표 표현 1   '~ 중에서 가장/제일 많아'

[설명]
  📖 "'~ 중에서 가장/제일 많아'는 여럿 가운데에서 가장/제일 많을 때 사용해요."

[예시]
· 나는 친구들 중에서 가장 모자가 많아.
· 저 서점이 학교 앞 서점들 중에서 제일 책이 많아.
· 우리 가족 중에서 할머니는 연세가 가장 많아.
· 빵집 중에서 이 빵집이 빵이 가장 많아.

목표 표현 2   '나도 -어 볼까?'

[설명]
  📖 "'나도 -어 볼까?'는 자신이 시도할 일을 말할 때 사용해요."

[예시]
· 나도 자전거를 배워 볼까?
· 나도 이 음식을 먹어 볼까?
· 나도 자기 전에 책을 읽어 볼까?
· 나도 호민이처럼 영어를 배워 볼까?

요즘	◆ **정의** 아주 가까운 과거부터 지금까지의 사이. **예** 요즘 날씨가 추워요. ● **설명** "여러분 날씨가 어때요? 요즘 날씨가 어때요? 요즘 날씨가 더워요. '요즘'은 며칠, 몇 주 전부터 지금까지의 기간을 말해요. 요즘 무슨 영화가 재미있어요?"
회원	◆ **정의** 어떤 모임을 이루는 사람. **예** 동아리에 회원이 아주 많아요. ● **설명** "'회원'은 모임에 있는 사람이에요. '동아리 회원' 하고 말해요."
조용히	◆ **정의** 말이 적고 행동이 얌전하게. **예** 유미는 도서관에서 조용히 책을 읽었어요. ● **설명** "'조용히'는 말을 안 하거나 작게 하는 거예요. 그리고 움직여도 소리가 안 나는 거예요."

활용 – 10분

1) 교사는 학생들이 목표 표현을 사용하여 대답할 수 있도록 질문을 한다.

🔲 "다른 사람에게 무엇을 추천할 때 어떻게 말해요?"

2) 교사는 질문을 통해 학생들이 '활용하기'의 대화 상황을 추측할 수 있도록 한다.

🔲 "나나가 민우에게 동아리를 추천해요. 어떤 동아리를 추천할까요?"

3) 교사는 학생들에게 대화문을 읽게 한 후 대화의 내용을 이해했는지 확인하는 질문을 한다. 그리고 새 표현이 있다면 그 의미를 함께 설명한다.

🔲 "민우는 어떤 동아리에 들어가고 싶어요?"
🔲 "나나는 어떤 동아리를 추천했어요?"
🔲 "왜 그 동아리를 추천했어요?"

4) 교사는 학생들에게 대화문을 다시 한번 읽게 한다. 이때 역할을 나누는 등 다양한 방식으로 읽게 할 수 있다.

교수–학습 지침

※ 고등학생 대상 수업의 경우 필수적으로 5분간 다음 활동을 추가로 진행함.
➔ 교사는 학생들에게 짝 활동, 그룹 활동을 통해 동아리 활동을 추천하는 상황으로 가정하여 이야기하도록 지도한다.

정리 – 8분

교사는 학생들에게 85쪽의 '전체 대화를 들어 보세요' QR 코드 속 대화를 듣게 하고 수업을 마무리한다.

---

8) 교사는 학생들에게 교재의 1번과 2번 문제를 풀게 한다.

9) 교사는 학생들과 함께 문제의 답을 확인한다.

정답
1. (1) ○   (2) ○   (3) ×
2. 친구들을 많이 사귈 수 있어서 좋아요. 다양한 경험을 할 수 있어서 좋아요.

10) 교사는 학생들에게 85쪽의 첫 번째 QR 코드 속 영상을 보게 한다.

🔲 "세인이는 유미의 동아리 방에 왔을까요? 함께 확인해 봐요."

11) 교사는 학생들이 대화 내용을 잘 이해했는지 질문을 한다. 그리고 새 표현이 있다면 그 의미를 함께 설명한다.

🔲 "세인이는 왜 유미의 동아리 방에 왔어요?"
🔲 "유미의 동아리 방에는 무엇이 많아요?"

어휘 및 표현

며칠	◆ **정의** 몇 날. **예** 며칠 후에 체육 대회를 해요. ● **설명** "(달력을 보여 주며) 중간고사는 며칠 봐요? 날짜를 세요. 중간고사는 3일 봐요. '며칠'은 하루의 수예요."

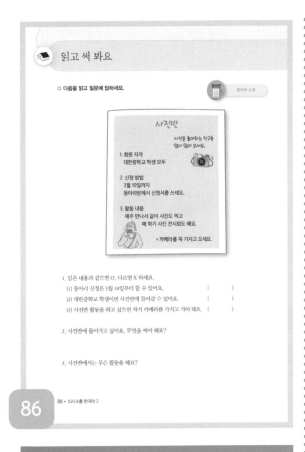

• 9차시 | 읽고 써 봐요 – 읽기

[학습 목표]
• 동아리 홍보문을 읽고 이해할 수 있다.

본 활동은 동아리를 소개하는 홍보문을 읽고 이해하기 위한 활동이다.

읽기 전 – 5분

교사는 학생들에게 읽기 내용을 추측할 수 있는 질문을 한다.

🔲 "우리 학교에는 어떤 동아리가 있어요?"

🔲 "동아리를 소개하려고 해요. 어떤 내용을 써야 해요?"

읽기 중 – 30분

1) 교사는 학생들에게 읽기 지문을 개별적으로 읽게 한다.

2) 교사는 학생들이 읽기 지문의 전체 내용을 이해했는지 확인하는 질문을 한다.

🔲 "이게 뭐예요?"

🔲 "무슨 반 회원을 모으고 있어요?"

3) 교사는 학생들에게 읽기 지문을 읽게 한다. 그리고 세부 내용을 이해했는지 확인하는 질문을 한다.

🔲 "누가 회원이 될 수 있어요?"

🔲 "이 동아리에서는 무슨 활동을 해요?"

4) 읽기 지문에 제시된 새 표현의 의미를 설명한다.

어휘 및 표현

내용	◆ **정의** 말, 글, 그림, 영화 등의 줄거리. 또는 그 것들로 전하고자 하는 것. 예 책이 어려워서 내용을 다 알지 못해요. ● **설명** "(짧은 일기 형식의 글을 보여 주며) 이 게 뭐예요? 일기예요. 같이 읽어 봅시 다. 어떤 이야기가 있어요? 어떤 내용이 에요? 같아요."
방법	◆ **정의** 어떤 일을 해 나가기 위한 수단이나 방식. 예 공부 방법을 가르쳐 주세요. ● **설명** "'방법'은 '어떻게 해요.' 아는 거예요."
자격	◆ **정의** 일정한 신분이나 지위를 얻기 위해 필 요한 조건이나 능력. 예 우리 동아리 회원이 될 자격이 있어요. ● **설명** "'자격'은 꼭 있어야 하는 것을 말해요. 고등학교에 가고 싶어요. 중학교를 졸업 해야 해요. 중학교 졸업이 자격이에요."
종류	◆ **정의** 어떤 기준에 따라 여러 가지로 나눈 갈래. 예 꽃 가게에 다양한 종류의 꽃이 있어요. ● **설명** "'종류'는 비슷한 것들을 여러 가지로 나누는 거예요. 댄스, 힙합, 발라드, 락 은 음악의 종류예요. 그리고 영화의 종 류에는 공포 영화, 코미디 영화, 로맨스 영화가 있어요."
카메라	◆ **정의** 사진을 찍는 기계. 예 이 카메라로 사진 좀 찍어 주세요. ● **설명** "사진을 찍고 싶어요. 무엇이 필요해 요? 카메라가 필요해요. 카메라로 사진 을 찍어요."
평소	◆ **정의** 특별한 일이 없는 보통 때. 예 평소에 책을 많이 읽어요. ● **설명** "'평소'는 보통 시간이에요. 특별하지 않은 시간을 말해요."
학기	◆ **정의** 한 학년 동안을 학업의 필요에 따라 구 분한 기간. 예 1학기가 끝났어요. ● **설명** "여러분은 1학기 때 공부를 열심히 했 어요? '학기'는 개학하고 방학 전까지 를 말해요. 1학기와 2학기가 있어요."

읽기 후 – 10분

1) 교사는 학생들에게 교재의 문제를 풀게 한다.

2) 교사는 학생들과 함께 문제의 답을 확인한다.

정답
1. (1) ✕ (2) ○ (3) ○
2. 신청서를 써야 해요.
3. 매주 만나서 같이 사진도 찍고 매 학기 사진 전시회도 해요.

3) 교사는 질문을 통해 읽기 내용을 재확인하며 수업을

마무리한다.

📋 "동아리 홍보문에는 어떤 내용이 있어요? 이 동아리에 들어가고 싶어요?"

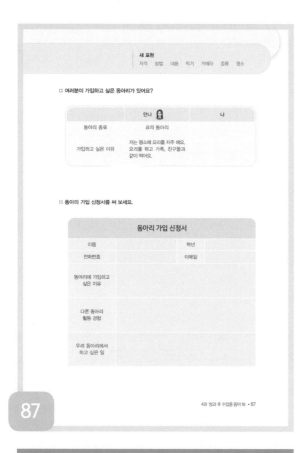

87

4과 방과 후 수업을 들어 봐 • 87

• 10차시 | 읽고 써 봐요 – 쓰기

[학습 목표]

• 학생들이 가입하고 싶은 동아리를 생각해 보고 동아리 가입 신청서를 쓸 수 있다.

본 활동은 학생들이 동아리 가입 신청서를 써 보도록 하는 활동이다.

쓰기 전 – 5분

1) 교사는 학생들에게 쓰기 내용을 추측할 수 있는 질문을 한다.

📋 "여러분은 들어가고 싶은 동아리가 있어요?"

📋 "왜 그 동아리에 들어가고 싶어요?"

2) 교사는 학생들에게 어떤 쓰기 활동을 할 것인지 명확히 알려 준다.

📋 "오늘 들어가고 싶은 동아리를 생각하고 동아리 가입 신청서를 쓸 거예요."

쓰기 중 – 30분

1. 가입하고 싶은 동아리 종류와 이유를 쓰는 활동이다.

1) 교사는 학생들에게 무엇을 써야 하는지 알려 준다. 그리고 새 표현이 있다면 그 의미를 함께 설명한다.

📋 "자신이 들어가고 싶은 동아리를 생각해 보세요."

📋 "안나는 어떤 동아리에 가입하고 싶어요?"

📋 "왜 그 동아리에 가입하고 싶어요?"

📋 "여러분은 어떤 동아리에 가입하고 싶어요? 왜 그 동아리에 가입하고 싶어요?"

📋 "('나'라고 쓰인 칸을 가리키며) 여기에 쓰세요."

2) 교사는 학생들에게 가입하고 싶은 동아리 종류와 가입하고 싶은 이유에 대해 쓰게 한다. 이때 교사는 학생들에게 개별적으로 쓰기 지도를 할 수 있다.

2. 동아리 가입 신청서를 쓰는 활동이다.

1) 교사는 학생들에게 무엇을 써야 하는지 알려 준다. 그리고 새 표현이 있다면 그 의미를 함께 설명한다.

📋 "무엇을 할 때 동아리 가입 신청서를 써요?"

📋 "여러분이 가입하고 싶은 동아리, 가입하고 싶은 이유를 썼어요. 이것을 사용하여 아래에 동아리 가입 신청서를 써 보세요."

2) 교사는 학생들에게 동아리 가입 신청서를 쓰게 한다. 이때 교사는 학생들에게 개별적으로 쓰기 지도를 할 수 있다.

쓰기 후 – 10분

1) 쓰기 활동이 모두 마무리되면 교사는 학생들에게 각자 쓴 것을 발표하게 한다.

2) 교사는 동아리 가입 신청서에 대해 다시 한번 정리하며 수업을 마무리한다.

제주도에 가 봤어?

● 단원 목표

다른 사람에게 자신의 경험을 말하고 여러 가지 일을 비교해서 말할 수 있다.

● 단원 내용

꼭 배워요 (필수)	• 주제: 취미 및 여가 활동
	• 기능: 비교하기, 경험 표현하기
	• 어휘: 취미와 여가 관련 어휘
	• 문법: -어 보다, -은 적이 있다/없다, -을 때, -을 줄 알다/모르다
문화	• 문화: 한국 중고등학생의 다양한 취미와 여가 활동을 알아보다
더 배워요 (선택)	• 대화 1: 취미 이야기를 하면서 여러 가지 취미들을 비교하기 • 대화 2: 자신의 경험 말하기
	• 읽기: 동호회 소개
	• 쓰기: 추천하고 싶은 취미 활동에 대해 쓰기

05 제주도에 가 봤어?

● 5과에서 무엇을 배우는지 알아봅시다.

더 배워요(선택)
취미가
뭐예요?

꼭 배워요(필수)
시간이 있을 때
뭐 해요?

● 수업 개요

〈꼭 배워요〉 학습 목표

• 다른 사람에게 자신의 경험을 말할 수 있다.
• 여러 가지 일을 비교해서 말할 수 있다.

1차시	• 도입 대화를 통해 본 단원의 주제에 대해 이해하고 말할 수 있다.
2차시	• 취미와 여가 활동에 대한 어휘와 표현을 알고 활용할 수 있다.
3차시	• 좋은 여행지를 제안할 수 있다. • '-어 보다'를 사용하여 앞의 말이 나타내는 행동을 이전에 경험했다는 것을 나타낼 수 있다.
4차시	• 두 가지 경험을 서로 비교할 수 있다. • '-은 적이 있다/없다'를 사용하여 앞의 말이 나타내는 동작이 일어나거나 그 상태가 나타난 때가 있거나 없다는 것을 나타낼 수 있다.

5차시	• 취미 활동을 서로 비교할 수 있다. • '-을 때'를 사용하여 어떤 행동이나 상황이 일어나는 동안이나 그 시기 또는 그러한 일이 일어난 경우를 나타낼 수 있다.
6차시	• 다른 사람한테 필요한 좋은 방법을 제안할 수 있다. • '-을 줄 알다/모르다'를 사용하여 어떤 일을 하는 방법에 대해 알고 있거나 모르고 있다는 것을 나타낼 수 있다.

• 1차시 | 복습 및 〈꼭 배워요〉 도입

[학습 목표]
• 도입 대화를 통해 본 단원의 주제에 대해 이해하고 말할 수 있다.

복습 – 20분

4단원에서 배운 주제 및 문법에 대해 복습한다.

1) 교사는 지난 단원의 주제와 관련된 질문을 하여 학생들에게 학습한 내용을 떠올리게 한다.
　🔲 "우리 학교에 무슨 동아리가 있어요?"
　🔲 "그 동아리에서 무슨 활동을 해요?"
　🔲 "어떤 방과 후 수업을 듣고 싶어요?"

2) 교사는 '-을게(요)'와 관련된 질문을 하여 학생들에게 학습한 내용을 떠올리게 한다.
　🔲 "수업 시간이에요. 선생님께 무엇을 약속해요?"
　🔲 "방학이에요. 선생님께 무엇을 약속해요?"
　🔲 "친구의 생일 파티에 초대 받았어요. 친구에게 무엇을 약속해요?"

3) 교사는 '-을까 하다'와 관련된 질문을 하여 학생들에게 학습한 내용을 떠올리게 한다.
　🔲 "오늘 저녁에는 뭐 먹을 거예요?"
　🔲 "오늘 잠을 자기 전에 뭐 할 거예요?"
　🔲 "이번 주 토요일에 뭐 할 거예요?"

4) 교사는 '-어 보다'와 관련된 질문을 하여 학생들에게 학습한 내용을 떠올리게 한다.
　🔲 "시험이 끝났어요. 무엇을 해 보고 싶어요?"
　🔲 "무슨 음식을 먹어 보고 싶어요?"
　🔲 "어느 나라 말을 배워 보고 싶어요?"

5) 교사는 '-지 못하다'와 관련된 질문을 하여 학생들에게 학습한 내용을 떠올리게 한다.
　🔲 "수업 시간에 어떤 일을 하지 못해요?"
　🔲 "학생은 어떤 일을 하지 못해요?"
　🔲 "중요한 시험이 있어요. 그러면 어떤 일을 하지 못해요?"

교수-학습 지침

교사는 짝 활동, 그룹 활동을 통해 공부하는 방법에 대해 묻고 답하게 할 수 있다. 이때 교사는 지난 단원에서 배운 '-을게(요)', '-을까 하다', '-어 보다', '-지 못하다' 중 세 가지 이상의 문법을 사용하여 대화문을 만들 수 있도록 지도한다.

〈꼭 배워요〉 도입 – 25분

1) 교사는 학생들과 교재 89쪽의 그림을 보고 이야기하며 본 단원의 주제에 대해 흥미를 유발한다.
　🔲 "주말에 보통 무엇을 해요?"
　🔲 "무슨 운동을 자주 해요?"

2) 교사는 학생들에게 교재 89쪽의 대화를 읽게 한다. 그리고 세부 내용을 이해했는지 확인하는 질문을 한다.
　🔲 "정호는 주말에 뭘 해요?"
　🔲 "와니는 탁구를 칠 수 있어요?"
　🔲 "와니는 오늘 뭘 할까요?"

3) 교사는 학생들에게 '함께 이야기해 봐요'의 질문을 하면서 단원의 주제를 도입한다.
　🔲 "여러분은 취미가 뭐예요?"
　🔲 "시간이 있으면 뭘 하고 싶어요?"

• 2차시 | 어휘를 배워요

[학습 목표]

• 취미와 여가 활동의 어휘와 표현을 알고 활용할 수 있다.

본 단원에는 취미와 여가 활동에 관련된 어휘 및 표현이 제시되어 있다.

도입 – 5분

1) 교사는 질문을 통해 학습하게 될 어휘 및 표현을 자연스럽게 노출한다.

📖 "주말에 무엇을 해요?"

📖 "무엇을 잘할 수 있어요? 무엇을 하지 못해요?"

2) 교사는 학생들과 제시된 그림을 보며 이야기를 나눈다.

📖 "90쪽의 그림을 보세요. 시간이 있으면 어떤 일을 해요?"

📖 "91쪽의 그림을 보세요. 뭘 하는 것을 좋아해요?"

전개 – 35분

1. 취미에 관련된 어휘 및 표현이다.

1) 교사는 다음에 제시되는 내용을 참고하여 학생들에게 어휘 및 표현을 설명한다. 이때 새로 등장하는 발음 규칙이 있다면 함께 설명한다.

등산을 하다	◆ **정의** 운동이나 놀이 등의 목적으로 산에 올라가다. 예 주말에 부모님과 등산을 해요. ● **설명** "운동을 하고 싶어서 산에 올라가요. 이렇게 운동이나 취미로 산에 올라가는 것을 '등산을 하다'라고 말해요."
야구를 하다	◆ **정의** 아홉 명씩 이루어진 두 팀이 공격과 수비를 번갈아서 하고, 상대 선수가 던진 공을 방망이로 치고 경기장을 돌아 점수를 내는 경기. 예 친구들과 같이 야구를 해요. ◆ **정보** 공을 가지고 하는 축구, 배구, 농구 등도 같이 제시한다. ● **설명** "(공을 던지는 행동을 하며) 이렇게 공을 던지고 (야구 방망이로 공을 치는 행동을 하며) 이렇게 공을 치는 운동이 뭐예요? 이것이 '야구'예요. '야구를 하다'라고 말해요."
수영을 하다	◆ **정의** 물에서 헤엄치는 일. 예 수영을 하면 재미있어요? ● **설명** "바다나 강에서 (수영을 하는 행동을 하며) 이렇게 해요. 이것이 '수영'이에요. '수영을 하다'라고 말해요."
배드민턴을 치다	◆ **정의** 네트를 사이에 두고 선수들이 라켓을 들고 깃털이 달린 공을 서로 치고 받는 경기. 예 친구와 밤마다 배드민턴을 친다. ◆ **정보** '배드민턴을 하다'는 표현도 사용한다. ● **설명** "(배드민턴 라켓과 공의 사진을 보여주며) 이것으로 이 공을 쳐요. 공이 바닥에 떨어지면 경기에서 져요. 이렇게 하는 것을 '배드민턴을 치다'라고 말해요."

스케이트를 타다	◆ **정의** 쇠 날이 붙여진 신발을 신고 얼음 위에서 타는 운동. **예** 겨울에 스케이트를 타러 가요. ● **설명** "신발에 칼처럼 생긴 것이 있어요. 그래서 얼음 위에서 앞으로 갈 수 있어요. 이 신발이 '스케이트'예요. 그리고 (스케이트를 타는 행동을 하며) 이렇게 하는 것을 '스케이트를 타다'라고 말해요."
기타를 치다	◆ **정의** 앞뒤가 평평하고 가운데가 홀쭉하게 생긴 통에 줄이 매달려 왼손으로 음정을 누르고 오른손으로 줄을 튕겨 연주하는 것. **예** 아버지는 기타를 잘 치세요. ● **설명** "(기타 사진을 보여 주며) 이것을 알아요? 이것은 '기타'예요. 여기에 있는 줄을 손으로 (기타 줄을 손으로 튕기는 행동을 하며) 이렇게 해요. 이렇게 하는 것을 '기타를 치다'라고 말해요. '기타를 연주하다'와 같아요."
피아노를 치다	◆ **정의** 흰색과 검은색 건반을 손가락으로 치거나 두들겨서 소리를 내는 악기를 연주하는 것. **예** 손가락으로 피아노를 쳐요. ● **설명** "(피아노 사진을 보여 주며) 이것을 알아요? 이것은 '피아노'예요. 여기를 손으로 (피아노 건반을 손으로 누르는 행동을 하며) 이렇게 해요. 이렇게 하는 것을 '피아노를 치다'라고 말해요. '피아노를 연주하다'와 같아요."
바이올린을 켜다	◆ **정의** 가운데가 잘록한 타원형 몸통에 네 개의 줄을 매달아 활로 문질러서 소리를 내는 악기를 연주하는 것. **예** 저는 바이올린을 켤 수 있어요. ◆ **정보** 활을 문질러서 소리를 내는 악기는 '켜다'와 함께 사용할 수 있다. ● **설명** "(바이올린 사진을 보여 주며) 이것을 알아요? 이것은 '바이올린'이에요. (바이올린 활로 바이올린을 연주하는 행동을 하며) 이렇게 해요. 이렇게 하는 것을 '바이올린을 켜다'라고 말해요. '바이올린을 연주하다'와 같아요."

2) 교사는 질문을 통해 학생들이 어휘 및 표현을 잘 이해했는지 확인한다.

🔲 "시간이 있어요. 무엇을 해요?"

🔲 "무슨 운동을 좋아해요?"

2. 여가 활동에 관련된 어휘 및 표현이다.

1) 교사는 다음에 제시되는 내용을 참고하여 학생들에게 어휘 및 표현을 설명한다. 이때 새로 등장하는 발음 규칙이 있다면 함께 설명한다.

독서를 하다	◆ **정의** 책을 읽다. **예** 제 취미는 독서를 하는 것이에요. ● **설명** "도서관에서 무엇을 해요? 맞아요. 책을 읽어요. 책을 읽는 것을 '독서를 하다'라고 말해요."

음악 감상을 하다	◆ **정의** 목소리나 악기 연주 같은 것을 듣고 즐기면서 생각하는 것. **예** 음악 감상을 하는 것이 제 취미예요. ● **설명** "음악 듣는 것을 좋아해요? 음악을 들으면 기분이 어때요? 신나는 음악을 들으면 기분이 좋아요. 슬픈 음악을 들으면 슬퍼요. 음악을 듣는 것을 '음악 감상을 하다'라고 말해요."
낚시를 하다	◆ **정의** 물고기를 잡는 도구를 이용해서 물고기를 잡다. **예** 낚시를 하러 바다에 가요. ● **설명** "바다에 가서 무엇을 해요? 수영도 하고 물고기도 잡아요. (낚싯대 그림을 보여 주며) 이런 것으로 물고기를 잡는 것을 '낚시를 하다'라고 말해요."
만화를 그리다	◆ **정의** 실제 일이나 상상한 이야기를 그림으로 재미있게 표현하는 일. **예** 만화를 그리는 것을 좋아해요. ● **설명** "(만화를 보여 주며) 이런 그림이 만화예요. 만화를 그려요."
우표를 모으다	◆ **정의** 편지를 보낼 때 요금을 낸 표시로 붙이는 작은 종이를 모으는 것. **예** 우표를 모으는 것이 재미있어요. ● **설명** "편지를 보낼 때 편지 봉투에 붙이는 것이 뭐예요? 맞아요. '우표'예요. 우표를 많이 가지고 있어요. '우표를 모으다', '우표를 모아요'예요."

2) 교사는 질문을 통해 학생들이 어휘 및 표현을 잘 이해했는지 확인한다.

🔲 "여러분은 어떤 것을 모아요? 무엇을 모으고 싶어요?"

🔲 "주말에 보통 무엇을 해요?"

교수-학습 지침

※ 고등학생 대상 수업의 경우 필수적으로 5분간 다음 활동을 추가로 진행함.

→ 교사는 준비물로 목표 어휘 관련 그림 카드를 준비한다. 학생들에게 그림 카드를 보여 주고 취미와 여가 활동을 말하게 하는 활동을 하도록 지도한다.

정리 - 5분

교사는 질문을 통해 어휘 및 표현 학습을 마무리한다.

🔲 "시간이 있으면 무엇을 해요?"

🔲 "무슨 운동을 잘해요?"

🔲 "방학에 어떤 것을 배우고 싶어요?"

교사 지식

→ '독서하다[독써하다]'에서 확인되는 발음 규칙 :
· 경음화 ▶ 1과 28쪽 참고

• 3차시 | 문법을 배워요 1

[학습 목표]
- 좋은 여행지를 제안할 수 있다.
- '-어 보다'를 사용하여 앞의 말이 나타내는 행동을 이전에 경험했다는 것을 나타낼 수 있다.

도입 – 5분

1) 교사는 학생들에게 대화문을 읽게 한다. 그리고 학생들이 대화 상황을 이해했는지 확인 질문을 한다.
   🔊 "호민이는 작년에 어디에 갔어요?"
   🔊 "누구하고 같이 갔어요?"

2) 교사는 학생들에게 목표 문법의 의미를 추측할 수 있는 질문을 한다.
   🔊 "선영이는 제주도에 갔어요?"

전개 – 35분

다음의 절차에 따라 문법에 대해 설명한다. 그리고 새로 제시되는 어휘 및 표현이 있다면 그 의미를 함께 설명한다.

[설명]

🔊 "'-어 보다'는 앞의 말이 나타내는 행동을 이전에 경험했다는 것을 나타낼 때 사용해요."

[예시]
- 친구와 같이 태권도를 배워 봤어요.
- 제가 좋아하는 가수를 만나 봤어요.
- 이 책을 읽어 봤어요.

[정보]

▶형태 정보:

	ㅏ, ㅗ	ㅓ, ㅜ, ㅣ…	-하다
동사	-아 보다	-어 보다	-여 보다

① 동사 어간 끝음절의 모음이 'ㅏ, ㅗ'인 경우 '-아 보다', 동사 어간 끝음절의 모음이 'ㅏ, ㅗ'가 아닌 경우 '-어 보다', '-하다'가 붙은 동사 어간에는 '-여 보다'를 쓰는데, 줄여서 '-해 보다'로 쓴다.

▶제약 정보:
① 형용사와 결합하지 않는다.
② 결합한 동사 어간에는 '-었-', '-겠-'을 사용하지 않는다.
③ 경험을 나타나기 때문에 주로 과거 시제로 사용한다. 현재나 미래 시제일 경우에는 '시도'의 의미를 나타낸다.

▶주의 사항:
① 동사 '보다'와 결합하지 않는다.

[확인]

교사는 문법을 설명한 뒤 '연습 문제'를 통해 학생들이 문법을 이해했는지 확인한다.

> 정답
> (1) 뭘 해 봤어요 / 같이 등산을 해 봤어요
> (2) 어떤 음식을 만들어 봤어요 / 떡볶이를 만들어 봤어요

어휘 및 표현

훨씬	◆ 정의 다른 것과 비교해서 차이가 많이 나게. 예 내 친구는 나보다 축구를 훨씬 잘해요. ● 설명 "'조금' 아니에요. '보통'도 아니에요. 차이가 아주 많아요. '훨씬'이에요."
한복	◆ 정의 한국의 전통 옷. 예 명절에는 한복을 입어요. ● 설명 "(한복 사진을 보여 주며) '한복'은 한국의 전통 옷이에요. 한복은 보통 명절이나 결혼식 때 입어요."
KTX	◆ 정의 한국의 고속 철도. 예 부산에 갈 때 KTX를 타요. ● 설명 "한국에는 기차 종류가 많아요. 'KTX'는 기차 중에 제일 빨라요."

※ 고등학생 대상 수업의 경우 필수적으로 5분간 다음 활동을 추가로 진행함.
→ 교사는 학생들에게 목표 문법을 활용할 수 있는 새로운 화제를 제시한다.
> 📖 "부모님과 함께 한 경험을 '-어 보다'를 사용하여 이야기해 보세요."

예시 답안
부모님과 함께 기차를 타 봤어요. 부모님과 함께 미술관에 가 봤어요.

정리 – 5분

1) 교사는 학생들에게 대화문을 다시 한번 읽게 한다.

2) 교사는 교재에 제시된 열린 질문을 통해 학생들에게 배운 문법을 활용하여 자유롭게 이야기를 나누게 한다.
> 📖 "어떤 것을 경험했어요? '-어 보다'를 사용하여 말해 보세요."

예시 답안
제주도에 가 봤어요. 한복을 입어 봤어요.

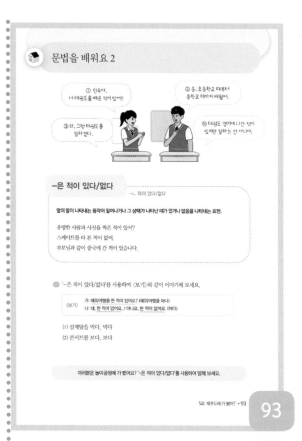

> 문법을 배워요 2

① 민우야,
너 태권도를 배운 적이 있어?

② 응, 초등학교 때부터 중학교 때까지 배웠어.

③ 와, 그럼 태권도를 잘하겠다.

④ 태권도 경기에 나간 적이 있지만 잘하는 건 아니야.

-은 적이 있다/없다

-ㄴ 적이 있다/없다

앞의 말이 나타내는 동작이 일어나거나 그 상태가 나타난 때가 있거나 없음을 나타내는 표현.

유명한 사람과 사진을 찍은 적이 있어?
스케이트를 타 본 적이 없어.
부모님과 같이 중국에 간 적이 있습니다.

● '-은 적이 있다/없다'를 사용하여 〈보기〉와 같이 이야기해 보세요.

〈보기〉
가: 해외여행을 한 적이 있어요? (해외여행을 하다)
나: 네, 한 적이 있어요. / 아니요, 한 적이 없어요. (하다)

(1) 삼계탕을 먹다, 먹다
(2) 콘서트를 보다, 보다

여러분은 놀이공원에 가 봤어요? '-은 적이 있다/없다'를 사용하여 말해 보세요.

5과 제주도에 가 봤어? • 93

93

• 4차시 | 문법을 배워요 2

[학습 목표]
• 두 가지 경험을 서로 비교할 수 있다.
• '-은 적이 있다/없다'를 사용하여 앞의 말이 나타내는 동작이 일어나거나 그 상태가 나타난 때가 있거나 없다는 것을 나타낼 수 있다.

도입 – 5분

1) 교사는 학생들에게 대화문을 읽게 한다. 그리고 학생들이 대화 상황을 이해했는지 확인 질문을 한다.
> 📖 "민우는 언제 태권도를 배웠어요?"
> 📖 "민우는 태권도를 잘해요?"

2) 교사는 학생들에게 목표 문법의 의미를 추측할 수 있는 질문을 한다.
> 📖 "민우는 태권도 경기에 나가 봤어요?"

전개 – 35분

다음의 절차에 따라 문법에 대해 설명한다. 그리고 새로 제시되는 어휘 및 표현이 있다면 그 의미를 함께 설명한다.

[설명]
> 📖 "'-은 적이 있다/없다'는 앞의 말이 나타내는 동작이 일어나거나 그 상태가 나타난 때가 있거나 없음을 나타낼 때

사용할 수 있어요."

[예시]

· 학교에 늦게 간 적이 있어요.
· 피아노를 배운 적이 없어요.
· 김치를 만든 적이 있어요.

[정보]

▶형태 정보:

	받침 ○	받침 X, 'ㄹ' 받침
동사	-은 적이 있다/없다	-ㄴ 적이 있다/없다

① 동사 어간 끝음절에 받침이 있으면 '-은 적이 있다/없다', 동사 어간 끝음절에 받침이 없거나, 'ㄹ' 받침이 오면 '-ㄴ 적이 있다/없다'를 쓴다. 단, 'ㄹ' 받침으로 끝날 때는 'ㄹ'이 탈락한다.

▶제약 정보:

① 형용사와 결합하지 않는다. 형용사와 결합하여 동일한 의미를 나타내려면 '-었던 적이 있다'를 사용한다.

② 결합한 동사 어간에는 '-었-'을 함께 사용하지 않는다.

▶주의 사항:

① 항상 또는 자주 하는 일, 가까운 과거의 일, 일반적인 일에는 사용하지 않는다.

② '-어 본 적이 있다'로 사용할 수 있다.

[확인]

교사는 문법을 설명한 뒤 '연습 문제'를 통해 학생들이 문법을 이해했는지 확인한다.

정답
(1) 삼계탕을 먹은 적이 있어요.
    먹은 적이 있어요 / 먹은 적이 없어요
(2) 콘서트를 본 적이 있어요.
    본 적이 있어요 / 본 적이 없어요

어휘 및 표현

태권도	◆ 정의 한국 전통 무술에 바탕을 둔, 손과 발 등을 사용해 차기, 지르기, 막기 등의 기술로 공격과 방어를 하는 운동. 예 외국 사람들이 태권도를 많이 배워요. ● 설명 "'태권도'는 한국의 전통 운동이에요. (태권도 동작을 하는 행동을 하며) 손과 발을 이렇게 해요."
경기	◆ 정의 누구의 운동 능력이나 기술이 좋은지 서로 겨루다. 예 오늘 체육 시간에 다른 반하고 농구 경기를 해요. ● 설명 "다른 사람이나 다른 팀과 운동을 해요. 누가 잘해요. 알 수 있어요. 이것이 '경기'예요. 축구 경기, 농구 경기를 해요."

유명하다	◆ 정의 이름이 널리 알려져 있다. 예 전주는 비빔밥이 유명해요. ● 설명 "한국의 김치, 불고기는 다른 나라 사람들도 알아요. 많은 사람들이 알아요. '유명해요'예요."
해외여행	◆ 정의 다른 나라로 여행을 가는 것. 예 이번 방학에는 가족들과 해외여행을 갈거예요. ● 설명 "'해외여행'은 한국에서 여행하는 것이 아니에요. 미국, 베트남 등 다른 나라로 여행을 가요."
삼계탕	◆ 정의 닭과 여러 가지 재료를 넣고 푹 삶은 한국의 음식. 예 여름에 삼계탕을 많이 먹어요. ● 설명 "(삼계탕 사진을 보여 주며) '삼계탕'은 한국의 음식이에요. 닭과 여러 가지를 넣어서 만들어요. 여름에 많이 먹어요."
콘서트	◆ 정의 다른 사람들에게 악기를 연주하거나 노래를 불러 주는 모임. 예 내가 좋아하는 가수의 콘서트에 가고 싶어요. ● 설명 "좋아하는 가수가 있어요? 가수가 사람들 앞에서 노래를 불러요. '콘서트'예요."

교수-학습 지침

※ 고등학생 대상 수업의 경우 필수적으로 5분간 다음 활동을 추가로 진행함.
→ 교사는 학생들에게 목표 문법을 활용할 수 있는 새로운 화제를 제시할 수 있다.
  교 "무엇을 해 봤어요? 무엇을 못 해 봤어요? '-은 적이 있다/없다'를 사용하여 말해 보세요."

예시 답안
저는 부산에 가 본 적이 있어요. 저는 유명한 가수를 만난 적이 없어요.

정리 - 5분

1) 교사는 학생들에게 대화문을 다시 한번 읽게 한다.

2) 교사는 교재에 제시된 열린 질문을 통해 학생들에게 배운 문법을 활용하여 자유롭게 이야기를 나누게 한다.
  교 "여러분은 놀이공원에 가 봤어요? '-은 적이 있다/없다'를 사용하여 말해 보세요."

예시 답안
놀이공원에 간 적이 있어요. 놀이공원에 간 적이 없어요.

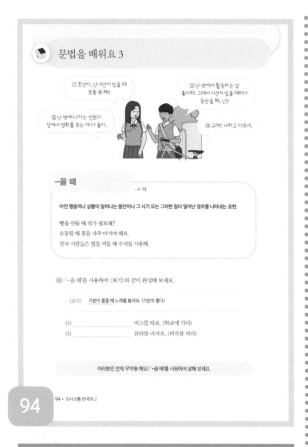

• 5차시 | 문법을 배워요 3

[학습 목표]
- 취미 활동을 서로 비교할 수 있다.
- '-을 때'를 사용하여 어떤 행동이나 상황이 일어나는 동안이나 그 시기 또는 그러한 일이 일어난 경우를 나타낼 수 있다.

도입 - 5분

1) 교사는 학생들에게 대화문을 읽게 한다. 그리고 학생들이 대화 상황을 이해했는지 확인 질문을 한다.
   📖 "호민이는 무엇을 좋아해요?"
   📖 "안나는 밖에 나가는 걸 좋아해요?"

2) 교사는 학생들에게 목표 문법의 의미를 추측할 수 있는 질문을 한다.
   📖 "호민이는 언제 등산을 해요?"

전개 - 35분

다음의 절차에 따라 문법에 대해 설명한다. 그리고 새로 제시되는 어휘 및 표현이 있다면 그 의미를 함께 설명한다.

[설명]
📖 "'-을 때'는 어떤 행동이나 상황이 일어나는 동안이나 그 시기 또는 그러한 일이 일어난 경우를 나타낼 때 사용해요."

[예시]
- 극장에서 영화를 볼 때 휴대 전화를 꺼야 해요.
- 교실에 도착했을 때 아무도 없었어요.
- 시험을 볼 때 친구의 시험지를 보면 안 돼요.

[정보]
▶형태 정보:

	받침 ○	받침 X, 'ㄹ' 받침
동사	-을 때	-ㄹ 때

① 동사 및 형용사 어간 끝음절에 받침이 있으면 '-을 때', 동사 및 형용사 어간 끝음절에 받침이 없거나 'ㄹ' 받침으로 끝나면 '-ㄹ 때'로 쓴다. 단, 'ㄹ' 받침으로 끝날 때는 'ㄹ'이 탈락한다.

▶제약 정보:
① 과거 '-었-'과 결합할 수 있다. '-었을 때'는 '과거의 시간'이나 '어떤 동작이 완료된 상황'을 나타낸다.

▶주의 사항:
① '방학, 학생, 휴가' 등과 같은 명사와 함께 사용할 경우, '명사+때'와 같이 사용할 수 있다. 단, '주말, 오전, 오후, 저녁, 밤'과 같이 시간 관련 표현과는 사용하지 않는다.

[확인]
교사는 문법을 설명한 뒤 '연습 문제'를 통해 학생들이 문법을 이해했는지 확인한다.

정답
(1) 학교에 갈 때
(2) 피자를 먹을 때

어휘 및 표현

밖	◆ 정의 선이나 경계를 넘어선 쪽. 예 친구가 교실 밖에 있어요. ◆ 정보 반의어 '안' ● 설명 "(교실 밖에 서서) 저는 지금 어디에 있어요? 교실 안이 아니에요. 교실 밖에 있어요."
다르다	◆ 정의 두 개의 대상이 서로 같지 아니하다. 예 저는 형하고 성격이 달라요. ◆ 정보 반의어 '같다' ● 설명 "이름이 뭐예요? 저는 ○○○이에요. 우리 이름이 같아요? 아니에요. 이름이 같지 않아요. 달라요."
수저	◆ 정의 숟가락과 젓가락. 예 한국 사람들은 밥 먹을 때 수저를 사용해요. ● 설명 "밥을 먹어요. 무엇을 사용해요? (숟가락, 젓가락 사진을 보여 주며) 숟가락과 젓가락으로 밥을 먹어요. 숟가락과 젓가락이 '수저'예요."

<table>
<tr>
<td rowspan="1">콜라</td>
<td>◆ 정의 맛이 달고 독특한 향이 나는 검은색의 탄산음료.
◉예 저는 콜라를 좋아해요.
● 설명 "(콜라 사진을 보여 주며) 이것이 콜라예요."</td>
</tr>
</table>

교수-학습 지침

※ 고등학생 대상 수업의 경우 필수적으로 5분간 다음 활동을 추가로 진행함.

➔ 교사는 학생들에게 목표 문법을 활용할 수 있는 새로운 화제를 제시할 수 있다.

　📖 "여러분이 자주 하는 행동을 '-을 때'를 사용하여 말해 보세요."

예시 답안

공부할 때 음악을 들어요. 시간이 있을 때 책을 읽어요.

정리 – 5분

1) 교사는 학생들에게 대화문을 다시 한번 읽게 한다.

2) 교사는 교재에 제시된 열린 질문을 통해 학생들에게 배운 문법을 활용하여 자유롭게 이야기를 나누게 한다.

　📖 "여러분은 언제 무엇을 해요? '-을 때'를 사용하여 말해 보세요."

예시 답안

시간이 있을 때 기타를 쳐요. 피곤할 때 일찍 잠을 자요.

• 6차시 | 문법을 배워요 4

[학습 목표]

• 다른 사람한테 필요한 좋은 방법을 제안할 수 있다.

• '-을 줄 알다/모르다'를 사용하여 어떤 일을 하는 방법에 대해 알고 있거나 모르고 있다는 것을 나타낼 수 있다.

도입 – 5분

1) 교사는 학생들에게 대화문을 읽게 한다. 그리고 학생들이 대화 상황을 이해했는지 확인 질문을 한다.

　📖 "소연이는 언니한테 무엇을 배웠어요?"

　📖 "떡볶이 만드는 것이 어려워요?"

2) 교사는 학생들에게 목표 문법의 의미를 추측할 수 있는 질문을 한다.

　📖 "소연이는 무엇을 만들 수 있어요?"

전개 – 35분

다음의 절차에 따라 문법에 대해 설명한다. 그리고 새로 제시되는 어휘 및 표현이 있다면 그 의미를 함께 설명한다.

[설명]

　📖 "'-을 줄 알다/모르다'는 어떤 일을 하는 방법에 대해 알고 있거나 모르고 있다는 것을 나타낼 때 사용해요."

[예시]

· 한복을 입을 줄 알아요.
· 베트남어로 글을 쓸 줄 몰라요.
· 기타를 칠 줄 알아요.

[정보]

▶형태 정보:

	받침 ○	받침 X, 'ㄹ' 받침
동사	-을 줄 알다/모르다	-ㄹ 줄 알다/모르다

① 동사 어간 끝음절에 받침이 있으면 '-을 줄 알다/모르다', 동사 끝음절에 받침이 없거나 'ㄹ' 받침으로 끝나면 '-ㄹ 줄 알다/모르다'로 쓴다. 단, 'ㄹ' 받침으로 끝날 때는 'ㄹ'이 탈락한다.

▶제약 정보:

① 능력이나 의지와 관계없는 동사나, 피동형의 동사와는 결합하기 어렵다.

② 과거 '-었-'과는 결합하지만, 미래·추측의 '-겠-'과는 결합하지 않는다.

▶주의 사항:

① '어떤 행위를 할 능력 유무'의 의미를 나타낸다는 측면에서 '-을 수 있다/없다'와 유사하다. 다만 '-을 수 있다/없다'가 능력이 있는지 없는지에 초점을 두었다면 '-을 줄 알다/모르다'는 특정한 방법을 아는지 모르는지에 대해 초점을 둔다.

[확인]

교사는 문법을 설명한 뒤 '연습 문제'를 통해 학생들이 문법을 이해했는지 확인한다.

> 정답
> (1) 리코더를 불 줄 알아요
> (2) 낚시를 할 줄 몰라요

어휘 및 표현

가끔	◆ 정의 어쩌다가 한 번씩. 예 내 친구는 밥을 가끔 먹어요. ● 설명 "'항상' 아니에요. '자주' 아니에요. 한 달에 한 번, 두 번 해요. '가끔'이에요."
혼자	◆ 정의 다른 사람 없이. 예 수업이 끝난 후에 혼자 집에 가요. ● 설명 "집에 나만 있어요. 다른 사람이 없어요. 집에 '혼자' 있어요. '혼자'는 다른 사람이 없는 거예요."
아이	◆ 정의 나이가 어린 사람. 예 엄마가 없어서 아이가 울어요. ● 설명 "어른이 아니에요. 나이가 어려요. '아이'예요."

쉽다	◆ 정의 무엇을 하기에 힘들거나 어렵지 않다. 예 이번 중간고사가 쉬웠어요. ◆ 정보 반의어 '어렵다' ● 설명 "수학을 공부해요. 모두 알아요. 어렵지 않아요. '쉽다'예요."

> 교수-학습 지침
>
> ※ 고등학생 대상 수업의 경우 필수적으로 5분간 다음 활동을 추가로 진행함.
> → 교사는 학생들에게 목표 문법을 활용할 수 있는 새로운 화제를 제시할 수 있다.
> 교 "여러분은 어떤 운동을 할 수 있어요? 그리고 어떤 운동을 할 수 없어요? '-을 줄 알다/모르다'를 사용하여 말해 보세요."

> 예시 답안
> 저는 자전거를 탈 줄 알아요. 수영을 할 줄 몰라요.

정리 – 5분

1) 교사는 학생들에게 대화문을 다시 한번 읽게 한다.

2) 교사는 교재에 제시된 열린 질문을 통해 학생들에게 배운 문법을 활용하여 자유롭게 이야기를 나누게 한다.
   교 "여러분은 무엇을 할 수 있어요? '-을 줄 알다/모르다'를 사용하여 말해 보세요."

> 예시 답안
> 악기를 연주할 줄 알아요. 축구를 할 줄 몰라요.

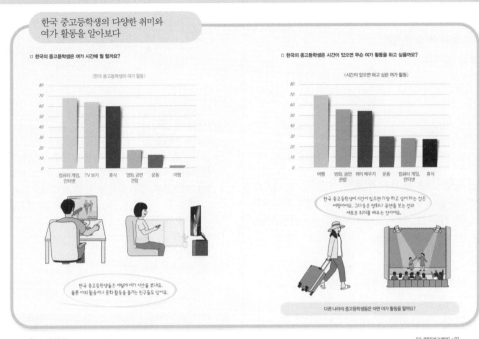

• 문화

[학습 목표]
- 한국 중고등학생의 다양한 취미와 여가 활동에 대해 알 수 있다.
- 한국 학생들의 여가 활동과 여러 나라 학생의 여가 활동을 비교하여 이야기할 수 있다.

1) 질문을 통해 학생들에게 주제를 추측하게 한다.
   📖 "여러분, 한국 중고등학생들은 시간이 있으면 뭘 할까요? 왜 그것을 할까요?"
   📖 "여러분, 한국의 중고등학생들이 무슨 여가 활동을 하고 싶을까요?"

2) 교재 96쪽을 보며 한국 중고등학생들이 여가 활동으로 무엇을 하는지에 대해 설명한다.

3) 교재 97쪽을 보며 한국 중고등학생들이 시간이 있으면 하고 싶어 하는 여가 활동에 대해 설명한다.

교수-학습 지침
교사는 학생들이 할 수 있는 다양한 취미 활동과 관련된 사진을 준비한다. 사진을 학생들에게 보여 주며 학생들이 하고 있는 취미 생활과 앞으로 시간이 있으면 하고 싶은 여가 활동을 말할 수 있도록 지도한다.

4) 본 문화와 관련하여 상호문화적 관점에서 이야기할 수 있도록 한다.
   📖 "여러분이나 여러분 친구들은 주로 어떤 여가 활동을 해요?"
   📖 "다른 나라 중고등학생들은 어떤 여가 활동을 할까요?"
   📖 "다른 나라 중고등학생들은 어떤 여가 활동을 하고 싶을까요?"

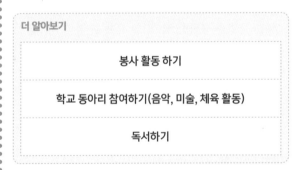

더 알아보기

봉사 활동 하기
학교 동아리 참여하기(음악, 미술, 체육 활동)
독서하기

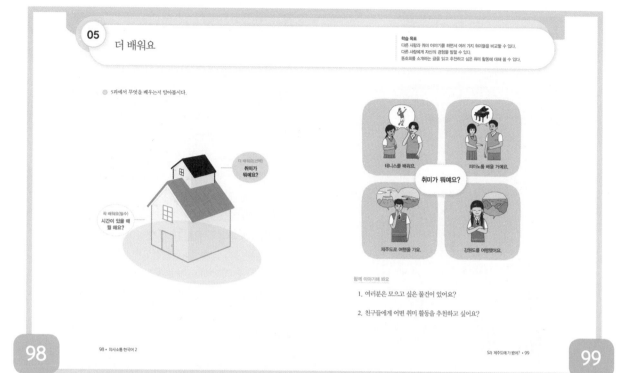

〈더 배워요〉 학습 목표

- 다른 사람과 취미 이야기를 비교할 수 있다.
- 다른 사람에게 자신의 경험을 말하고 제안할 수 있다.

7차시	• 취미 활동 경험을 이야기하면서 여러 가지 취미를 비교할 수 있다.
8차시	• 자신의 여행 경험을 이야기하고 친구에게 좋은 여행지를 제안할 수 있다.
9차시	• 동호회를 소개하는 글을 읽고 이해할 수 있다.
10차시	• 취미 활동을 추천하는 글을 쓸 수 있다.

● 7차시 | 〈더 배워요〉 도입 및 대화해 봐요 1

〈더 배워요〉 도입 – 5분

1) 〈꼭 배워요〉의 목표 어휘 및 문법 등을 확인할 수 있는 질문을 통해 학생들이 해당 표현을 사용하여 답할 수 있도록 유도한다.

📖 "친구들과 함께 무엇을 해 봤어요?"

📖 "무엇을 배운 적이 있어요? 언제 배웠어요?"

📖 "시간이 있을 때 뭘 해요? 왜 그것을 해요?"

📖 "여러분은 무엇을 할 줄 알아요? 무엇을 할 줄 몰라요?"

2) '대화해 봐요 1, 2'에서 학습할 내용을 대표하는 네 개의 그림들을 확인하며 학생들이 앞으로 배우게 될 주제 및 내용을 추측할 수 있도록 한다.

📖 "(첫 번째 그림을 가리키며) 두 사람이 무슨 이야기를 해요?"

📖 "무엇을 배워요?"

📖 "(두 번째 그림을 가리키며) 무엇을 배울 거예요?"

📖 "어디에서 배울 수 있어요?"

📖 "(세 번째 그림을 가리키며) 어디로 여행을 가요?"

📖 "거기에서 무엇을 할 수 있어요?"

📖 "(네 번째 그림을 가리키며) 유미는 어디를 여행했어요?"

📖 "거기에서 무엇을 봤어요?"

3) '함께 이야기해 봐요'에 제시된 질문을 통해 이야기를 나눔으로써 '읽고 써 봐요'에서 학습할 내용을 추측하게 한다.

📖 "여러분은 모으고 싶은 물건이 있어요?"

📖 "친구들에게 무슨 취미 활동을 추천하고 싶어요?"

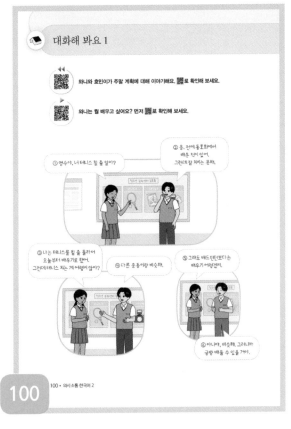

대화해 봐요 1

와니와 호민이가 주말 계획에 대해 이야기해요. ▣로 확인해 보세요.

와니는 뭘 배우고 싶어요? 먼저 ▣로 확인해 보세요.

① 영수야, 너 테니스 칠 줄 알아?

② 응, 전에 동호회에서 배운 적이 있어. 그런데 잘 치지는 못해.

③ 나는 테니스를 칠 줄 몰라서 오늘부터 배우기로 했어. 그런데 테니스 치는 게 어렵지 않아?

④ 다른 운동이랑 비슷해.

⑤ 그래도 배드민턴보다는 배우기 어렵겠지.

⑥ 아니야, 비슷해. 그러니까 금방 배울 수 있을 거야.

100 · 의사소통 한국어 2

100

[학습 목표]
- 취미 활동 경험을 이야기하면서 여러 가지 취미를 비교할 수 있다.
- 부가 문법: -는 것
  -기
- 목표 표현: 전에 -은 적이 있어
  ~보다는 -기 -겠지

본 대화는 와니와 영수가 테니스와 배드민턴 치기에 대해 이야기하고 있는 상황이다.

도입 - 5분

1) 교사는 학생들에게 '대화해 봐요 1'의 내용을 추측할 수 있는 질문을 한다.
   🔲 "여러분은 어떤 운동을 잘해요?"
   🔲 "어떤 운동을 배우고 싶어요?"

2) 교사는 학생들에게 100쪽의 첫 번째 QR 코드 속 영상을 보게 한다.
   🔲 "와니가 호민이에게 주말 계획을 이야기해요. 함께 확인해 봐요."

3) 교사는 학생들이 대화 내용을 잘 이해했는지 질문을 한다. 그리고 새 표현이 있다면 그 의미를 함께 설명한다.
   🔲 "호민이는 뭘 할 거예요?"
   🔲 "와니는 뭘 할 거예요?"

전개 - 20분

1) 교사는 학생들에게 본 대화 내용을 소개하며 100쪽의 두 번째 QR 코드 속 영상을 보게 한다.
   🔲 "와니는 무엇을 배울 거예요? 함께 확인해 봐요."

2) 교사는 학생들이 대화의 전체 내용을 이해했는지 확인하는 질문을 한다.
   🔲 "영수는 테니스를 칠 줄 알아요?"
   🔲 "테니스는 어려워요?"

3) 교사는 학생들에게 대화문을 읽게 한다. 그리고 세부 내용을 이해했는지 확인하는 질문을 한다.
   🔲 "영수는 어디에서 테니스를 배웠어요?"
   🔲 "와니는 테니스를 칠 줄 알아요?"
   🔲 "테니스는 무엇하고 비슷해요?"

4) 대화에 제시된 새 표현의 의미를 설명한다.

어휘 및 표현

금방	◆ 정의 시간이 지나지 않아 곧바로. 예 어머니께서 금방 오실 거예요. ● 설명 "'금방'은 '시간이 아주 조금 지난 후'예요. '지금'이 아니에요. '아까'도 아니에요."
비슷하다	◆ 정의 둘 이상의 모양, 성질, 크기 등이 똑같지는 않지만 같은 점이 많다. 예 저는 형과 키가 비슷해요. ● 설명 "어떤 것들이 똑같지 않아요. 그렇지만 같은 부분이 많아요. 비슷해요."

5) 교사는 학생들에게 대화문을 다시 한번 읽게 한다. 이때 역할을 나누는 등 다양한 방식으로 읽게 할 수 있다.

6) 교사는 다음의 절차에 따라 부가 문법 '-는 것'과 '-기'에 대해 설명한다. 그리고 새로 제시되는 어휘 및 표현이 있다면 그 의미를 함께 설명한다.

부가 문법 1 　　'-는 것'

[설명]
   🔲 "'-는 것'은 동사를 명사로 바꿀 때 사용해요."

[예시]
   · 저는 요리하는 것을 좋아해요.
   · 제 동생은 청소하는 것을 싫어해요.
   · 집에 와서 손을 씻는 것은 중요해요.
   · 제 꿈은 선생님이 되는 것이에요.

[정보]
▶형태 정보:

	받침 ○	받침 X
동사	-는 것	

① 동사 어간 끝음절의 받침 유무에 관계없이 '-는 것'을

118 의사소통 한국어 교사용 지도서 2

사용한다. 단 'ㄹ'로 끝나면 'ㄹ'이 탈락한다.

▶제약 정보:

① 형용사와는 결합하지 않는다.

부가 문법 2　　　'-기'

[설명]

📖 "한국어가 어려워요? 하지만 선생님이 도와주면 공부가 쉬워요. 공부하기가 쉬울 거예요. 이렇게 '-기'는 동사나 형용사를 명사로 바꿔 줘요."

[예시]

· 요즘 날씨가 책 읽기에 좋아요.
· 이 식당은 밥 먹기가 편해요.
· 지금 이 시간에 가면 산책하기가 좋아요.
· 한국어 배우기가 어려워요.

[정보]

▶형태 정보:

	받침 ○	받침 X
동사, 형용사	-기	

① 동사 및 형용사 어간 끝음절의 받침 유무에 관계없이 '-기'를 쓴다.

▶주의 사항:

① '-기를 좋아하다/싫어하다', '-기가 어렵다/쉽다/좋다/싫다/나쁘다'와 같은 표현으로 많이 사용한다.

7) 교사는 학생들에게 목표 표현에 대해 설명한다.

목표 표현 1　　　'전에 -은 적이 있어'

[설명]

📖 "'전에 -은 적이 있어'는 과거의 경험에 대해 이야기할 때 사용해요."

[예시]

· 전에 제주도에 간 적이 있어.
· 전에 저 책을 읽은 적이 있어
· 전에 부모님과 빵을 만든 적이 있어.
· 전에 이 영화를 본 적이 있어.

목표 표현 2　　　'~보다 -기 -겠지'

[설명]

📖 "'~보다 -기 -겠지'는 어떤 것을 비교하여 추측해서 말할 때 사용해요."

[예시]

· 불고기보다 떡볶이가 만들기 쉽겠지.
· 선배보다 친구가 부탁하기 편하겠지.
· 기타가 피아노보다 배우기 힘들겠지.
· 평일보다 주말이 여행을 가기 좋겠지.

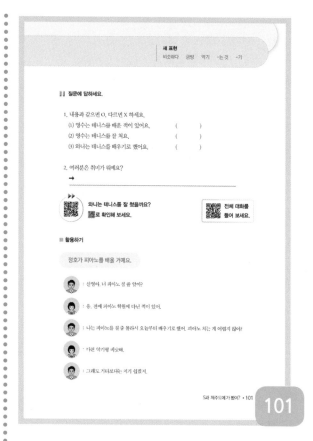

8) 교사는 학생들에게 교재의 1번과 2번 문제를 풀게 한다.

9) 교사는 학생들과 함께 문제의 답을 확인한다.

정답
1. (1) ○　(2) ×　(3) ○
2. 수영을 하는 것이에요. 노래를 부르고 춤을 추는 것이에요.

10) 교사는 학생들에게 101쪽의 첫 번째 QR 코드 속 영상을 보게 한다.

📖 "와니가 테니스를 잘 쳤을까요? 함께 확인해 봐요."

11) 교사는 학생들이 대화 내용을 잘 이해했는지 질문을 한다. 그리고 새 표현이 있다면 그 의미를 함께 설명한다.

📖 "와니는 테니스가 쉬웠어요?"

📖 "앞으로 와니는 어떤 운동을 할까요?"

활용 - 10분

1) 교사는 학생들이 목표 표현을 사용하여 대답할 수 있도록 질문을 한다.

📖 "여러분 태권도를 할 줄 알아요? 태권도를 배운 적이 있어요?"

2) 교사는 질문을 통해 학생들이 '활용하기'의 대화 상황을 추측할 수 있도록 한다.

📖 "선영이와 정호가 취미를 이야기해요. 정호는 무엇을 배워요?"

3) 교사는 학생들에게 대화문을 읽게 한 후 대화의 내용을 이해했는지 확인하는 질문을 한다. 그리고 새 표현

이 있다면 그 의미를 함께 설명한다.

📖 "선영이는 피아노를 배운 적이 있어요?"

📖 "정호는 피아노를 칠 줄 알아요?"

어휘 및 표현

악기	◆ 정의 음악을 연주할 때 사용하는 기구. 예 악기를 연주할 줄 몰라요. ● 설명 "(다양한 악기를 사진을 보여 주며) 이게 뭐예요? 피아노, 기타, 바이올린이에요. 이것은 모두 악기예요."

4) 교사는 학생들에게 대화문을 다시 한번 읽게 한다. 이때 역할을 나누는 등 다양한 방식으로 읽게 할 수 있다.

> **교수-학습 지침**
>
> ※ 고등학생 대상 수업의 경우 필수적으로 5분간 다음 활동을 추가로 진행함.
> → 교사는 배운 목표 표현을 사용해 취미와 관련한 자신의 경험을 다른 학생들 앞에서 말하도록 지도한다.

정리 – 5분

교사는 학생들에게 101쪽의 '전체 대화를 들어 보세요' QR 코드 속 대화를 듣게 하고 수업을 마무리한다.

102

● 8차시 | 대화해 봐요 2

[학습 목표]

- 자신의 여행 경험을 이야기하고 친구에게 좋은 여행지를 제안할 수 있다.
- 부가 문법: '르' 불규칙
- 목표 표현: –을 때는 –지만
  ~에 –어 봤어?

본 대화는 나나와 민우가 방학 계획에 대해 이야기하고 여행지를 제안하고 있는 상황이다.

도입 – 7분

1) 교사는 학생들에게 '대화해 봐요 2'의 내용을 추측할 수 있는 질문을 한다.

📖 "여러분 방학 때 뭘 할 거예요?"

📖 "가족과 어디로 여행을 가고 싶어요?"

2) 교사는 학생들에게 102쪽의 첫 번째 QR 코드 속 영상을 보게 한다.

📖 "나나는 이번 방학에 계획이 있어요. 무슨 계획이에요? 함께 확인해 봐요."

3) 교사는 학생들이 대화 내용을 잘 이해했는지 질문을 한다. 그리고 새 표현이 있다면 그 의미를 함께 설명한다.

📖 "나나가 이번 방학에 뭐 할 거예요?"

📺 "민우가 여행 장소로 어디를 추천했어요? 나나는 어디에 가고 싶어요?"

전개 - 20분

1) 교사는 학생들에게 본 대화 내용을 소개하며 102쪽의 두 번째 QR 코드 속 영상을 보게 한다.

📺 "나나가 이번 방학에 무엇을 할까요? 함께 확인해 봐요."

2) 교사는 학생들이 대화의 전체 내용을 이해했는지 확인하는 질문을 한다.

📺 "민우는 제주도에 가 봤어요?"

📺 "제주도에서 날씨가 좋을 때 어디에 가면 좋아요?"

3) 교사는 학생들에게 대화문을 읽게 한다. 그리고 세부 내용을 이해했는지 확인하는 질문을 한다.

📺 "민우는 왜 한라산 등산을 추천했어요?"

📺 "제주도 바다에서 무엇을 할 수 있어요?"

4) 대화에 제시된 새 표현의 의미를 설명한다.

어휘 및 표현

올라가다	◆ 정의 아래에서 위로 올라가는 것이나 낮은 곳에서 높은 곳으로 가다. 예 옥상에 올라가지 마세요. ● 설명 "지금 우리 1층에 있어요. 2층에 가요. '올라가다'는 아래에서 위로 가는 것을 말해요."

5) 교사는 학생들에게 대화문을 다시 한번 읽게 한다. 이때 역할을 나누는 등 다양한 방식으로 읽게 할 수 있다.

6) 교사는 다음의 절차에 따라 부가 문법 '르' 불규칙에 대해 설명한다. 그리고 새로 제시되는 어휘가 있다면 그 의미를 함께 설명한다.

부가 문법　　'르' 불규칙

[설명]

📺 "여러분은 프랑스어를 알아요? 선생님은 몰라요. 모르다. 몰라요. 비행기는 어때요? 느려요? 비행기는 빠르다. 빨라요."

[예시]

· 비행기는 아주 빨라요.

· 동생과 나는 취미가 달라요.

· 친구들과 같이 노래를 불러요.

· 친구의 생일을 몰랐지만 이제 알아요.

[정보]

▶형태 정보:

① '르'로 끝나는 동사나 형용사가 '-아/어/여'와 결합할 때 '르'가 없어지고 'ㄹ'가 삽입되어 'ㄹㄹ'형태가 된다.

▶주의 사항:

① '르'로 끝나는 동사나 형용사가 '-아/어/여'와 결합할 경우 'ㄹ'이 삽입된다. 반면 '-습니다/ㅂ니다', '-(으)니까' 등은 변화가 없다.

7) 교사는 학생들에게 목표 표현에 대해 설명한다.

목표 표현 1　　'-을 때는 -지만'

[설명]

📺 "'-을 때는 -지만'은 어떤 순간과 그 후의 결과가 다를 때 사용해요."

[예시]

· 등산을 할 때는 힘들지만 산 위에 올라가면 기분이 좋아요.

· 자전거는 처음 탈 때는 어렵지만 연습하면 잘 탈 수 있어.

· 떡볶이를 처음 먹을 때는 맵지만 계속 먹으면 맛있어요.

· 숙제를 할 때는 하기 싫지만 다 하면 기분이 좋아요.

목표 표현 2　　'~에 -어 봤어?'

[설명]

📺 "'~에 -어 봤어?'는 어떤 시점이나 장소를 제시하며 과거의 경험에 대해 질문할 때 사용해요."

[예시]

· 작년에 여기에 와 봤어?

· 학원에 다녀 봤어?

· 놀이공원에 가 봤어?

· 방학 동안에 그 책을 읽어 봤어?

새 표현
몰라가다 경치 중간 단풍 계곡 '꼭' 불규칙

■ 질문에 답하세요.

1. 내용과 같으면 O, 다르면 X 하세요.
(1) 민우는 제주도에 가 봤어요.　　(　　)
(2) 나나는 제주도에 빨리 가고 싶어요.　(　　)
(3) 지금은 방학이에요.　　　　(　　)

2. 여러분은 제주도에 가면 무엇을 해 보고 싶어요?
　→

▶▶ 나나가 제주도에 여행한 것을 말해요.
🔲로 확인해 보세요.

🔲 전체 대화를
들어 보세요.

■ 활용하기

유미가 강원도 여행 경험을 이야기해요.

: 주말에 가족들하고 강원도에 가기로 했어. 넌 강원도에 가서 강원도 음식을 먹어 봤어?

: 응. 먹어 봤어. 그리고 바다에 꼭 가 봐. 좀 멀어서 갈 때는 힘들지만 바다에 가서 경치를 보면 정말 멋있어.

: 설악산은 어때?

: 단풍도 볼 수 있고 계곡도 볼 수 있어서 좋아.

5과 제주도에 가 봤어? • 103

103

8) 교사는 학생들에게 교재의 1번과 2번 문제를 풀게 한다.

9) 교사는 학생들과 함께 문제의 답을 확인한다.

정답
1. (1) ○　(2) ○　(3) ×
2. 맛있는 음식을 먹어 보고 싶어요. 배를 타고 섬에 가 보고 싶어요.

10) 교사는 학생들에게 103쪽의 첫 번째 QR 코드 속 영상을 보게 한다.

🔲 "나나는 제주도 여행을 했어요? 함께 확인해 봐."

11) 교사는 학생들이 대화 내용을 잘 이해했는지 질문을 한다. 그리고 새 표현이 있다면 그 의미를 함께 설명한다.

🔲 "나나는 제주도 여행이 어땠어요?"

🔲 "한라산은 어땠어요?"

어휘 및 표현

경치	◆ **정의** 산, 바다와 같은 자연이나 지역의 아름다운 모습. 예 제주도는 아름다운 경치가 유명해요. ● **설명** "산이나 바다를 보면 어때요? 아름다워요. 그런 아름다운 모습이 '경치'예요."
중간	◆ **정의** 공간이나 시간 등의 가운데. 예 발표 중간에 그만뒀어요. ● **설명** "'중간'은 왼쪽이 아니에요. 오른쪽이 아니에요. 가운데예요."

도착하다	◆ **정의** 가고자 하는 곳에 다 왔다. 예 버스가 늦게 도착했어요. ◆ **정보** 반의어 '출발하다' ● **설명** "학교에서 집에 가요. 학교에서 출발해요. 집에 다 왔어요. 집에 도착했어요. 어떤 장소에 다 왔을 때 '도착하다'라고 해요."

활용 - 10분

1) 교사는 학생들이 목표 표현을 사용하여 대답할 수 있도록 질문을 한다.

🔲 "수업 시간에 무엇을 해 봤어요?"

🔲 "시험이 있어요. 시험 전과 시험 후에는 기분이 어떻게 달라요?"

2) 교사는 질문을 통해 학생들이 '활용하기'의 대화 상황을 추측할 수 있도록 한다.

🔲 "세인이는 가족들과 여행을 가요. 어디에 갈까요?"

3) 교사는 학생들에게 대화문을 읽게 한 후 대화의 내용을 이해했는지 확인하는 질문을 한다. 그리고 새 표현이 있다면 그 의미를 함께 설명한다.

🔲 "유미는 어디에 가 봤어요?"

🔲 "설악산에서 무엇을 볼 수 있어요?"

어휘 및 표현

계곡	◆ **정의** 물이 흐르는 골짜기. 예 여름에 계곡에서 수영을 해요. ● **설명** "'계곡'은 산에 물이 흐르는 곳이에요."
단풍	◆ **정의** 가을이 되어 나뭇잎이 노란색이나 붉은색으로 변하는 현상이나 잎. 예 단풍이 예쁘게 들었어요. ● **설명** "'단풍'은 가을에 나뭇잎이 노란색이나 붉은색이 되는 거예요."

4) 교사는 학생들에게 대화문을 다시 한번 읽게 한다. 이때 역할을 나누는 등 다양한 방식으로 읽게 할 수 있다.

교수-학습 지침
※ 고등학생 대상 수업의 경우 필수적으로 5분간 다음 활동을 추가로 진행함.
→ 교사는 짝 활동, 그룹 활동을 통해 자신의 계획과 경험을 표현하는 활동을 하도록 지도한다.

정리 - 8분

교사는 학생들에게 103쪽의 '전체 대화를 들어 보세요' QR 코드 속 대화를 듣게 하고 수업을 마무리한다.

• 9차시 | 읽고 써 봐요 – 읽기

[학습 목표]

• 동호회를 소개하는 글을 읽고 이해할 수 있다.

본 활동은 동호회를 소개하는 글을 읽고 이해하기 위한 활동이다.

읽기 전 – 5분

교사는 학생들에게 읽기 내용을 추측할 수 있는 질문을 한다.

📖 "여러분의 취미는 뭐예요?"

📖 "취미 활동을 다른 사람하고 같이 하고 싶어요. 어떻게 해야 해요?"

📖 "동호회를 소개하는 글을 봤어요? 무슨 내용이 있었어요?"

읽기 중 – 30분

1) 교사는 학생들에게 읽기 지문을 개별적으로 읽게 한다.

2) 교사는 학생들이 읽기 지문의 전체 내용을 이해했는지 확인하는 질문을 한다.

📖 "무엇을 소개하는 글이에요?"

📖 "이 동호회는 어떤 사람들이 들어가면 좋아요?"

3) 교사는 학생들에게 읽기 지문을 읽게 한다. 그리고 세

부 내용을 이해했는지 확인하는 질문을 한다.

📖 "이 동호회에 가면 무엇을 구경할 수 있어요?"

📖 "이 동호회에서 무슨 활동을 해요?"

📖 "이 동호회는 언제 모여요?"

4) 읽기 지문에 제시된 새 표현의 의미를 설명한다.

어휘 및 표현

동호회	◆ **정의** 같은 취미를 가지고 함께 즐기는 사람들의 모임. 📷 우리 동호회는 일주일에 한 번씩 모여요. ● **설명** "'동호회'는 취미가 같은 사람들이 모여서 취미 활동을 하는 거예요. '동아리'는 보통 학교에서 하는 말이에요. '동호회'는 같은 학교가 아닌 여러 사람이 만나서 해요."
소개하다	◆ **정의** 잘 모르는 것, 잘 알려지지 않은 것을 잘 알도록 설명하다. 📷 이 책을 친구들에게 소개하고 싶어요. ● **설명** "'소개하다'는 잘 모르는 것을 잘 설명하는 거예요."

읽기 후 – 10분

1) 교사는 학생들에게 교재의 문제를 풀게 한다.

2) 교사는 학생들과 함께 문제의 답을 확인한다.

정답

1. (1)✕ (2)○ (3)○
2. 우표 수집 동호회를 소개하고 싶어서 글을 썼어요.
3. 다른 회원들이 모은 옛날 우표나 세계 여러 나라의 우표를 구경할 수 있어요.

3) 교사는 질문을 통해 읽기 내용을 재확인하며 수업을 마무리한다.

📖 "무슨 글이었어요?"

📖 "우표 수집 동호회에서는 무엇을 할 수 있어요?"

교수–학습 지침

※ 고등학생 대상 수업의 경우 필수적으로 5분간 다음 활동을 추가로 진행함.

➔ 교사는 실제 동호회 광고문을 준비해 정보를 확인하는 활동을 하도록 지도한다.

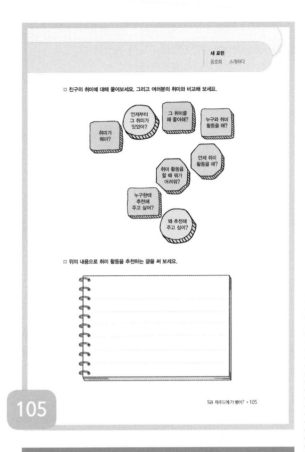

105

• 10차시 | 읽고 써 봐요 – 쓰기

[학습 목표]
• 취미 활동을 추천하는 글을 쓸 수 있다.

본 활동은 학생들이 자신에게 맞는 취미를 찾는 글을 써 보도록 하는 활동이다.

쓰기 전 – 5분

1) 교사는 학생들에게 쓰기 내용을 추측할 수 있는 질문을 한다.
   📖 "여러분의 취미는 뭐예요?"
   📖 "그 취미를 왜 좋아해요?"
   📖 "언제 취미 활동을 해요?"

2) 교사는 학생들에게 어떤 쓰기 활동을 할 것인지 명확히 알려 준다.
   📖 "친구에게 추천하고 싶은 취미 활동을 추천하는 글을 쓸 거예요."

쓰기 중 – 30분

취미 활동을 추천하는 글을 쓰는 활동이다.

1) 교사는 학생들에게 무엇을 써야 하는지 알려 준다. 그

리고 새 표현이 있다면 그 의미를 함께 설명한다.
📖 "친구의 취미가 뭐예요? 알아요?"
📖 "친구가 그 취미를 왜 좋아해요?"
📖 "여러분의 취미와 같아요? 달라요?"
📖 "친구에게 취미에 대해 질문해 보세요."
📖 "(교재의 빈칸 부분을 가리키며) 여기에 친구에게 취미를 추천하는 글을 쓰세요."

2) 교사는 학생들에게 취미 활동을 추천하는 글을 쓰게 한다. 이때 교사는 학생들에게 개별적으로 쓰기 지도를 할 수 있다.

쓰기 후 – 10분

1) 쓰기 활동이 모두 마무리되면 교사는 학생들에게 각자 쓴 것을 발표하게 한다.

2) 교사는 취미 활동의 추천에 대해 다시 한번 정리하며 수업을 마무리한다.

> **교수–학습 지침**
>
> ※ 고등학생 대상 수업의 경우 필수적으로 5분간 다음 활동을 추가로 진행함.
> → 교사는 학생들에게 수업 중에 지도받은 내용을 반영해 공책에 글을 다시 쓰게 할 수 있다. 이를 통해 학생들 스스로 자신의 글을 점검하도록 지도한다.

● 메모

6과   추석에 송편을 만들었는데 재미있었어

• 단원 목표

다른 사람의 감정이나 기분을 추측하고 명절과 휴일에 대해 궁금한 것을 확인할 수 있다.

• 단원 내용

꼭 배워요 (필수)	• 주제: 기념일
	• 기능: 확인하기, 추측하기
	• 어휘: 기념일과 명절 관련 어휘
	• 문법: -기 때문에, -는 것 같다. -는데, -는지 알다/모르다
문화	• 문화: 한국의 기념일을 알아보다
더 배워요 (선택)	• 대화 1: 명절에 하는 일에 대해 확인하기 • 대화 2: 기념일 선물에 대한 반응을 추측하기
	• 읽기: 개교기념일 안내
	• 쓰기: 휴일에 한 일 쓰기

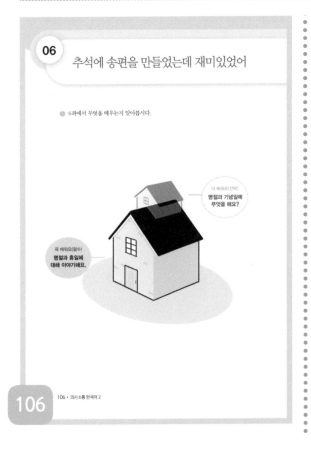

06 추석에 송편을 만들었는데 재미있었어

● 6과에서 무엇을 배우는지 알아봅시다.

더 배워요(선택)
**명절과 기념일에
무엇을 해요?**

꼭 배워요(필수)
**명절과 휴일에
대해 이야기해요.**

106 • 의사소통 한국어 2

• 수업 개요

〈꼭 배워요〉 학습 목표

• 다른 사람의 감정이나 기분을 추측할 수 있다.
• 명절과 휴일에 대해 궁금한 것을 확인할 수 있다.

1차시	• 도입 대화를 통해 본 단원의 주제에 대해 이해하고 말할 수 있다.
2차시	• 기념일과 명절 관련 어휘와 표현을 알고 활용할 수 있다.
3차시	• 명절에 할 일들을 서술할 수 있다. • '-기 때문에'를 사용하여 앞의 내용이 뒤에 오는 일의 원인이나 이유라는 것을 나타낼 수 있다.
4차시	• 특별한 날과 그날에 해야 할 일을 확인할 수 있다. • '-는 것 같다'를 사용하여 추측을 나타낼 수 있다.

5차시	• 명절의 일상을 서술할 수 있다. • '-는데'를 사용하여 뒤의 말을 하기 위하여 그 대상과 관련이 있는 상황을 미리 말한다는 것을 나타낼 수 있다.
6차시	• 특별한 날의 의미를 확인할 수 있다. • '-는지 알다/모르다'를 사용하여 앞 문장의 사실에 대해 알거나 모른다는 것을 나타낼 수 있다.

● 1차시 | 복습 및 〈꼭 배워요〉 도입

[학습 목표]
• 도입 대화를 통해 본 단원의 주제에 대해 이해하고 말할 수 있다.

복습 – 20분

5단원에서 배운 주제 및 문법에 대해 복습한다.

1) 교사는 지난 단원의 주제와 관련된 질문을 하여 학생들에게 학습한 내용을 떠올리게 한다.
   📖 "여러분 취미가 뭐예요?"
   📖 "주말에 보통 무엇을 해요?"
   📖 "시간이 있을 때 친구들과 무엇을 같이 해요?"

2) 교사는 '-어 보다'와 관련된 질문을 하여 학생들에게 학습한 내용을 떠올리게 한다.
   📖 "어디로 여행을 가 봤어요?"
   📖 "여러분은 체험학습으로 어디에 갔어요? 거기에서 무엇을 했어요?"
   📖 "친구들과 무슨 경험을 했어요?"

3) 교사는 '-은 적이 있다/없다'와 관련된 질문을 하여 학생들에게 학습한 내용을 떠올리게 한다.
   📖 "김치를 만들어 봤어요?"
   📖 "전에 동물원에 가 봤어요?"
   📖 "낚시를 한 적이 있어요?"

4) 교사는 '-을 때'와 관련된 질문을 하여 학생들에게 학습한 내용을 떠올리게 한다.
   📖 "배가 고파요. 그때 무엇을 먹어요?"
   📖 "친구들과 함께 놀아요. 그때 뭘 해요?"
   📖 "공부할 때 무슨 음악을 들어요?"

5) 교사는 '-을 줄 알다/모르다'와 관련된 질문을 하여 학생들에게 학습한 내용을 떠올리게 한다.
   📖 "피아노를 칠 수 있어요?"
   📖 "수영을 할 수 있어요?"
   📖 "어느 나라 말을 할 수 있어요?"

〈꼭 배워요〉 도입 – 25분

1) 교사는 학생들과 교재 107쪽의 그림을 보고 이야기하며 본 단원의 주제에 대해 흥미를 유발한다.
   📖 "두 사람이 무슨 이야기를 해요?"

2) 교사는 학생들에게 교재 107쪽의 대화를 읽게 한다. 그리고 세부 내용을 이해했는지 확인하는 질문을 한다.
   📖 "개교기념일에 학교에 가요?"
   📖 "영수는 정호하고 어디에 갈 거예요?"
   📖 "와니는 어디에 가기로 했어요?"

3) 교사는 학생들에게 '함께 이야기해 봐요'의 질문을 하면서 단원의 주제를 도입한다.
   📖 "여러분은 무슨 기념일을 알고 있어요?"
   📖 "휴일과 명절에 무엇을 해요?"

108 • 의사소통 한국어 2

6과 추석에 송편을 만들었는데 재미있었어 • 109

• 2차시 | 어휘를 배워요

[학습 목표]

• 기념일과 명절 관련 어휘와 표현을 알고 활용할 수 있다.

본 단원에는 기념일과 명절에 관련된 어휘와 표현이 제시되어 있다.

도입 – 5분

1) 교사는 질문을 통해 학습하게 될 어휘 및 표현을 자연스럽게 노출한다.

📖 "어떤 기념일을 알아요? 그 기념일은 무엇을 하는 날이에요?"

📖 "한국에는 어떤 명절이 있어요? 그날 무엇을 먹어요?"

2) 교사는 학생들과 제시된 그림을 보며 이야기를 나눈다.

📖 "108쪽에 있는 그림을 보세요. 여러분은 기념일과 명절을 알아요?"

📖 "109쪽에 있는 그림을 보세요. 기념일과 명절에 무엇을 해요?"

전개 – 35분

1. 기념일과 명절에 관련된 어휘 및 표현이다.

1) 교사는 다음에 제시되는 내용을 참고하여 학생들에게 어휘 및 표현을 설명한다. 이때 새로 등장하는 발음 규칙이 있다면 함께 설명한다.

돌	◆ 정의 아기가 태어난 지 1년이 되는 날. 예 아기가 돌을 맞았어요. ● 설명 "아기가 태어났어요. 1년이 지났어요. 생일이에요. 이 생일이 돌이에요."
결혼기념일	◆ 정의 결혼한 날을 잊지 않고 해마다 축하하는 날. 예 오늘이 부모님의 결혼기념일이에요. ● 설명 "'결혼기념일'은 결혼한 날을 축하하는 날이에요. 부모님의 결혼기념일이 언제예요?"
어린이 날 (5월 5일)	◆ 정의 어린이의 행복을 위해 정한 날. 예 5월 5일은 어린이날이에요. ● 설명 "'어린이날'은 어린이들, 아이들의 행복을 위한 날이에요. '어린이날'은 5월 5일이에요. 이날에는 학교에 안 가요. 휴일이에요."
스승의 날 (5월 15일)	◆ 정의 스승의 은혜에 감사하는 날. 예 스승의 날에는 '스승의 노래'를 불러요. ● 설명 "'스승의 날'은 선생님들께 감사하는 날이에요. '스승의 날'은 5월 15일이에요."
삼일절 (3월 1일)	◆ 정의 1919년 3월 1일에 일본의 식민 지배에 맞서고, 독립하기 위해 저항 운동한 것을 기념하기 위한 날. 예 삼일절에 독립운동 재현행사에 참석해요. ● 설명 "옛날에 일본 사람들이 한국에 와서 한국 사람들을 힘들게 한 적이 있어요. '삼일절'은 우리의 조상들이 '한국은 한국 사람들의 나라예요.'의 의미인 '독립'을 위해 노력한 날이에요. '삼일절'은 3월 1일이에요. 이날에는 학교에 안가요. 휴일이에요."

제헌절 (7월 17일)	◆ 정의 한국의 헌법을 만들고 정한 것을 기념하는 날. 예 제헌절에는 가정마다 태극기를 걸어요. ◆ 정보 1948년 7월 17일에 대한민국 헌법을 제정, 공포한 것을 제시할 수 있다. ● 설명 "'제헌절'은 한국의 법을 만든 날이에요. '제헌절'은 7월 17일이에요."
한글날 (10월 9일)	◆ 정의 세종대왕이 훈민정음을 만들어 널리 알린 것을 기념하는 날. 예 한글날에 한국어 말하기 대회에 나가요. ◆ 정보 훈민정음은 세종대왕이 1443년에 만들어 1446년에 세상에 반포한 것을 제시할 수 있다. ● 설명 "'한글날'은 세종대왕님이 한글을 만들어 사람들에게 알린 것을 기념하는 날이에요. '한글날'은 10월 9일이에요. 이날에는 학교에 안 가요. 휴일이에요."
광복절 (8월 15일)	◆ 정의 한국이 일본으로부터 독립한 것을 기념하는 날. 예 광복절은 역사적으로 의미 있는 날이에요. ◆ 정보 1945년 8월 15일에 일본의 식민지 지배에서 벗어난 날임을 제시할 수 있다. ● 설명 "'광복절'은 한국에 와서 한국 사람들을 힘들게 한 일본 사람들이 모두 일본으로 돌아가고 다시 한국이 한국 사람의 나라가 된 날이에요. '광복절'은 8월 15일이에요. 이날에는 학교에 안 가요. 휴일이에요."
개천절 (10월 3일)	◆ 정의 단군이 고조선을 건국한 날을 기념하기 위한 날. 예 개천절은 단군이 나라를 세운 것을 기념해요. ● 설명 "한국의 첫 나라는 고조선이에요. 고조선은 단군이라는 사람이 만들었어요. 단군이 고조선을 만든 날이 개천절이에요. 개천절은 10월 3일이에요. 이날에는 학교에 안 가요. 휴일이에요."
설날	◆ 정의 음력 1월 1일에 지내는 명절. 예 설날에는 가족과 친척들이 모여요. ◆ 정보 음력 1월 1일을 '음력설', 양력 1월 1일을 '양력설'로 부른다. ● 설명 "'설날'은 새해를 축하하는 명절이에요. '설날'은 음력 1월 1일이에요. 이 명절은 휴일이에요."
동지	◆ 정의 12월 22일 전후로 일 년 중 밤이 가장 긴 날로 24절기의 하나. 예 동지에는 밤이 제일 길어요. ◆ 정보 귀신을 쫓기 위해 붉은 팥으로 죽을 만들어 먹고 문이나 벽에 팥죽을 조금씩 뿌리는 풍습이 있다. ● 설명 "'동지'는 밤이 제일 긴 날이에요. 이날에는 보통 팥으로 만든 죽을 먹어요."
대보름	◆ 정의 음력 1월 15일로 보름달을 보며 소원을 비는 명절. 예 대보름에는 보름달을 볼 수 있어요. ◆ 정보 오곡밥, 견과류 등을 먹는 풍습이 있다. ● 설명 "'대보름'은 음력 1월 15일이에요. 보름달을 보는 날이에요. 이날에는 보통 땅콩, 밤 등을 먹어요."

추석	◆ 정의 음력 8월 15일인 명절. 예 추석에는 가족과 친척들이 모여요. ● 정보 추석은 한가위, 중추절이라고도 한다. ● 설명 "'추석'은 음력 8월 15일이에요. 이 명절에는 학교에 안 가요. 휴일이에요."

2) 교사는 질문을 통해 학생들이 어휘 및 표현을 잘 이해했는지 확인한다.

🔲 "한글날은 무엇을 기념하는 날이에요?"

🔲 "설날은 언제예요?"

> **2. 기념일과 명절에 하는 활동에 관련된 어휘 및 표현이다.**

1) 교사는 다음에 제시되는 내용을 참고하여 학생들에게 어휘 및 표현을 설명한다. 이때 새로 등장하는 발음 규칙이 있다면 함께 설명한다.

달력	◆ 정의 달, 날, 요일 등의 날짜를 확인할 수 있는 것. 예 달력에 부모님 생신을 표시해요. ● 설명 "(실제 달력을 보여 주며) 이것이 뭐예요? 이것이 '달력'이에요. 여기에 날짜, 요일이 있어요."
기념일 선물	◆ 정의 특별한 일이 있을 때, 해마다 그 일이 있었던 날을 잊지 않고 떠올리는 날에 주는 선물. 예 친구에게 기념일 선물을 줬어요. ● 설명 "특별한 일이 있을 때 1년마다 그날을 생각하며 선물을 줘요. 그것이 '기념일 선물'이에요."
기념행사	◆ 정의 특별한 날을 축하하거나 기념하기 위해 하는 행사. 예 학교에서 스승의날 기념행사를 해요. ● 설명 "'기념행사'는 어떤 일을 축하하거나 계속 생각하기 위해서 행사를 하는 거예요."
세배	◆ 정의 설날에 어른에게 인사로 하는 절. 예 할아버지께 세배를 해요. ● 설명 "'세배'는 설날에 어른들께 인사를 하는 거예요. (절을 하는 행동을 하며) 이렇게 절을 해요."
명절 음식	◆ 정의 명절에 먹는 특별한 음식. 예 명절에는 명절 음식을 만들어서 먹어요. ● 설명 "설이나 추석에는 특별한 음식을 먹어요. 그것이 '명절 음식'이에요. 설에는 떡국을 먹고 추석에는 송편을 먹어요."
떡국	◆ 정의 가래떡을 얇게 썰어 맑은 국에 넣고 끓인 음식. 예 설날 아침에 떡국을 먹어요. ● 설명 "(떡국 사진을 보여 주며) 이게 떡국이에요. '떡국'은 설날에 먹는 명절 음식이에요."

송편	◆ **정의** 쌀가루를 반죽하여 팥, 콩 등을 넣고 반달 모양으로 만들어 솔잎을 깔고 찐 떡. **예** 추석에는 송편을 만들어서 먹어요. ● **설명** "(송편 사진을 보여 주며) 이게 송편이에요. '송편'은 추석에 먹는 명절 음식이에요."
차례	◆ **정의** 설이나 명절에 지내는 제사. **예** 가족과 함께 차례 때 쓸 음식을 준비해요. ● **설명** "'차례'는 명절에 돌아가신 할머니, 할아버지께 인사를 하는 거예요. 보통 돌아가신 분을 위해 많은 음식도 만들어요."

2) 교사는 질문을 통해 학생들이 어휘 및 표현을 잘 이해했는지 확인한다.

　　📖 "세배는 언제 해요?"

　　📖 "명절에는 어떤 음식을 먹어요?"

교수-학습 지침

　※ 고등학생 대상 수업의 경우 필수적으로 5분간 다음 활동을 추가로 진행함.

　➡ 교사는 준비물로 목표 어휘 관련 그림 카드를 준비한다. 그리고 학생들에게 그림 카드를 보여 주면서 기념일과 명절에 하는 일들을 말하기 활동을 하도록 지도한다.

정리 – 5분

교사는 질문을 통해 어휘 및 표현 학습을 마무리한다.

　　📖 "설날은 언제예요?"

　　📖 "추석에는 무엇을 먹어요?"

　　📖 "기념일 선물로 무엇을 준비하고 싶어요?"

교사 지식

　➡ '설날[설랄], 한글날[한글랄]'의 발음 규칙 :

　　· 유음화 ▶1과 28쪽 참고

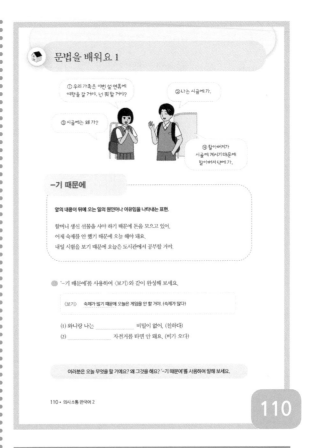

110 · 의사소통 한국어 2

110

● 3차시 | 문법을 배워요 1

[학습 목표]

· 명절에 할 일들을 서술할 수 있다.

· '-기 때문에'를 사용하여 앞의 내용이 뒤에 오는 일의 원인이나 이유라는 것을 나타낼 수 있다.

도입 – 5분

1) 교사는 학생들에게 대화문을 읽게 한다. 그리고 학생들이 대화 상황을 이해했는지 확인 질문을 한다.

　　📖 "선영이는 설 연휴에 무엇을 해요?"

　　📖 "영수는 설날에 어디에 가요?"

2) 교사는 학생들에게 목표 문법의 의미를 추측할 수 있는 질문을 한다.

　　📖 "영수는 왜 시골에 가요?"

전개 – 35분

다음의 절차에 따라 문법에 대해 설명한다. 그리고 새로 제시되는 어휘 및 표현이 있다면 그 의미를 함께 설명한다.

[설명]

　　📖 "'-기 때문에'는 앞의 내용이 뒤에 오는 일의 원인이나 이유임을 나타낼 때 사용해요."

[예시]

- 눈이 오기 때문에 오늘은 집에 있을 거예요.
- 매운 것을 잘 못 먹기 때문에 떡볶이를 안 먹어요.
- 운동을 많이 했기 때문에 다리가 아파요.

[정보]

▶형태 정보:

	받침 ○	받침 X
동사, 형용사	-기 때문에	

① 동사 및 형용사 어간 끝음절의 받침 유무에 관계없이 '-기 때문에'를 쓴다.

② '이다, 아니다'도 '-기 때문에'를 쓴다. 단, '이다' 앞의 명사에 받침이 없으면 주로 '명사+기 때문에'라고 쓴다.

▶제약 정보:

① '-기 때문에'는 형용사와 동사 모두 결합한다.

② 과거는 '-었기 때문에'로 쓴다. 미래·추측의 '-겠-'과 결합하지 않는다.

③ 뒤 절에 청유문이나 명령문이 올 수 없다.

▶주의 사항:

① '사고 때문에', '감기 때문에'와 같이 '명사+때문에'의 구성으로 쓰기도 한다.

② '-기 때문이다'의 구성으로 쓰기도 한다. 문어에서는 주로 '왜냐하면'과 결합하여 사용한다.

- 와니는 시험을 잘 봤어요. 왜냐하면 매일 열심히 공부하기 때문이에요.

③ '-어서'에 비해 이유를 더 분명하게 표현하는 효과가 있다.

[확인]

교사는 문법을 설명한 뒤 '연습 문제'를 통해 학생들이 문법을 이해했는지 확인한다.

> 정답
> (1) 친하기 때문에
> (2) 비가 오기 때문에

어휘 및 표현

연휴	◆ 정의 휴일이 이틀 이상 계속되는 것. 예 설 연휴 동안 친척 집에 놀러 가요. ● 설명 "'연휴'는 학교나 회사에 가지 않고 쉬는 날이 하루가 아니고 2일, 3일 길게 있는 거예요."
시골	◆ 정의 도시에서 떨어져 있어 인구가 적고 개발이 덜 된 곳. 예 시골에서 살고 싶어요. ● 설명 "'시골'은 도시가 아니에요. 도시에는 사람이 많고 높은 건물도 많아요. 시골에는 사람도 적고 높은 건물이 많지 않아요."

비밀	◆ 정의 숨기고 있기 때문에 다른 사람들이 모르는 일. 예 친구와 비밀이 없는 사이예요. ● 설명 "다른 사람에게 말하지 않았어요. 그래서 다른 사람이 몰라요. 이것이 '비밀'이에요."

> **교수-학습 지침**
>
> ※ 고등학생 대상 수업의 경우 필수적으로 5분간 다음 활동을 추가로 진행함.
> → 교사는 학생들에게 목표 문법을 활용할 수 있는 새로운 화제를 제시할 수 있다.
> 교 "가족의 생일에 무슨 선물을 주고 싶어요? 왜 그것을 주고 싶어요? '-기 때문에'를 사용하여 말해 보세요."

> 예시 답안
> 우리 아버지는 운동을 좋아하시기 때문에 운동화를 드리고 싶어요. 내 동생을 책을 많이 읽기 때문에 책을 주고 싶어요.

정리 - 5분

1) 교사는 학생들에게 대화문을 다시 한번 읽게 한다.

2) 교사는 교재에 제시된 열린 질문을 통해 학생들에게 배운 문법을 활용하여 자유롭게 이야기를 나누게 한다.
   교 "여러분은 오늘 무엇을 할 거예요? 왜 그것을 해요? '-기 때문에'를 사용하여 말해 보세요."

> 예시 답안
> 내일이 시험이기 때문에 집에서 공부할 거예요. 아직 숙제를 다 하지 못했기 때문에 숙제를 할 거예요.

111

• 4차시 | 문법을 배워요 2

[학습 목표]
• 특별한 날과 그날에 해야 할 일을 확인할 수 있다.
• '-는 것 같다'를 사용하여 추측을 나타낼 수 있다.

도입 – 5분

1) 교사는 학생들에게 대화문을 읽게 한다. 그리고 학생들이 대화 상황을 이해했는지 확인 질문을 한다.
　🔲 "어머니께 무엇을 드렸어요?"
　🔲 "오늘이 무슨 날이에요?"

2) 교사는 학생들에게 목표 문법의 의미를 추측할 수 있는 질문을 한다.
　🔲 "어머니의 기분이 어때요?"

전개 – 35분

다음의 절차에 따라 문법에 대해 설명한다. 그리고 새로 제시되는 어휘 및 표현이 있다면 그 의미를 함께 설명한다.

[설명]
　🔲 "'-는 것 같다'는 추측을 나타낼 때 사용해요."

[예시]
・친구가 많이 피곤한 것 같아요.

・어제 밤늦게 너무 많이 먹은 것 같아요.
・동생이 가방을 잃어버린 것 같아요.

[정보]

▶형태 정보:

	받침 ○	받침 X, 'ㄹ' 받침
동사	-는 것 같다	
형용사	-은 것 같다	-ㄴ 것 같다

	받침 ○	받침 X, 'ㄹ' 받침
동사 과거	-은 것 같다	-ㄴ 것 같다
동사, 형용사 미래·추측	-을 것 같다	-ㄹ 것 같다

① 동사 어간 끝음절의 받침 유무에 관계없이 '-는 것 같다'를 쓴다. 단, 'ㄹ' 받침으로 끝날 때는 'ㄹ'이 탈락한다.

② 형용사 어간 끝음절에 받침이 있으면 '-은 것 같다', 형용사 어간 끝음절에 받침이 없거나, 'ㄹ' 받침으로 끝나면 '-ㄴ 것 같다'를 쓴다. 단, 'ㄹ' 받침으로 끝날 때는 'ㄹ'이 탈락한다.

③ '있다, 없다'나 '있다, 없다'가 붙어서 만들어진 합성어 '재미있다, 재미없다, 맛있다, 맛없다' 등의 형용사는 '-는 것 같다'를 쓴다.

④ '이다, 아니다'는 '-ㄴ 것 같다'를 쓴다.

⑤ 과거의 경우 동사 어간 끝음절에 받침이 있으면 '-은 것 같다', 동사 어간 끝음절에 받침이 없거나 'ㄹ' 받침으로 끝나면 '-ㄴ 것 같다'를 쓴다. 단, 'ㄹ' 받침으로 끝날 때는 'ㄹ'이 탈락한다.

⑥ 미래·추측의 경우 동사, 형용사 어간 끝음절에 받침이 있으면 '-을 것 같다', 동사, 형용사 어간 끝음절에 받침이 없거나 'ㄹ' 받침으로 끝나면 '-ㄹ 것 같다'를 쓴다. 단, 'ㄹ' 받침으로 끝날 때는 'ㄹ'이 탈락한다.

▶제약 정보:

① 미래 '-겠-'과 결합하지 않는다.

② '-었을 것 같다'의 형태로 과거에 대한 추측을 나타내기도 한다. 과거 추측인 '-은 것 같다'는 동사와만 결합하는데 비해, '-었을 것 같다'는 동사, 형용사와 모두 결합한다.

▶주의 사항:

① '-을 것 같다/-ㄹ 것 같다'는 미래에 대한 추측, '-는 것 같다/-은 것 같다/-ㄴ 것 같다'는 현재에 대한 추측, '-은 것 같다/-ㄴ 것 같다/-었을 것 같다/-았을 것 같다'는 과거에 대한 추측을 나타낸다.

② 과거 시점에서의 과거, 현재, 미래의 사실이나 내용에 대한 추측을 나타낼 때는 각각 '-은 것 같았다/-는 것 같았다/-을 것 같았다'를 쓴다.

③ '-을 것 같다'와 '-은 것 같다'의 의미가 확신의 정
도에 의해 구분되기도 한다. '-을 것 같다'보다 '-은
것 같다'가 더 강한 확신을 가진 추측의 의미로 사용
된다.

④ '-을 것 같다'는 사실이나 생각에 대해 간접적으로 부
드럽게 표현하기 위해 사용하기도 한다. 때로는 소극
적인 태도로 보일 수도 있다.

⑤ '-을 것 같다'가 '죽다, 살다, 미치다' 등에 붙어, 힘든
상황이거나 힘든 상황에서 벗어난 상황에서 관용적으
로 쓰인다.

[확인]

교사는 문법을 설명한 뒤 '연습 문제'를 통해 학생들이
문법을 이해했는지 확인한다.

정답
(1) 더운 것 같아
(2) 늦게 일어난 것 같아

어휘 및 표현

카네이션	◆ 정의 어버이날에 부모님께 가슴에 달아 드리거나 전해 드리는 꽃. 예 어버이날에 카네이션과 편지를 부모님께 드렸어요. ● 설명 "'카네이션'은 빨간색 꽃이에요. (카네이션 사진을 보여 주며) 이 꽃이에요. 보통 어버이날에 부모님께 선물하거나 스승의 날에 선생님께 선물해요."
기침	◆ 정의 감기에 걸렸을 때 입에서 나는 증상. 예 기침을 하면 약을 먹거나 병원에 가요. ● 설명 "(기침을 하는 행동을 하며) 감기에 걸리면 이렇게 기침을 해요."
땀	◆ 정의 덥거나 아프거나 긴장했을 때 몸에서 나는 액체. 예 더운 여름엔 가만히 있어도 땀이 나요. ● 설명 "날씨가 더워요. 얼굴이나 몸에서 '땀'이 나요."

교수-학습 지침
※ 고등학생 대상 수업의 경우 필수적으로 5분간 다음 활동을
추가로 진행함.
→ 교사는 학생들에게 목표 문법을 활용할 수 있는 새로운 화제
를 제시할 수 있다.
📖 "오늘과 내일 날씨에 대해 '-는 것 같다'를 사용하여
말해 보세요."

예시 답안
오늘은 날씨가 더운 것 같아요. 내일은 비가 올 것 같아요.

1) 교사는 학생들에게 대화문을 다시 한번 읽게 한다.

2) 교사는 교재에 제시된 열린 질문을 통해 학생들에게
배운 문법을 활용하여 자유롭게 이야기를 나누게 한다.
📖 "지금 친구가 어때요? '-는 것 같다'를 사용하여 말해 보
세요."

예시 답안
기분이 좋은 것 같아요. 피곤한 것 같아요.

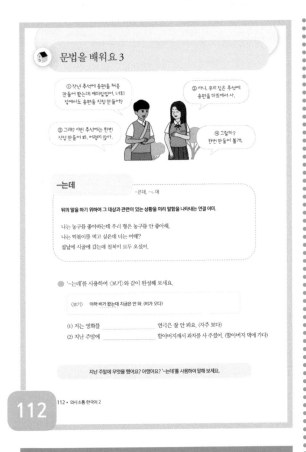

112

• 5차시 | 문법을 배워요 3

[학습 목표]

• 명절의 일상을 서술할 수 있다.

• '-는데'를 사용하여 뒤의 말을 하기 위하여 그 대상과 관련이 있는 상황을 미리 말한다는 것을 나타낼 수 있다.

도입 – 5분

1) 교사는 학생들에게 대화문을 읽게 한다. 그리고 학생들이 대화 상황을 이해했는지 확인 질문을 한다.

🔳 "호민이는 송편을 언제 처음 만들어 봤어요?"

🔳 "안나의 집에서는 송편을 직접 만들어요?"

2) 교사는 학생들에게 목표 문법의 의미를 추측할 수 있는 질문을 한다.

🔳 "호민이는 송편을 만들어 봤어요. 어땠어요?"

전개 – 35분

다음의 절차에 따라 문법에 대해 설명한다. 그리고 새로 제시되는 어휘 및 표현이 있다면 그 의미를 함께 설명한다.

[설명]

🔳 "'-는데'는 뒤의 말을 하기 위하여 그 대상과 관련이 있는 상황을 미리 말함을 나타낼 때 사용해요."

[예시]

· 교실에 갔는데 아무도 없었어요.

· 어제 영화를 봤는데 정말 재미있어요.

· 날씨가 좋은데 우리 같이 운동을 할래?

[정보]

▶형태 정보:

	받침 ○	받침 X, 'ㄹ' 받침
동사	-는데	
형용사	-은데	-ㄴ데

① 동사 어간 끝음절의 받침 유무에 관계없이 '-는데'를 쓴다. 단, 'ㄹ' 받침으로 끝날 때는 'ㄹ'이 탈락한다.

② 형용사 어간 끝음절에 받침이 있으면 '-은데', 형용사 어간 끝음절에 받침이 없거나 'ㄹ' 받침으로 끝나면 '-ㄴ데'를 쓴다. 단, 'ㄹ' 받침으로 끝날 때는 'ㄹ'이 탈락한다.

③ '있다, 없다'나 '있다, 없다'가 붙어서 만들어진 합성어 '재미있다, 재미없다, 맛있다, 맛없다' 등의 형용사는 '-는데'를 쓴다.

④ '이다, 아니다'는 '-ㄴ데'를 쓴다. 단, '이다' 앞의 명사에 받침이 없으면 주로 '명사+ㄴ데'라고 쓴다.

▶주의 사항:

① '-는데'는 주로 질문이나 요청, 제안, 명령을 하기 전에 그 이유나 근거를 말할 때 사용한다.

② 앞 절의 내용과 다른 상황이나 결과가 뒤 절에 이어짐을 나타내고 대조되는 두 가지 사실을 말할 때도 사용한다.

[확인]

교사는 문법을 설명한 뒤 '연습 문제'를 통해 학생들이 문법을 이해했는지 확인한다.

> 정답
> (1) 자주 보는데
> (2) 할아버지 댁에 가는데

어휘 및 표현

친척	◆ **정의** 부모님의 형제, 자매, 그 자녀들과 같이 혈연적으로 관계가 있는 가족. 🔳 명절에 친척들을 만나요. ● **설명** "부모님의 형, 누나, 오빠, 언니, 동생은 삼촌, 고모, 이모예요. 이런 분들이 '친척'이에요."
연극	◆ **정의** 배우가 무대에서 대본에 따라 관객에게 연기를 보여 주는 것. 🔳 주말에 친구들과 연극을 보러 갈 거예요. ● **설명** "배우가 무대 위에서 연기를 하는 거예요. 영화나 드라마가 아니에요. 배우가 우리 앞에 있고 바로 볼 수 있어요."

과자	◆ **정의** 밀가루나 쌀가루에 우유 등의 여러 가지 재료를 넣고 반죽해 굽거나 튀긴 간식. 예 과자를 좋아해서 자주 사 먹어요. ● **설명** "(과자 사진을 보여 주며) 이런 것이 과자예요. 간식으로 먹어요."

교수-학습 지침

※ 고등학생 대상 수업의 경우 필수적으로 5분간 다음 활동을 추가로 진행함.

➔ 교사는 학생들에게 목표 문법을 활용할 수 있는 새로운 화제를 제시할 수 있다.

📖 "오늘에 아침 학교 올 때 무슨 일이 있었어요? '-는데'를 사용하여 말해 보세요."

예시 답안

오늘 학교에 오는데 비가 왔어요. 오늘 학교에 오는데 선생님을 만났어요.

정리 - 5분

1) 교사는 학생들에게 대화문을 다시 한번 읽게 한다.

2) 교사는 교재에 제시된 열린 질문을 통해 학생들에게 배운 문법을 활용하여 자유롭게 이야기를 나누게 한다.

📖 "지난 주말에 무엇을 했어요? 어땠어요? '-는데'를 사용하여 말해 보세요."

예시 답안

백화점에 갔는데 사람이 많았어요. 쌀국수를 먹었는데 맛있었어요.

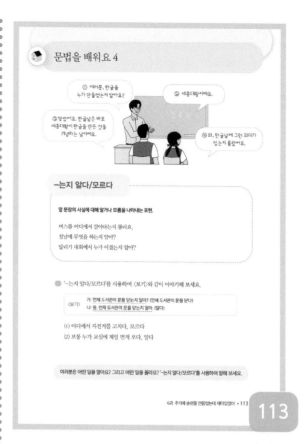

• 6차시 | 문법을 배워요 4

[학습 목표]

- 특별한 날의 의미를 확인할 수 있다.
- '-는지 알다/모르다'를 사용하여 앞 문장의 사실에 대해 알거나 모른다는 것을 나타낼 수 있다.

도입 - 5분

1) 교사는 학생들에게 대화문을 읽게 한다. 그리고 학생들이 대화 상황을 이해했는지 확인 질문을 한다.

📖 "한글은 누가 만들었어요?"
📖 "한글날은 어떤 날이에요?"

2) 교사는 학생들에게 목표 문법의 의미를 추측할 수 있는 질문을 한다.

📖 "와니는 한글날의 의미를 알았어요?"

전개 - 35분

다음의 절차에 따라 문법에 대해 설명한다. 그리고 새로 제시되는 어휘 및 표현이 있다면 그 의미를 함께 설명한다.

[설명]

📖 "'-는지 알다/모르다'는 앞에 나온 사실에 대해 알거나 모르는 것을 말할 때 사용해요."

[예시]
· 우체국에 어떻게 가는지 알아요?
· 정호가 학교에 언제 오는지 몰라.
· 체험학습에 가서 무엇을 하는지 알아?

[정보]
▶형태 정보:

	받침 ○	받침 X
동사	–는지 알다/모르다	

① 동사 어간 끝음절의 받침 유무에 관계없이 '–는지 알다/모르다'를 쓴다. 단, 'ㄹ' 받침으로 끝날 때는 'ㄹ'이 탈락한다.

▶제약 정보:
① 미래·추측의 '–겠–'과 결합할 수 없다.

▶주의 사항:
① '알다/모르다' 외에도 '말하다, 기억하다, 생각하다, 이해하다, 가르치다, 알리다'와 같은 동사도 사용할 수 있다.

[확인]
교사는 문법을 설명한 뒤 '연습 문제'를 통해 학생들이 문법을 이해했는지 확인한다.

정답
(1) 어디에서 자전거를 고치는지 알아 /
　　아니, 어디에서 자전거를 고치는지 몰라
(2) 보통 누가 교실에 제일 먼저 오는지 알아 /
　　응, 보통 누가 교실에 제일 먼저 오는지 알아

어휘 및 표현

세종대왕	◆ 정의 조선 시대 왕으로, 한글을 만든 왕. 예 저는 세종대왕을 존경해요. ● 설명 "'세종대왕'은 한국의 왕이에요. (만 원 지폐를 보여 주며) 이분이 세종대왕이에요. 한글을 만든 분이에요."
대회	◆ 정의 여러 사람이 실력이나 기술을 겨루는 행사. 예 이번 주에 한국어 말하기 대회가 있어요. ● 설명 "여러 사람들이 모여서 가장 잘한 사람을 결정하는 거예요. 누가 한국어 말하기를 잘하는지 몰라요. 그래서 다 같이 한국어 말하기를 해 보고 1등을 정해요. 이런 것이 대회예요."
고치다	◆ 정의 고장 난 물건이나 사용하지 못하는 것을 다시 사용할 수 있게 하다. 예 우리 아버지는 고장 난 물건을 잘 고치세요. ● 설명 "컴퓨터가 안 돼요. 고장 났어요. 컴퓨터를 산 곳에 가지고 갔어요. 직원이 보고 이상한 것을 다시 사용할 수 있게 해 줘요. '고치다', '고쳐요'라고 말하게요."

교수–학습 지침
※ 고등학생 대상 수업의 경우 필수적으로 5분간 다음 활동을 추가로 진행함.
➡ 교사는 학생들에게 목표 문법을 활용할 수 있는 새로운 화제를 제시할 수 있다.
교 "우리 반 친구를 잘 알아요? '–는지 알다/모르다'를 사용하여 말해 보세요."

예시 답안
○○가 지금 어디에 갔는지 알아요. ○○가 언제 학교에 오는지 몰라요.

정리 – 5분

1) 교사는 학생들에게 대화문을 다시 한번 읽게 한다.

2) 교사는 교재에 제시된 열린 질문을 통해 학생들에게 배운 문법을 활용하여 자유롭게 이야기를 나누게 한다.
교 "여러분은 어떤 일을 알아요? 그리고 어떤 일을 몰라요? '–는지 알다/모르다'를 사용하여 말해 보세요."

예시 답안
저는 피아노를 어떻게 치는지 잘 몰라요. 수영을 어떻게 하는지 몰라요.

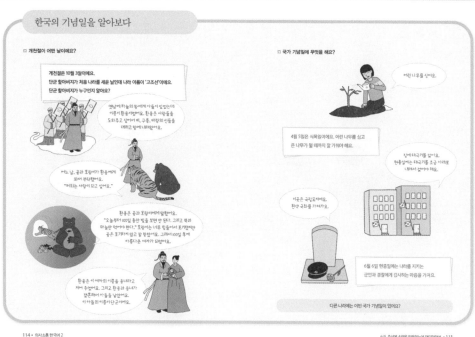

● 문화

[학습 목표]

- 한국의 기념일에 대해 알 수 있다.
- 한국의 기념일을 알고 여러 나라의 국가 기념일과 비교하여 이야기할 수 있다.

1) 질문을 통해 학생들에게 주제를 추측하게 한다.

　📖 "여러분, '개천절'을 알아요? 개천절이 무슨 날이에요?"

　📖 "'현충일'은 언제예요? 현충일은 어떤 날일까요?"

2) 교재 114쪽을 보며 개천절에 대해 설명한다.

3) 교재 115쪽을 보며 국가 기념일과 그날 하는 일에 대해 설명한다.

교수-학습 지침

교사는 기념일이 표시되어 있는 달력을 준비한다. 달력을 학생들에게 보여 주며 달마다의 명절 또는 기념일에 대해 설명한다. 또한 그 명절과 기념일에 대해 학생들이 알고 있는 사실이나 경험한 것이 있는지 말할 수 있도록 지도한다.

4) 본 문화와 관련하여 상호문화적 관점에서 이야기할 수 있도록 한다.

　📖 "여러분, 다른 나라는 누가 세웠는지 알아요? 나라를 세운 이야기를 알아요?"

　📖 "여러분이 알고 있는 다른 나라의 국가 기념일이 있어요?"

더 알아보기

- 고조선의 위치
- '고조선과 조선' 국명의 관계
- 고조선 사람들의 생활

- 한식(4월 6일)
- 단오(음력 5월 5일)
- 성년의 날(5월 셋째 주 월요일)
- 부부의 날(5월 21일)
- 성탄절(12월 25일)

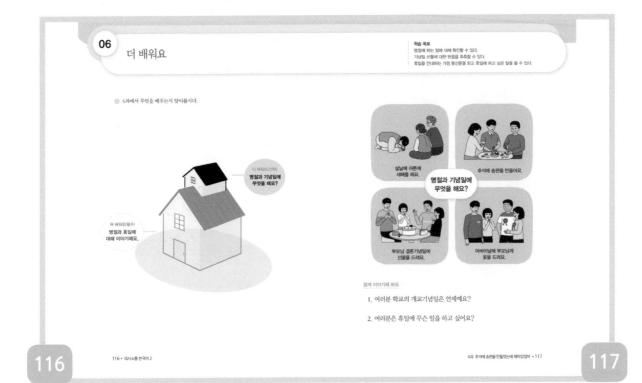

〈더 배워요〉 학습 목표

• 다른 사람에게 명절의 의미를 설명할 수 있다
• 다른 사람에게 기념일 준비에 대해 확인할 수 있다.

7차시	• 명절에 먹는 특별한 음식의 의미와 명절의 일상을 서술할 수 있다.
8차시	• 부모님 결혼기념일에 무슨 선물을 준비하는지 확인할 수 있다.
9차시	• 휴일을 안내하는 가정 통신문을 읽고 내용을 이해할 수 있다.
10차시	• 휴일에 한 일을 쓸 수 있다.

• 7차시 | 〈더 배워요〉 도입 및 대화해 봐요 1

〈더 배워요〉 도입 – 5분

1) 〈꼭 배워요〉의 목표 어휘 및 문법 등을 확인할 수 있는 질문을 통해 학생들이 해당 표현을 사용하여 답할 수 있도록 유도한다.

🔲 "추석이에요. 시골에는 왜 가요?"

🔲 "오늘은 어버이날이에요. 부모님께 무엇을 드려요?"

🔲 "설날에 무엇을 해요?"

🔲 "차례를 어떻게 하는지 알아요? 절을 몇 번 하는지 알아요?"

2) '대화해 봐요 1, 2'에서 학습할 내용을 대표하는 네 개의 그림들을 확인하며 학생들이 앞으로 배우게 될 주제 및 내용을 추측할 수 있도록 한다.

🔲 "(첫 번째 그림을 가리키며) 지금 무엇을 해요?"

🔲 "누구에게 하고 있어요?"

🔲 "(두 번째 그림을 가리키며) 지금 무엇을 해요?"

🔲 "사람들의 기분이 어때요?"

🔲 "(세 번째 그림을 가리키며) 사람들이 무엇을 하고 있어요?"

🔲 "식탁 위에 무엇이 있어요?"

🔲 "(네 번째 그림을 가리키며) 어른들의 가슴에 무엇이 있어요?"

🔲 "어른들의 기분이 어때요?"

3) '함께 이야기해 봐요'에 제시된 질문을 통해 이야기를 나눔으로써 '읽고 써 봐요'에서 학습할 내용을 추측하게 한다.

🔲 "여러분 학교의 개교기념일은 언제예요?"

🔲 "여러분은 휴일에 무슨 일을 하고 싶어요?"

118 · 의사소통 한국어 2

118

[학습 목표]

- 명절에 먹는 특별한 음식의 의미와 명절의 일상을 서술할 수 있다.
- 목표 표현: -는지 몰랐는데
            -는데 그래도 -어서

본 대화는 친구와 함께 설날에 먹는 음식에 대해 이야기하는 상황이다.

도입 - 5분

1) 교사는 학생들에게 '대화해 봐요 1'의 내용을 추측할 수 있는 질문을 한다.
   - 🔲 "설날이 언제예요?"
   - 🔲 "설날에는 뭘 해요?"

2) 교사는 학생들에게 118쪽의 첫 번째 QR 코드 속 영상을 보게 한다.
   - 🔲 "정호와 와니가 설날에 먹는 음식을 이야기해요. 함께 확인해 봐요."

3) 교사는 학생들이 대화 내용을 잘 이해했는지 질문을 한다. 그리고 새 표현이 있다면 그 의미를 함께 설명한다.
   - 🔲 "설날에 먹는 특별한 음식이 뭐예요?"
   - 🔲 "왜 떡국을 먹어요?"

어휘 및 표현

올해	◆ 정의 지금 지나가고 있는 이 해. 예 올해는 작년보다 많이 더워요. ● 정보 '금년'이라고도 한다. ● 설명 "작년은 20○○년이에요. 지금은 20○○년이에요. 이것이 '올해'예요. 20○○년은 내년이에요."
특별하다	◆ 정의 보통과 차이가 나게 다르다. 예 오늘은 특별한 날이에요. ● 설명 "매일 생일이에요? 매일 기념일이 있어요? 아니에요. 1년에 한 번 있어요. 보통 날이 아니에요. 특별한 날이에요."

전개 - 20분

1) 교사는 학생들에게 본 대화 내용을 소개하며 118쪽의 두 번째 QR 코드 속 영상을 보게 한다.
   - 🔲 "이제 곧 설날이에요. 와니와 정호가 이야기를 해요. 함께 확인해 봐요."

2) 교사는 학생들이 대화의 전체 내용을 이해했는지 확인하는 질문을 한다.
   - 🔲 "정호는 설날에 무엇을 해요?"

3) 교사는 학생들에게 대화문을 읽게 한다. 그리고 세부 내용을 이해했는지 확인하는 질문을 한다.
   - 🔲 "정호네 집에 왜 친척들이 와요?"
   - 🔲 "이번 설날에도 친척들이 왔어요?"
   - 🔲 "친척들이 많이 모이면 무엇이 좋아요?"
   - 🔲 "정호는 어렸을 때 세배를 어떻게 하는지 알았어요? 지금은 어때요?"

4) 대화에 제시된 새 표현의 의미를 설명한다.

어휘 및 표현

분위기	◆ 정의 어떤 자리나 장면에서 느껴지는 기분이나 주위의 상황이나 환경. 예 교실 분위기가 좋아요. ● 설명 "'분위기'는 어떤 장소에서의 느낌이에요."
오랜만	◆ 정의 어떤 일이 있고 나서 긴 시간이 지남. 예 친구를 오랜만에 만났어요. ◆ 정보 '오래간만'의 줄인 말. ● 설명 "오랫동안 못 만났어요. 그리고 다시 만났어요. 이렇게 시간이 많이 지나고 다시 만났어요. '오랜만'이에요."
큰집	◆ 정의 큰아버지와 그 가족들이 사는 집. 예 명절에 큰집을 방문해요. ◆ 정보 집이 크다는 의미일 때는 '큰 집'이라고 한다. ● 설명 "'큰집'은 큰아버지와 가족들이 사는 집이에요. 우리 아버지가 형제 중에 가장 나이가 많으면 우리 집이 큰집이에요."

5) 교사는 학생들에게 대화문을 다시 한번 읽게 한다. 이 때 역할을 나누는 등 다양한 방식으로 읽게 할 수 있다.

6) 교사는 학생들에게 목표 표현에 대해 설명한다.

목표 표현 1 '-는지 몰랐는데'

[설명]

📖 "'-는지 몰랐는데'는 앞에 나온 사실을 몰랐지만 지금은 상황이 달라졌을 때 사용해요."

[예시]

· 작년에는 피아노를 어떻게 치는지 몰랐는데 지금은 잘 알아요.
· 송편을 언제 먹는지 몰랐는데 이제 알아요.
· 자전거를 어떻게 타는지 몰랐는데 지금은 탈 수 있어요.
· 설날에 무엇을 하는지 몰랐는데 이제는 잘 알아요.

목표 표현 2 '-는데 그래도 -어서'

[설명]

📖 "'-는데 그래도 -어서'는 앞에 나온 사실을 인정하지만 그 래도 어떤 이유로 다른 생각을 할 때 사용해요."

[예시]

· 수학이 좀 어려운데 그래도 조금 재미있어서 공부해요.
· 머리가 아픈데 그래도 숙제가 많아서 지금 해요.
· 이 가방이 비싼데 그래도 너무 예뻐서 사고 싶어요.
· 수영을 하면 많이 힘든데 그래도 건강에 좋은 것 같아서 매일 하고 있어요.

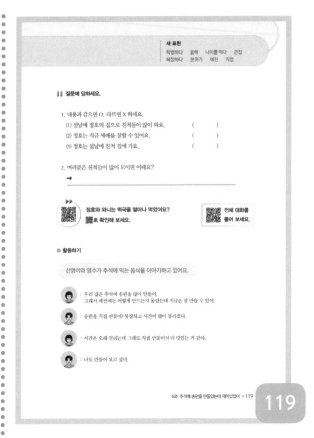

8) 교사는 학생들에게 교재의 1번과 2번 문제를 풀게 한다.

9) 교사는 학생들과 함께 문제의 답을 확인한다.

정답
1. (1) ○ (2) ○ (3) ×
2. 조금 시끄러운데 친척들을 오랜만에 만나서 반가워요. 사람이 많아 서 복잡한데 그래도 명절 분위기가 나서 좋아요.

10) 교사는 학생들에게 119쪽의 첫 번째 QR 코드 속 영 상을 보게 한다.

📖 "정호와 와니가 설날이 지나고 만났어요. 두 사람은 설날 무엇을 했을까요? 함께 확인해 봐요."

11) 교사는 학생들이 대화 내용을 잘 이해했는지 질문을 한다. 그리고 새 표현이 있다면 그 의미를 함께 설명 한다.

📖 "와니는 떡국을 몇 그릇 먹었어요?"

📖 "정호가 왜 오빠예요?"

활용 – 10분

1) 교사는 학생들이 목표 표현을 사용하여 대답할 수 있 도록 질문을 한다.

📖 "여러분은 송편을 만들어 본 적이 있어요? 어떻게 만드는 지 알아요?"

📖 "무슨 음식을 좋아해요? 친구는 어떤 음식을 좋아해요?"

2) 교사는 질문을 통해 학생들이 '활용하기'의 대화 상 황을 추측할 수 있도록 한다.

어휘 및 표현

예전	◆ 정의 꽤 시간이 흐른 지난날. 예 예전에는 머리가 길었어요. ● 설명 "지금이 아니에요. 시간이 많이 지났어요. '예전'은 '옛날'하고 비슷해요."
직접	◆ 정의 다른 사람이 도와주지 않고 스스로 하다. 예 어머니께서 요리를 직접 해 주셨어요. ● 설명 "다른 사람이 도와주지 않아요. 내가 스스로 하는 것을 '직접'이라고 해요."
복잡하다	◆ 정의 어떤 것들이 한곳에 아주 많아서 어수선하다. 예 시장이 복잡해요. ● 설명 "사람이 너무 많아요. 자동차가 너무 많아요. 어때요? '복잡하다'예요."

좌측 상단:

교 "선영이와 영수가 추석에 먹는 음식을 이야기해요. 무슨 이야기를 할까요?"

3) 교사는 학생들에게 대화문을 읽게 한 후 대화의 내용을 이해했는지 확인하는 질문을 한다. 그리고 새 표현이 있다면 그 의미를 함께 설명한다.

교 "선영이의 집에서는 추석에 무엇을 만들어요?"

교 "송편을 직접 만들면 어때요?"

4) 교사는 학생들에게 대화문을 다시 한번 읽게 한다. 이때 역할을 나누는 등 다양한 방식으로 읽게 할 수 있다.

교수-학습 지침

※ 고등학생 대상 수업의 경우 필수적으로 5분간 다음 활동을 추가로 진행함.
→ 교사는 짝 활동, 그룹 활동을 통해 명절에 있었던 일을 말해 보도록 지도한다.

정리 - 5분

교사는 학생들에게 119쪽의 '전체 대화를 들어 보세요' QR 코드 속 대화를 듣게 하고 수업을 마무리한다.

● 8차시 | 대화해 봐요 2

[학습 목표]
- 부모님 결혼기념일에 무슨 선물을 준비하는지 확인할 수 있다.
- 부가 문법: 만
- 목표 표현: -기 때문에 -을 것 같다
  ~보다 -는 것 같다

본 대화는 민우가 부모님의 결혼기념일 선물에 대해 동생 선영이, 친구 나나와 이야기하는 상황이다.

도입 - 7분

1) 교사는 학생들에게 '대화해 봐요 2'의 내용을 추측할 수 있는 질문을 한다.

교 "여러분 부모님의 결혼기념일은 언제예요?"

교 "결혼기념일에 부모님께 선물을 드린 적이 있어요? 무엇을 드렸어요?"

2) 교사는 학생들에게 120쪽의 첫 번째 QR 코드 속 영상을 보게 한다.

교 "민우가 동생 선영이와 이야기를 해요. 무슨 이야기를 할까요? 함께 확인해 봐요."

3) 교사는 학생들이 대화 내용을 잘 이해했는지 질문을 한다. 그리고 새 표현이 있다면 그 의미를 함께 설명한다.

교 "선영이는 부모님께 어떤 선물을 할 거예요?"

📖 "민우는 부모님께 드릴 선물을 정했어요?"

어휘 및 표현

장갑	◆ **정의** 손을 보호하거나 추위를 막을 때 사용하는 것. 例 날씨가 추울 때는 장갑을 끼고 다녀야 해요. ● **설명** "(장갑 사진을 보여 주며) 이게 뭐예요? '장갑'이에요. 겨울에 날씨가 너무 추워요. 손이 차가워요. 그럼 손에 장갑을 껴요."

전개 – 20분

1) 교사는 학생들에게 본 대화 내용을 소개하며 120쪽의 두 번째 QR 코드 속 영상을 보게 한다.

📖 "민우가 나나에게 질문을 해요. 무슨 질문을 할까요? 함께 확인해 봐요."

2) 교사는 학생들이 대화의 전체 내용을 이해했는지 확인하는 질문을 한다.

📖 "나나는 부모님 결혼기념일에 무엇을 드렸어요?"

3) 교사는 학생들에게 대화문을 읽게 한다. 그리고 세부 내용을 이해했는지 확인하는 질문을 한다.

📖 "나나는 선물을 직접 만들었어요? 나나의 부모님은 어떤 선물을 좋아하세요?"

📖 "누가 민우 어머니께 꽃을 드려요?"

4) 대화에 제시된 새 표현의 의미를 설명한다.

어휘 및 표현

목도리	◆ **정의** 추울 때 목에 두르는 물건. 例 추워서 목도리를 하고 나가요. ● **설명** "(목도리 사진을 보여 주며) 이것이 '목도리'예요. 목도리는 추울 때 목에 해요."

5) 교사는 학생들에게 대화문을 다시 한번 읽게 한다. 이때 역할을 나누는 등 다양한 방식으로 읽게 할 수 있다.

6) 교사는 다음의 절차에 따라 부가 문법 '만'에 대해 설명한다. 그리고 새로 제시되는 어휘 및 표현이 있다면 그 의미를 함께 설명한다.

부가 문법　　　　'만'

[설명]

📖 "동생은 집에 오면 다른 것은 하지 않아요. 게임도 하지 않아요. 텔레비전도 보지 않아요. 책만 읽어요. 다른 것은 하지 않아요. 이렇게 '만'은 다른 것은 제외하고 앞의 것만 이야기할 때 사용해요."

[예시]
· 마이클은 아파서 집에만 있어요.
· 이 책만 빌릴 수 있어요.
· 필통에 검은색 펜만 없어요.
· 이 버스만 학교를 지나가요.

[정보]
▶형태 정보:

	받침 ○	받침 X
명사	만	

① 명사 끝음절의 받침 유무에 관계없이 '만'을 쓴다.

▶제약 정보:

① '만'은 주격조사 '이', 목적격조사 '을'과 결합해서 사용되기도 하고 '이, 을' 없이 사용되기도 한다. 다만 결합 순서는 '만이, 만을'로만 쓰고, '이만, 이을'로는 쓰지 않는다.

▶주의 사항:

① '께서, 에, 에게, 와/과, 로' 등과도 같이 쓸 수 있다.

② 수나 양을 최소의 상태로 한정함을 나타낼 때 사용한다.
· 저에게 천 원만 빌려 주세요.
· 시험 시간이 10분만 남았어요.

③ 앞에 나타나는 사실이나 동작을 강조함을 나타낸다.
· 아기가 밥을 줘도 울기만 해요.
· 1등을 했다고 좋아만 할 때가 아니에요.

7) 교사는 학생들에게 목표 표현에 대해 설명한다.

목표 표현 1　　　　'-기 때문에 -을 것 같다'

[설명]

📖 "'-기 때문에 -을 것 같다'는 어떤 일의 이유나 원인을 생각하여 무엇인가를 추측할 때 사용해요."

[예시]
· 비가 오기 때문에 날씨가 추울 것 같아요.
· 동생이 아이스크림을 싫어하기 때문에 안 사도 될 것 같아.
· 아버지께서 바쁘시기 때문에 집에 늦게 오실 것 같아요.
· 친구가 다음 주에 시험을 보기 때문에 시간이 없을 것 같아요.

목표 표현 2　　　　'~보다 -는 것 같다'

[설명]

📖 "'~보다 -는 것 같다'는 무엇과 비교하여 어떤 일을 추측할 때 사용해요."

[예시]
· 제 친구는 농구보다 축구를 잘하는 것 같아요.
· 오늘은 어제보다 더 추운 것 같아요.
· 지하철이 버스보다 더 편한 것 같아요.
· 누나는 수학보다 영어를 좋아하는 것 같아요.

새 표현
정갑 옥도러 눈물 감동하다 인

||| 질문에 답하세요.

1. 내용과 같으면 O, 다르면 X 하세요.
   (1) 나의 부모님은 나나가 직접 만든 선물을 더 좋아해요.　　(　)
   (2) 나나는 작년 부모님의 결혼기념일에 부모님께 선물을 드별어요.　(　)
   (3) 민우의 아빠는 결혼기념일에 민우의 엄마에게 꽃을 선물해요.　(　)

2. 여러분은 부모님의 결혼기념일에 무엇을 해요?
   →

민우 부모님은 민우의 편지를 좋아하셨어요?
로 확인해 보세요.

전체 대화를 들어 보세요.

■ 활용하기

세인이와 유미가 어버이날 선물에 대해 이야기해요.

유미야, 너는 어버이날에 부모님께 무슨 선물을 드릴 거야?

카네이션하고 편지를 드릴 거야. 넌?

카네이션은 동생이 드리기 때문에 나는 다른 걸 드려도 될 것 같아. 편지만 드려도 될까?

그럼, 우리 부모님은 다른 선물보다 편지를 드릴 때 더 감동하시는 것 같아.

121

8) 교사는 학생들에게 교재의 1번과 2번 문제를 풀게 한다.

9) 교사는 학생들과 함께 문제의 답을 확인한다.

정답

1. (1) ○　(2) ○　(3) ○
2. 가족들과 함께 식사를 해요. 가족들과 같이 파티를 해요. 부모님께 예쁜 꽃과 편지를 드려요.

---

10) 교사는 학생들에게 121쪽의 첫 번째 QR 코드 속 영상을 보게 한다.
   📖 "민우는 부모님 결혼기념일에 선물을 드렸어요? 함께 확인해 봐요."

11) 교사는 학생들이 대화 내용을 잘 이해했는지 질문을 한다. 그리고 새 표현이 있다면 그 의미를 함께 설명한다.
   📖 "민우는 부모님 결혼기념일에 무엇을 드렸어요?"
   📖 "민우 부모님이 어떠셨어요?"

어휘 및 표현

눈물	◆ **정의** 눈에서 흘러나오는 물. 📖 아기가 눈물을 흘려요. ● **설명** "슬퍼요. 눈에서 뭐가 나와요. 그것이 '눈물'이에요."

---

1) 교사는 학생들이 목표 표현을 사용하여 대답할 수 있도록 질문을 한다.
   📖 "왜 길이 막혀요? 버스에 왜 사람이 많아요?"
   📖 "친구가 오늘 학교에서 빨리 집에 갔어요. 왜 빨리 갔을까요?"

2) 교사는 질문을 통해 학생들이 '활용하기'의 대화 상황을 추측할 수 있도록 한다.
   📖 "세인이와 유미는 무슨 이야기를 해요? 유미는 부모님께 무엇을 드렸을까요?"

3) 교사는 학생들에게 대화문을 읽게 한 후 대화의 내용을 이해했는지 확인하는 질문을 한다. 그리고 새 표현이 있다면 그 의미를 함께 설명한다.
   📖 "유미는 부모님께 무슨 선물을 드렸어요?"
   📖 "세인이는 무엇을 드릴 거예요?"

어휘 및 표현

감동하다	◆ **정의** 강하게 느껴 마음이 움직이다. 📖 그 이야기를 듣고 감동했어요. ● **설명** "친구가 생일 선물을 줘요. 그럼 기분이 좋고, 행복해요. 그런 마음이 '감동하다' 예요."

4) 교사는 학생들에게 대화문을 다시 한번 읽게 한다. 이때 역할을 나누는 등 다양한 방식으로 읽게 할 수 있다.

교수–학습 지침

※ 고등학생 대상 수업의 경우 필수적으로 5분간 다음 활동을 추가로 진행함.
→ 교사는 짝 활동, 그룹 활동을 통해 기념일을 위해 선물을 준비하는 상황에서 일어날 수 있는 대화문을 자유롭게 만들어 발표하도록 지도한다.

교사는 학생들에게 121쪽의 '전체 대화를 들어 보세요' QR 코드 속 대화를 듣게 하고 수업을 마무리한다.

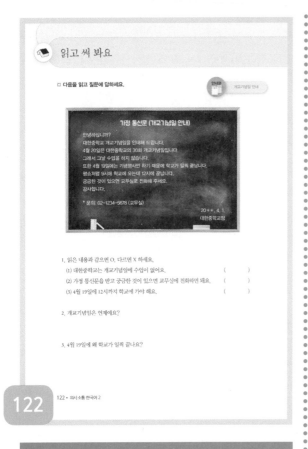

• 9차시 | 읽고 써 봐요 – 읽기

[학습 목표]

• 휴일을 안내하는 가정 통신문을 읽고 내용을 이해할 수 있다.

본 활동은 개교기념일을 안내하는 가정 통신문을 읽고 이해하기 위한 활동이다.

읽기 전 – 5분

교사는 학생들에게 읽기 내용을 추측할 수 있는 질문을 한다.

📖 "개교기념일이 뭐예요?"

📖 "개교기념일에 수업을 했어요?"

📖 "개교기념일에 학교에서 무엇을 해요?"

📖 "올해 우리 학교 개교기념일은 몇 번째예요?"

읽기 중 – 25분

1) 교사는 학생들에게 읽기 지문을 개별적으로 읽게 한다.

2) 교사는 학생들이 읽기 지문의 전체 내용을 이해했는지 확인하는 질문을 한다.

📖 "여러분, 책에 있는 글을 보세요. 무슨 글이에요?"

📖 "무엇을 안내하는 글이에요?"

3) 교사는 학생들에게 읽기 지문을 읽게 한다. 그리고 세부 내용을 이해했는지 확인하는 질문을 한다.

📖 "이 학교 개교기념일은 언제예요?"

📖 "개교기념일에 수업을 해요?"

📖 "4월 19일에는 수업이 일찍 끝나요?"

4) 읽기 지문에 제시된 새 표현의 의미를 설명한다.

어휘 및 표현

가정 통신문	◆ **정의** 학교에서 학부모에게 학교생활에 관한 소식이나 정보등을 알리기 위해 보내는 안내문. 예 선생님께서 체험학습에 대한 가정 통신문을 주셨어요. ● **설명** "(가정 통신문 실물을 보여 주며) 이것이 '가정 통신문'이에요. '가정'은 '가족이 생활하는 집'이에요. '통신문'은 학교에서 여러분의 부모님께 학교생활을 안내하려고 주는 종이예요. 학교에서 중요한 일이 있을 때 이 가정 통신문을 줘요."
문의	◆ **정의** 모르는 것을 물어봄. 예 궁금한 것을 문의해요. ● **설명** "잘 모르는 것이 있어요. 그래서 질문하는 것이 '문의'예요."
또한	◆ **정의** 거기에다가 더하여. 예 이 제품이 좋아요. 또한 가격도 싸요. ● **설명** "우리 교실에 책상이 있어요. 또한 의자가 있어요. '또한'은 '그리고'나 '또'와 같아요."
궁금하다	◆ **정의** 무척 알고 싶다. 예 한국어를 잘하는 방법이 궁금해요. ● **설명** "잘 모르는 것이 있어요. 알고 싶어요. 그것이 '궁금하다'예요."

읽기 후 – 10분

1) 교사는 학생들에게 교재의 문제를 풀게 한다.

2) 교사는 학생들과 함께 문제의 답을 확인한다.

정답

1. (1) ○   (2) ○   (3) ×
2. 4월 20일이에요.
3. 기념행사만 하기 때문에 학교가 일찍 끝나요.
---

3) 교사는 질문을 통해 읽기 내용을 재확인하며 수업을 마무리한다.

📖 "우리 학교는 개교기념일에 수업을 해요? 작년 개교기념일에 뭘 했어요?"

교수–학습 지침

※ 고등학생 대상 수업의 경우 필수적으로 5분간 다음 활동을 추가로 진행함.

➡ 교사는 실제 가정 통신문을 준비해 정보를 확인하는 활동을 하도록 지도한다.

• 10차시 | 읽고 써 봐요 - 쓰기

[학습 목표]
• 휴일에 한 일을 쓸 수 있다.

본 활동은 학생들이 휴일에 한 경험이나 하고 싶은 일을 써 보도록 하는 활동이다.

쓰기 전 - 5분

1) 교사는 학생들에게 쓰기 내용을 추측할 수 있는 질문을 한다.
   📖 "여러분은 휴일에 보통 뭘 해요?"
   📖 "휴일에 무슨 일을 하고 싶어요?"

2) 교사는 학생들에게 어떤 쓰기 활동을 할 것인지 명확히 알려 준다.
   📖 "휴일에 한 일과 휴일에 하고 싶은 일을 글로 쓸 거예요."

쓰기 중 - 30분

휴일에 하고 싶은 일을 쓰는 활동이다.

1) 교사는 학생들에게 무엇을 써야 하는지 알려 준다. 그리고 새 표현이 있다면 그 의미를 함께 설명한다
   📖 "여러분은 휴일에 무엇을 하고 싶어요?"

📖 "왜 그것을 하고 싶어요?"

📖 "휴일에 무슨 일을 하고 싶어요? ('나, 휴일에 하고 싶은 일'이라고 쓰인 칸을 가리키며) 여기에 쓰세요."

📖 "그것을 왜 하고 싶어요? (이유라고 쓰인 칸을 가리키며) 여기에 쓰세요."

📖 "친구 2명에게 휴일에 하고 싶은 일을 질문하세요. 그것을 하고 싶은 이유도 질문하세요. 그리고 ('친구 1, 2'라고 쓰인 칸을 가리키며) 여기에 쓰세요."

2) 교사는 학생들에게 휴일에 한 일을 쓰게 한다. 이때 교사는 학생들에게 개별적으로 쓰기 지도를 할 수 있다.

쓰기 후 - 10분

1) 쓰기 활동이 모두 마무리되면 교사는 학생들에게 각자 쓴 것을 발표하게 한다.

2) 교사는 휴일에 한 일과 하고 싶은 일에 대해 쓴 것을 보면서 다시 한번 정리하며 수업을 마무리한다.

교수-학습 지침

※ 고등학생 대상 수업의 경우 필수적으로 5분간 다음 활동을 추가로 진행함.

→ 교사는 학생들이 수업 중에 지도받은 내용을 반영해 공책에 글을 다시 쓰는 활동을 할 수 있도록 지도한다. 이를 통해 학생들 스스로 자신의 글을 점검할 수 있다.

수영 연습을 하려고 시간이 날 때마다 수영장에 가요

● 단원 목표

자신의 장래 희망에 대해 표현하고 다른 사람에게 조언할 수 있다.

● 단원 내용

꼭 배워요 (필수)	• 주제: 장래 희망
	• 기능: 희망 표현하기, 조언 구하기
	• 어휘: 직업과 장래 희망 관련 어휘
	• 문법: -게 되다, -으려고, -거나, -어지다(변화)
문화	• 문화: 한국의 직업 세계를 만나다
더 배워요 (선택)	• 대화 1: 장래 희망을 말하기 • 대화 2: 직업에 대해 조언을 구하기
	• 읽기: 직업 카드
	• 쓰기: 자신의 직업 카드 만들기

07 수영 연습을 하려고 시간이 날 때마다 수영장에 가요

● 7과에서 무엇을 배우는지 알아봅시다.

더 배워요(선택)
장래 희망을 이야기해요.

꼭 배워요(필수)
장래 희망이 뭐예요?

124 • 의사소통 한국어 2

● 수업 개요

〈꼭 배워요〉 학습 목표

• 장래 희망이 무엇인지 표현할 수 있다.
• 다른 사람에게 조언할 수 있다.

1차시	• 도입 대화를 통해 본 단원의 주제에 대해 이해하고 말할 수 있다.
2차시	• 직업과 장래 희망에 대한 어휘와 표현을 알고 활용할 수 있다.
3차시	• 미래의 직업을 이야기할 수 있다. • '-게 되다'를 사용하여 앞의 말이 나타내는 상태나 상황이 된다는 것을 나타낼 수 있다.
4차시	• 미래에 하고 싶은 일에 대해 이야기할 수 있다. • '-으려고'를 사용하여 어떤 행동을 할 의도나 욕망을 가지고 있다는 것을 나타낼 수 있다.

5차시	• 미래의 직업에 대해 조언할 수 있다. • '-거나'를 사용하여 앞에 오는 말과 뒤에 오는 말 중에서 하나가 선택될 수 있다는 것을 나타낼 수 있다.
6차시	• 운동의 올바른 방법을 조언할 수 있다. • '-어지다'를 사용하여 앞에 오는 말이 나타내는 상태로 점점 되어 간다는 것을 나타낼 수 있다.

● 1차시 | 복습 및 〈꼭 배워요〉 도입

[학습 목표]

• 도입 대화를 통해 본 단원의 주제에 대해 이해하고 말할 수 있다.

복습 – 20분

6단원에서 배운 주제 및 문법에 대해 복습한다.

1) 교사는 지난 단원의 주제와 관련된 질문을 하여 학생들에게 학습한 내용을 떠올리게 한다.

　📱 "한국에는 어떤 기념일과 명절이 있어요?"

　📱 "기념일과 명절에는 뭘 해요?"

　📱 "한국에서는 설날에 무엇을 먹어요? 추석에는 무엇을 먹어요?"

　📱 "특별한 날에 어떤 선물을 주거나 받아 봤어요?"

2) 교사는 '-기 때문에'와 관련된 질문을 하여 학생들에게 학습한 내용을 떠올리게 한다.

　📱 "겨울이에요. 왜 창문을 닫아요?"

　📱 "하고 싶었는데 못한 일이 있어요? 왜 그 일을 못했어요?"

　📱 "먹지 않는 음식이 있어요? 왜 그 음식을 안 먹어요?"

3) 교사는 '-는 것 같다'와 관련된 질문을 하여 학생들에게 학습한 내용을 떠올리게 한다.

　📱 "사람들이 우산을 쓰고 있어요. 왜 우산을 썼을까요?"

　📱 "아기가 울고 있어요. 왜 울까요?"

　📱 "여러분이 약속 시간에 늦었어요. 그럼 친구의 기분이 어떨까요?"

4) 교사는 '-는데'와 관련된 질문을 하여 학생들에게 학습한 내용을 떠올리게 한다.

　📱 "설날에 친척 집에 갔어요? 어땠어요?"

　📱 "떡볶이를 먹어 봤어요? 어땠어요?"

　📱 "놀이공원에 가 봤어요? 어땠어요?"

5) 교사는 '-는지 알다/모르다'와 관련된 질문을 하여 학생들에게 학습한 내용을 떠올리게 한다.

　📱 "시험을 언제 보는지 알아요?"

　📱 "영화표를 어떻게 사는지 알아요?"

　📱 "우리 책에 있는 듣기를 듣고 싶어요. QR 코드를 어떻게 사용하는지 알아요?"

교수-학습 지침

교사는 짝 활동, 그룹 활동을 통해 기념일과 명절에 하는 일에 대해 묻고 답하게 할 수 있다. 이때 교사는 지난 단원에서 배운 '-기 때문에', '-는 것 같다', '-는데', '-는지 알다/모르다' 중 세 가지 이상의 문법을 사용하여 대화문을 만들 수 있도록 지도한다.

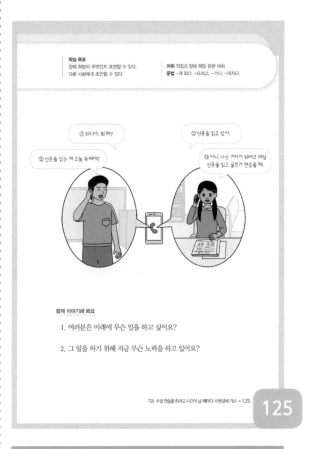

학습 목표
장래 희망이 무엇인지 표현할 수 있다.
다른 사람에게 조언할 수 있다.

어휘 직업과 장래 희망 관련 어휘
문법 -게 되다, -으려고, -거나, -어지다

① 와니야, 뭐 해?

③ 신문을 읽는 게 오늘 숙제야?

② 신문을 읽고 있어.

④ 아니, 나는 기자가 되려고 매일 신문을 읽고 글쓰기 연습을 해.

함께 이야기해 봐요

1. 여러분은 미래에 무슨 일을 하고 싶어요?

2. 그 일을 하기 위해 지금 무슨 노력을 하고 있어요?

〈꼭 배워요〉 도입 – 25분

1) 교사는 학생들과 교재 125쪽의 그림을 보고 이야기하며 본 단원의 주제에 대해 흥미를 유발한다.

　📱 "와니는 지금 무엇을 하고 있어요?"

　📱 "무엇에 대해 이야기해요?"

2) 교사는 학생들에게 교재 125쪽의 대화를 읽게 한다. 그리고 세부 내용을 이해했는지 확인하는 질문을 한다.

　📱 "와니는 무엇이 되고 싶어요?"

　📱 "와니는 매일 무엇을 해요?"

3) 교사는 학생들에게 '함께 이야기해 봐요'의 질문을 하면서 단원의 주제를 도입한다.

　📱 "여러분은 미래에 무슨 일을 하고 싶어요?"

　📱 "그 일을 하기 위해 지금 무슨 노력을 하고 있어요?"

126 • 의사소통 한국어 2

7과 수영 연습을 하려고 시간이 날 때마다 수영장에 가요 • 127

• 2차시 | 어휘를 배워요

[학습 목표]
• 직업과 장래 희망에 대한 어휘와 표현을 알고 활용할 수 있다.

본 단원에는 직업과 장래 희망에 관련된 어휘 및 표현이 제시되어 있다.

도입 – 5분

1) 교사는 질문을 통해 학습하게 될 어휘 및 표현을 자연스럽게 노출한다.
🔲 "여러분이 알고 있는 직업은 뭐예요?"
🔲 "여러분의 장래 희망은 뭐예요?"

2) 교사는 학생들과 제시된 그림을 보며 이야기를 나눈다.
🔲 "126쪽에 있는 그림을 보세요. 여러분은 어떤 직업을 알아요?"
🔲 "127쪽에 있는 그림을 보세요. 여러분은 어떤 일을 하고 싶어요?"

전개 – 35분

1. 직업과 장래 희망에 관련된 어휘 및 표현이다.

1) 교사는 다음에 제시되는 내용을 참고하여 학생들에게 어휘 및 표현을 설명한다. 이때 새로 등장하는 발음 규칙이 있다면 함께 설명한다.

의사	◆ **정의** 아픈 사람의 병을 진찰하고 치료하는 사람. 예 병원에서 일하는 의사가 되고 싶어요. ● **설명** "의사는 병원에서 아픈 사람을 치료해 주는 사람이에요."
간호사	◆ **정의** 의사를 도와 아픈 사람을 돌보는 사람. 예 간호사가 되어 아픈 사람을 도와주고 싶어요. ● **설명** "(병원의 간호사 사진을 보여 주며) '간호사'는 의사를 도와 아픈 사람을 치료해 주는 사람이에요."
약사	◆ **정의** 약을 만들고 파는 사람. 예 약국에서 약사에게 약을 사요. ● **설명** "(약국의 약사 사진을 보여 주며) '약사'는 약국에서 아픈 사람에게 필요한 약을 만들고 파는 사람이에요."
경찰	◆ **정의** 국민들이 안전하게 살아가도록 도와주는 사람. 예 경찰이 나쁜 사람을 잡았어요. ◆ **정보** 유의어 '경찰관' ● **설명** "(경찰서의 경찰 사진을 보여 주며) 경찰은 나쁜 사람을 잡아요. 그리고 힘든 사람을 도와주는 사람이에요."
군인	◆ **정의** 훈련을 받아 무기를 다룰 줄 알고 나라를 지키는 사람. 예 군인이 나라를 지켜요. ● **설명** "(군인 사진을 보여 주며) 군인은 나라를 지키는 사람이에요."
교사	◆ **정의** 학생들을 가르치는 사람. 예 교사는 학생을 가르쳐요. ◆ **정보** 유의어 '선생님' ● **설명** "(학교의 교사 사진을 보여 주며) 교사는 학생들을 가르치는 사람이에요. 저는 '한국어 교사'예요."

회사원	◆ 정의 회사에서 일하는 사람. 예 회사원은 회사에서 일해요. ● 설명 "(회사에서 일하는 회사원 사진을 보여 주며) 회사원은 회사에서 일하는 사람이에요."

2) 교사는 질문을 통해 학생들이 어휘 및 표현을 잘 이해했는지 확인한다.
   - 교 "약국에서 일하는 사람이 누구예요?"
   - 교 "나라를 지키는 사람이 누구예요?"
   - 교 "아픈 사람을 도와주는 사람은 누구예요?"

2. 직업과 장래 희망에 관련된 어휘 및 표현이다.

1) 교사는 다음에 제시되는 내용을 참고하여 학생들에게 어휘 및 표현을 설명한다. 이때 새로 등장하는 발음 규칙이 있다면 함께 설명한다.

기자	◆ 정의 신문, 방송 등에 실을 내용을 조사하고 기사를 쓰거나 전해 주는 사람. 예 기자가 신문 기사를 써요. ● 설명 "(신문 사진을 보여 주며) 이게 뭐예요? 신문이에요. 여기에 글이 있어요. 이것을 '기자'가 써요."
변호사	◆ 정의 법의 도움이 필요한 사람을 도와주는 사람. 예 변호사가 대신 말해요. ● 설명 "(법정에 있는 변호사 사진을 보여 주며) 변호사는 법과 관련된 일에서 사람들을 전문적으로 돕는 직업이에요."
요리사	◆ 정의 음식을 만드는 일을 하는 사람. 예 식당에서 요리사가 요리를 해요. ● 설명 "(식당의 요리사 사진을 보여 주며) '요리사'는 식당에서 요리를 하는 사람이에요."
가수	◆ 정의 노래하는 일을 직업으로 하는 사람. 예 저 가수는 노래를 잘해요. ● 설명 "(무대의 가수 사진을 보여 주며) 가수는 사람들 앞에서 노래를 부르는 것이 직업인 사람이에요."
운동선수	◆ 정의 운동하는 것이 직업인 사람. 예 운동을 좋아하기 때문에 운동선수가 되고 싶어요. ● 설명 "(축구 선수, 농구 선수, 야구 선수의 사진을 보여 주며) 이 사람은 운동선수예요. 운동선수는 운동을 하는 것이 직업인 사람이에요."
화가	◆ 정의 그림을 전문적으로 그리는 사람. 예 화가는 그림을 잘 그려요. ● 설명 "(화가의 사진을 보여 주며) 이 사람이 무엇을 해요? 그림을 그려요. '화가'는 그림 그리는 것이 직업인 사람이에요."
음악가	◆ 정의 음악을 전문적으로 하는 사람. 예 그 음악가는 피아노를 연주했어요. ● 설명 "(피아니스트, 성악가, 지휘자의 사진을 보여 주며) 이 사람들은 '음악가'예요. 음악가는 음악을 하는 사람이에요."

2) 교사는 질문을 통해 학생들이 어휘 및 표현을 잘 이해했는지 확인한다.
   - 교 "기사를 쓰는 사람이 누구예요?"
   - 교 "그림을 그리는 것이 직업인 사람이 누구예요?"
   - 교 "노래를 아주 잘 부르면 어떤 직업을 가질 수 있어요?"

교수-학습 지침
※ 고등학생 대상 수업의 경우 필수적으로 5분간 다음 활동을 추가로 진행함.
→ 교사는 준비물로 목표 어휘에 대한 그림 카드를 준비한다. 그리고 학생들에게 그림 카드를 보여 주면서 직업과 장래 희망을 말하게 하는 활동을 하도록 지도한다.

정리 - 5분

교사는 질문을 통해 어휘 및 표현 학습을 마무리한다.
   - 교 "환자를 도와주는 사람이 누구예요?"
   - 교 "음식을 만드는 사람이 누구예요? 어디에서 일해요?"
   - 교 "좋아하는 운동선수가 있어요?"

교사 지식
→ '군인[구닌]'에서 확인되는 발음 규칙 :
   · 연음 법칙 ▶1과 28쪽 참고
→ '약사[약싸]'에서 확인되는 발음 규칙 :
   · 경음화 ▶1과 28쪽 참고
→ '음악가[으막까]'에서 확인되는 발음 규칙 :
   · 연음 법칙 ▶1과 28쪽 참고
   · 경음화 ▶1과 28쪽 참고

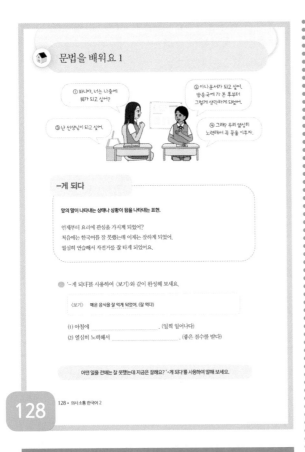

● 3차시 | 문법을 배워요 1

[학습 목표]

- 미래의 직업을 이야기할 수 있다.
- '-게 되다'를 사용하여 앞의 말이 나타내는 상태나 상황이 된다는 것을 나타낼 수 있다.

도입 – 5분

1) 교사는 학생들에게 대화문을 읽게 한다. 그리고 학생들이 대화 상황을 이해했는지 확인 질문을 한다.

  📖 "와니는 무엇이 되고 싶어요?"

  📖 "안나는 무엇이 되고 싶어요?"

2) 교사는 학생들에게 목표 문법의 의미를 추측할 수 있는 질문을 한다.

  📖 "와니는 언제부터 그런 장래 희망을 생각했어요?"

전개 – 35분

다음의 절차에 따라 문법에 대해 설명한다. 그리고 새로 제시되는 어휘 및 표현이 있다면 그 의미를 함께 설명한다.

[설명]

  📖 "'-게 되다'는 앞의 말이 나타내는 상태나 상황이 됨을 나타낼 때 사용해요."

[예시]

- · 이번 방학에 미국에 가게 되었어요.
- · 새로운 친구를 사귀게 되었어요.
- · 이제 한국어를 잘하게 되었어요.

[정보]

▶형태 정보:

	받침 ○	받침 X
동사, 형용사	-게 되다	

① 동사 및 형용사 어간 끝음절의 받침 유무에 관계없이 '-게 되다'를 쓴다.

▶제약 정보:

① 주로 동사와 사용한다.

② 과거 '-었-', 미래 · 추측의 '-겠-'과 결합하지 않는다.

▶주의 사항:

① 주로 '-게 되었어요' 형태로 많이 사용한다.

② 주로 주어의 적극적인 의지가 반영되지 않은 일에 쓰이지만, 결과에 대해 주어의 적극적인 의지가 반영된 결과임에도 그렇지 않은 것처럼 겸손하게 표현할 때 사용하기도 한다.

- · 이번 봄에 결혼하게 되었어요.

[확인]

교사는 문법을 설명한 뒤 '연습 문제'를 통해 학생들이 문법을 이해했는지 확인한다.

> 정답
> (1) 일찍 일어나게 되었어
> (2) 좋은 점수를 받게 되었어

어휘 및 표현

방송국	◆ 정의 라디오나 텔레비전으로 방송을 많은 사람들에게 보내는 기관. 예 방송국에서 가수를 봤어요. ● 설명 "(방송국 사진을 보여 주며) '방송국'은 텔레비전 방송, 라디오 방송을 만들어서 우리에게 보내 주는 곳이에요."
노력하다	◆ 정의 어떤 목적을 이루기 위하여 힘을 들이고 애를 쓰다. 예 열심히 노력해서 시험을 잘 봤어요. ● 설명 "꼭 하고 싶은 일이 있어요. 그러면 어떻게 해요? 힘들지만 열심히 해요. 그렇게 하는 것이 '노력하다'예요."
꿈	◆ 정의 앞으로 이루고 싶은 희망이나 목표. 예 제 꿈은 가수가 되는 거예요. ● 설명 "'꿈'은 꼭 하고 싶은 일, 장래 희망이에요."

이루다	◆ **정의** 바라던 결과를 얻다. 예 열심히 노력해서 꿈을 이루었어요. ● **설명** "가수가 되고 싶은 꿈이 있어요. 열심히 노력해서 정말 가수가 되었어요. 원하는 것을 할 수 있게 된 것을 '꿈을 이루다'라고 해요."
관심	◆ **정의** 어떤 것에 대해 끌리는 생각이나 마음, 감정. 예 운동에 관심이 많아요. ● **설명** "요즘 무엇을 좋아해요? 무슨 생각을 많이 해요? 어떤 것이 좋아서 계속 생각을 해요. 그것이 '관심'이에요."
처음	◆ **정의** 차례나 시간상으로 맨 앞. 예 오늘 불고기를 처음 먹었어요. ● **설명** "옛날에 한 번도 안 했어요. 오늘, 지금 했어요. '처음'이에요."

교수-학습 지침

※ 고등학생 대상 수업의 경우 필수적으로 5분간 다음 활동을 추가로 진행함.
➡ 교사는 학생들에게 목표 문법을 활용할 수 있는 새로운 화제를 제시할 수 있다.
　🏫 "선생님이나 친구의 도움으로 할 수 있게 된 것을 '-게 되다'를 사용하여 말해 보세요."

예시 답안
선생님이 한국어를 가르쳐 주셔서 한국어를 잘하게 되었어요. 친구가 도와줘서 숙제를 빨리 하게 되었어요.

정리 - 5분

1) 교사는 학생들에게 대화문을 다시 한번 읽게 한다.

2) 교사는 교재에 제시된 열린 질문을 통해 학생들에게 배운 문법을 활용하여 자유롭게 이야기를 나누게 한다.
　🏫 "어떤 일을 전에는 잘 못했는데 지금은 잘해요? '-게 되다'를 사용하여 말해 보세요."

예시 답안
지금은 한국 친구와 이야기할 수 있게 되었어요. 자전거를 타게 되었어요.

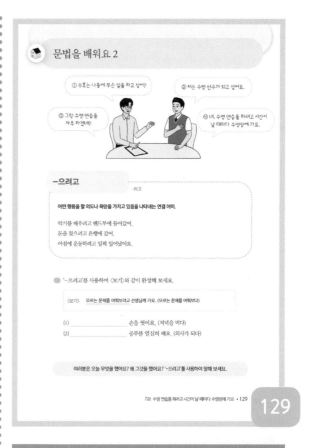

🔖 문법을 배워요 2

① 수호는 나중에 무슨 일을 하고 싶어?

② 저는 수영 선수가 되고 싶어요.

③ 그럼 수영 연습을 자주 하겠네?

④ 네 수영 연습을 하려고 시간이 날 때마다 수영장에 가요.

-으려고

어떤 행동을 할 의도나 욕망을 가지고 있음을 나타내는 연결 어미.

악기를 배우려고 밴드부에 들어갔어.
돈을 찾으려고 은행에 갔어.
아침에 운동하려고 일찍 일어났어요.

● '-으려고'를 사용하여 〈보기〉와 같이 완성해 보세요.

〈보기〉　모르는 문제를 여쭤보려고 선생님께 가요. (모르는 문제를 여쭤보다)

(1) ＿＿＿＿＿＿＿ 손을 씻어요. (저녁을 먹다)
(2) ＿＿＿＿＿＿＿ 공부를 열심히 해요. (의사가 되다)

여러분은 오늘 무엇을 했어요? 왜 그것을 했어요? '-으려고'를 사용하여 말해 보세요.

7과 수영 연습을 하려고 시간이 날 때마다 수영장에 가요 • 129

129

• 4차시 | 문법을 배워요 2

[학습 목표]
• 미래에 하고 싶은 일에 대해 이야기할 수 있다.
• '-으려고'를 사용하여 어떤 행동을 할 의도나 욕망을 가지고 있다는 것을 나타낼 수 있다.

도입 - 5분

1) 교사는 학생들에게 대화문을 읽게 한다. 그리고 학생들이 대화 상황을 이해했는지 확인 질문을 한다.
　🏫 "수호는 무슨 일을 하고 싶어요?"
　🏫 "수호는 수영 연습을 자주 해요?"

2) 교사는 학생들에게 목표 문법의 의미를 추측할 수 있는 질문을 한다.
　🏫 "수호는 왜 시간이 날 때마다 수영장에 가요?"

전개 - 35분

다음의 절차에 따라 문법에 대해 설명한다. 그리고 새로 제시되는 어휘 및 표현이 있다면 그 의미를 함께 설명한다.

[설명]
　🏫 "'-으려고'는 어떤 행동을 할 의도나 욕망을 가지고 있음을 나타낼 때 사용해요."

[예시]

· 책을 읽으려고 도서관에 가요.
· 오늘 일찍 일어나려고 어제 일찍 잤어요.
· 좋아하는 가수를 만나려고 방송국에 갔어요.

[정보]

▶형태 정보:

	받침 ○	받침 X, 'ㄹ' 받침
동사	-으려고	-려고

① 동사 어간 끝음절에 받침이 있으면 '-으려고', 동사 어간 끝음절에 받침이 없거나 'ㄹ' 받침으로 끝나면 '-려고'를 쓴다.

▶제약 정보:

① 형용사와 결합하지 않는다.

② 과거 '-었-'과 미래·추측의 '-겠'은 결합하지 않는다.

③ 앞 절과 뒤 절의 주어가 같아야 하고, 주로 뒤 절의 주어는 생략한다.

④ 뒤 절에 청유문이나 명령문이 올 수 없다.

[확인]

교사는 문법을 설명한 뒤 '연습 문제'를 통해 학생들이 문법을 이해했는지 확인한다.

> 정답
> (1) 저녁을 먹으려고
> (2) 의사가 되려고

어휘 및 표현

은행	◆ **정의** 사람들의 돈을 맡아 관리하고 필요한 사람에게 돈을 빌려주는 기관. 예 통장을 만들려고 은행에 갔어요. ● **설명** "(은행 사진을 보여 주며) 여기가 어디예요. '은행'이에요. 은행에서 통장과 카드를 만들어요."
찾다	◆ **정의** 은행이나 어떤 사람에게 돈을 맡기거나 빌려준 것을 다시 받다. 예 돈을 찾으려면 통장이나 카드가 있어야 해요. ● **설명** "용돈을 받으면 은행에 돈을 넣어요. 그리고 돈이 필요하면 은행에 가서 돈을 다시 받아요. 이것을 돈을 '찾다'라고 해요."

정리 - 5분

1) 교사는 학생들에게 대화문을 다시 한번 읽게 한다.

2) 교사는 교재에 제시된 열린 질문을 통해 학생들에게 배운 문법을 활용하여 자유롭게 이야기를 나누게 한다.
🎓 "여러분은 오늘 무엇을 했어요. 왜 그것을 했어요? '-으려고'를 사용하여 말해 보세요."

> 예시 답안
> 숙제를 하려고 컴퓨터를 사용했어요. 빵을 먹으려고 빵을 샀어요.

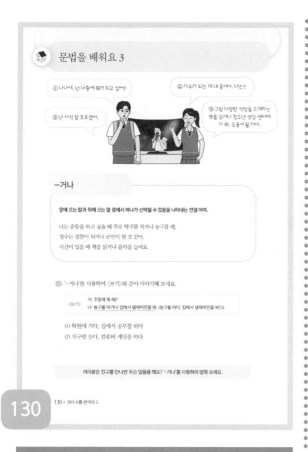

• 5차시 | 문법을 배워요 3

[학습 목표]

• 미래의 직업에 대해 조언할 수 있다.

• '-거나'를 사용하여 앞에 오는 말과 뒤에 오는 말 중에서 하나가 선택될 수 있다는 것을 나타낼 수 있다.

도입 – 5분

1) 교사는 학생들에게 대화문을 읽게 한다. 그리고 학생들이 대화 상황을 이해했는지 확인 질문을 한다.

　📖 "나나의 꿈이 뭐예요?"

　📖 "세인이는 나중에 무엇이 되고 싶어요?"

2) 교사는 학생들에게 목표 문법의 의미를 추측할 수 있는 질문을 한다.

　📖 "나나는 세인이에게 어떤 것을 안내해 줬어요?"

전개 – 35분

다음의 절차에 따라 문법에 대해 설명한다. 그리고 새로 제시되는 어휘 및 표현이 있다면 그 의미를 함께 설명한다.

[설명]

　📖 "'-거나'는 앞에 오는 말과 뒤에 오는 말 중에서 하나가 선택될 수 있다는 것을 나타낼 때 사용해요."

[예시]

· 아침에 우유를 마시거나 빵을 먹어요.

· 쉬는 시간에 책을 읽거나 친구들과 이야기를 해요.

· 수업이 끝나면 학원에 가거나 집에서 숙제를 해요.

[정보]

▶형태 정보:

	받침 ○	받침 X
동사, 형용사	-거나	

① 동사 및 형용사 어간 끝음절의 받침 유무에 관계없이 '-거나'를 쓴다.

② '이다, 아니다'는 '-거나'를 쓴다. 단, '이다' 앞의 명사에 받침이 없으면 주로 '명사+ 거나'라고 쓴다.

▶제약 정보:

① 앞 절과 뒤 절의 주어가 같아도 되고 달라도 된다.

· 네가 민수를 도와주거나 내가 민수를 도와줘야 한다.

② 과거 '-었-'은 사용하지만, 미래 · 추측의 '-겠-'은 사용하지 않고 현재 시제로 쓴다. 미래의 뜻은 문장의 마지막에 나타낸다.

· 내일 백화점에 가거나 마트에 갈 거예요.

▶주의 사항:

① (동사나 형용사, '이다, 아니다'에 붙어) 주로 '-거나 -거나'로 쓰여, 둘 모두를 선택해도 괜찮거나 상관없음을 나타낼 때 사용하기도 한다.

· 농구를 하거나 축구를 하거나 다 좋아요.

② '무엇, 어디, 누구, 언제, 어떻게' 등과 함께 사용하여 모든 경우에 해당이 됨을 나타낼 때 사용하기도 한다.

· 무엇을 하거나 열심히 해요.

[확인]

교사는 문법을 설명한 뒤 '연습 문제'를 통해 학생들이 문법을 이해했는지 확인한다.

정답
(1) 학원에 가거나 집에서 공부를 해
(2) 친구랑 놀거나 컴퓨터 게임을 해

어휘 및 표현

다양하다	◆ 정의 색깔, 모양, 종류, 내용 등이 여러 가지로 많다. 예 옷 가게에 옷이 다양해요. ● 설명 "빨간색, 파란색, 검은색, 색이 아주 많아요. 색이 다양해요. (별, 동그라미, 세모 등을 보여 주며) 모두 모양이 달라요. 모양이 다양해요."

직업	◆ **정의** 보수를 받으면서 일정하게 하는 일. 　　例 우리 아버지의 직업은 선생님이에요. ● **설명** "요리사, 경찰, 선생님, 군인이 있어요. 　　이것은 직업이에요."
주로	◆ **정의** 기본이 되거나 특별히 많이 하다. 　　例 비가 오면 주로 집에 있어요. ● **설명** "저는 아침에 빵을 먹어요. 일주일에 다 　　섯 번은 빵을 먹어요. 자주 해요. 많이 　　해요. '주로'예요."
탁구	◆ **정의** 네모난 테이블 가운데에 네트를 세우 　　고, 공을 라켓으로 쳐서 넘기고 받는 실 　　내 경기. 　　例 친구하고 탁구를 쳤어요. ● **설명** "(탁구를 하는 사진을 보여 주며) 이 운 　　동을 알아요? 공을 라켓으로 쳐서 다른 　　사람에게 보내요. 이 운동이 '탁구'예요."

교수-학습 지침

※ 고등학생 대상 수업의 경우 필수적으로 5분간 다음 활동을 추가로 진행함.
➜ 교사는 학생들에게 목표 문법을 활용할 수 있는 새로운 화제를 제시한다.
　　🎓 "부모님의 결혼기념일이나 어버이날에 부모님께 어떤 일을 할 거예요? '-거나'를 사용하여 말해 보세요."

┌─ 예시 답안 ─────────────────────────────
│ 부모님 결혼기념일에 편지를 쓰거나 케이크를 드릴 거예요. 어버이
│ 날에 꽃을 선물하거나 노래를 부를 거예요.
└──────────────────────────────────────

정리 – 5분

1) 교사는 학생들에게 대화문을 다시 한번 읽게 한다.

2) 교사는 교재에 제시된 열린 질문을 통해 학생들에게 배운 문법을 활용하여 자유롭게 이야기를 나누게 한다.
　　🎓 "여러분은 친구를 만나면 무슨 일들을 해요? '-거나'를 사용하여 말해 보세요."

┌─ 예시 답안 ─────────────────────────────
│ 휴대 전화로 같이 게임을 하거나 이야기를 해요. 영화를 보거나 햄버거
│ 를 먹어요.
└──────────────────────────────────────

• 6차시 | 문법을 배워요 4

[학습 목표]

• 운동의 올바른 방법을 조언할 수 있다.
• '-어지다'를 사용하여 앞에 오는 말이 나타내는 상태로 점점 되어 간다는 것을 나타낼 수 있다.

도입 – 5분

1) 교사는 학생들에게 대화문을 읽게 한다. 그리고 학생들이 대화 상황을 이해했는지 확인 질문을 한다.
　　🎓 "정호는 오늘 무엇을 했어요?"
　　🎓 "정호는 왜 달리기를 잘해야 해요?"

2) 교사는 학생들에게 목표 문법의 의미를 추측할 수 있는 질문을 한다.
　　🎓 "달리기 연습을 많이 하면 어떻게 돼요?"

전개 – 35분

다음의 절차에 따라 문법에 대해 설명한다. 그리고 새로 제시되는 어휘 및 표현이 있다면 그 의미를 함께 설명한다.

[설명]

　　🎓 "'-어지다'는 앞에 오는 말이 나타내는 상태로 점점 되어 간다는 것을 나타낼 때 사용해요."

[예시]

· 동생이 키가 커졌어요.
· 중간고사보다 기말고사 문제가 더 어려워졌어요.
· 겨울이 되면 날씨가 추워져요.

[정보]

▶형태 정보:

	ㅏ, ㅗ	ㅓ, ㅜ, ㅣ…	-하다
형용사	-아지다	-어지다	-여지다

① 형용사 어간 끝음절의 모음이 'ㅏ, ㅗ'인 경우 '-아지다', 형용사 어간 끝음설의 모음이 'ㅏ, ㅗ'가 아닌 경우 '-어지다', '-하다'가 붙은 형용사 어간에는 '-여지다'를 쓰는데, 줄여서 '-해지다'로 쓴다.

▶제약 정보:

① 동사와 결합하지 않는다. 동사와 결합할 경우에는 어떤 행위가 저절로 또는 외부에 의해 일어나게 되거나 이미 그러한 상태가 됨을 나타낸다.

· 휴대 전화가 고장 나서 아직 켜지지 않아요.

[확인]

교사는 문법을 설명한 뒤 '연습 문제'를 통해 학생들이 문법을 이해했는지 확인한다.

어휘 및 표현

동안	◆ 정의 한때에서 다른 때까지의 시간의 길이. 예 며칠 동안 쉬어요? ● 설명 "'동안'은 언제부터 언제까지예요. 7월에 방학을 시작해요. 8월에 방학이 끝나요. 7월부터 8월까지는 방학 동안이에요."
점점	◆ 정의 시간이 지남에 따라 정도가 조금씩 더. 예 날씨가 점점 추워져요. ● 설명 "초등학교 때는 키가 작았어요. 지금은 키가 커요. 내년에 키가 더 클 거예요. 키가 '점점' 커요. 점점은 '조금씩 조금씩 더'예요."
계속	◆ 정의 끊이지 않고 이어져. 예 계속 한국에 살아요. ● 설명 "'계속'은 잠깐 쉬지 않아요. 끝나지 않아요. 계속 해요."
날씬하다	◆ 정의 몸이 보기 좋고 가늘고 길다. 예 모델은 키가 크고 날씬해요. ● 설명 "'날씬해요'는 몸이 뚱뚱하지 않은 거예요."

교수-학습 지침

※고등학생 대상 수업의 경우 필수적으로 5분간 다음 활동을 추가로 진행함.
➡ 교사는 학생들에게 목표 문법을 활용할 수 있는 새로운 화제를 제시할 수 있다.
교 "계절이 바뀔 때 날씨가 어떻게 변해요? '-어지다'를 사용하여 말해 보세요."

예시 답안
겨울에 날씨가 추워졌어요. 가을에 날씨가 점점 시원해져요.

정리 - 5분

1) 교사는 학생들에게 대화문을 다시 한번 읽게 한다.

2) 교사는 교재에 제시된 열린 질문을 통해 학생들에게 배운 문법을 활용하여 자유롭게 이야기를 나누게 한다.
교 "어떤 것이 전과 달라요? '-어지다'를 사용하여 말해 보세요."

예시 답안
1년 전보다 머리가 길어졌어요. 전보다 행복해졌어요.

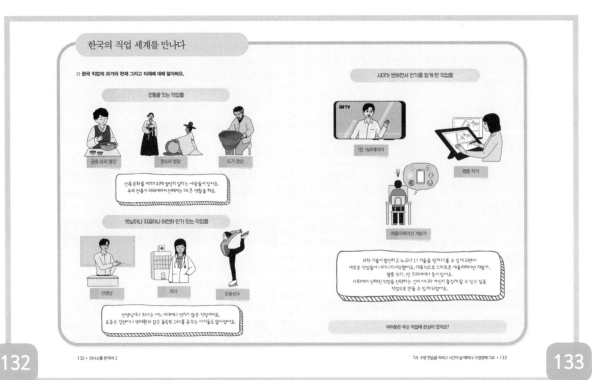

• 문화

[학습 목표]

- 한국의 과거, 현재, 미래의 직업 세계에 대해 알 수 있다.
- 한국의 직업 세계를 알고 미래에 나타날 직업과 비교하여 이야기할 수 있다.

1) 질문을 통해 학생들에게 주제를 추측하게 한다.

🔲 "여러분, 전통문화가 뭐예요? 한국의 전통문화에는 어떤 것이 있어요?"

🔲 "옛날에는 어떤 직업이 인기가 많았어요?"

🔲 "요즘 한국에는 어떤 직업이 인기가 많아요?"

2) 교재 132쪽을 보며 전통을 잇는 직업과 옛날이나 지금이나 여전히 인기 있는 직업에 대해 설명한다.

3) 교재 133쪽을 보며 시대가 변하면서 인기를 얻게 된 직업에 대해 설명한다.

교수-학습 지침

교사는 직업에 대한 문화 활동을 진행할 수 있다. 교사는 교재에 제시된 직업 외에 다양한 직업과 관련된 사진을 준비한다. 사진을 학생들에게 보여 주며 어떤 직업이고 어떤 일을 하는지 말할 수 있도록 지도한다.

4) 본 문화와 관련하여 상호문화적 관점에서 이야기할 수 있도록 한다.

🔲 "앞으로 어떤 직업들이 인기가 있을까요?"

🔲 "다른 나라에서는 과거, 현재의 직업이 어떻게 변했을까요? 그리고 미래에는 어떻게 변할까요?"

🔲 "한국과 다른 나라의 인기 있는 직업이 같아요? 달라요? 어떻게 달라요?"

〈더 배워요〉 학습 목표

- 다른 사람에게 장래 희망을 표현할 수 있다.
- 다른 사람에게 조언을 구할 수 있다.

7차시	• 친구와 함께 장래 희망을 말할 수 있다.
8차시	• 선생님에게 장래에 대해 상담하고 조언을 구할 수 있다.
9차시	• 청소년 직업 카드를 보고 내용을 이해할 수 있다.
10차시	• 청소년 직업 카드를 보고 자신의 직업 카드를 만들 수 있다.

● 7차시 | 〈더 배워요〉 도입 및 대화해 봐요 1

〈더 배워요〉 도입 – 5분

1) 〈꼭 배워요〉의 목표 어휘 및 문법 등을 확인할 수 있는 질문을 통해 학생들이 해당 표현을 사용하여 답할 수 있도록 유도한다.
   - 📖 "중학생(고등학생)이 된 후에 무엇을 잘하게 되었어요?"
   - 📖 "왜 공부를 열심히 해요?"
   - 📖 "가족들과 주말에 무엇을 해요?"

- 📖 "취미가 뭐예요? 전에는 어땠어요? 지금은 어때요?"

2) '대화해 봐요 1, 2'에서 학습할 내용을 대표하는 네 개의 그림들을 확인하며 학생들이 앞으로 배우게 될 주제 및 내용을 추측할 수 있도록 한다.
   - 📖 "무엇이 되고 싶어요?"
   - 📖 "두 사람이 무엇을 이야기해요?"
   - 📖 "남자는 미래에 뭐가 될 거예요?"
   - 📖 "무엇을 하는 사람이에요?"
   - 📖 "여기가 어디예요?"
   - 📖 "무엇에 대해 이야기해요?"
   - 📖 "누구와 이야기해요?"
   - 📖 "꿈이 뭐예요?"

3) '함께 이야기해 봐요'에 제시된 질문을 통해 이야기를 나눔으로써 '읽고 써 봐요'에서 학습할 내용을 추측하게 한다.
   - 📖 "청소년 직업 카드에 무슨 내용이 있어요?"
   - 📖 "여러분의 직업 카드에 무엇을 쓰고 싶어요?"

[학습 목표]

- 친구와 함께 장래 희망을 말할 수 있다.
- 목표 표현: 요즘 -어졌어
  -게 되면 -어 줄게

본 대화는 선영이와 호민이가 장래 희망에 대해 이야기하는 상황이다.

도입 – 5분

1) 교사는 학생들에게 '대화해 봐요 1'의 내용을 추측할 수 있는 질문을 한다.
   📖 "친구와 장래 희망에 대해서 이야기해 본 적이 있어요?"
   📖 "친구의 장래 희망이 뭐예요?"

2) 교사는 학생들에게 136쪽의 첫 번째 QR 코드 속 영상을 보게 한다.
   📖 "선영이와 호민이가 교실에서 이야기를 하고 있어요. 무슨 이야기를 해요? 함께 확인해 봐요."

3) 교사는 학생들이 대화 내용을 잘 이해했는지 질문을 한다. 그리고 새 표현이 있다면 그 의미를 함께 설명한다.
   📖 "호민이의 장래 희망이 뭐예요?"
   📖 "선영은 무엇이 되고 싶어요?"

전개 – 20분

1) 교사는 학생들에게 본 대화 내용을 소개하며 136쪽의

두 번째 QR 코드 속 영상을 보게 한다.
📖 "어제 호민이는 수업 후 빨리 뛰어갔어요. 왜 갔을까요? 함께 확인해 봐요."

2) 교사는 학생들이 대화의 전체 내용을 이해했는지 확인하는 질문을 한다.
   📖 "호민이는 요즘 어디에서 무엇을 하고 있어요?"

3) 교사는 학생들에게 대화문을 읽게 한다. 그리고 세부 내용을 이해했는지 확인하는 질문을 한다.
   📖 "호민이는 언제부터 요리 학원에 다니고 있어요?"
   📖 "호민이는 왜 음식 만드는 것을 좋아해요?"
   📖 "호민이는 선영이에게 어떤 약속을 했어요?"

4) 대화에 제시된 새 표현의 의미를 설명한다.

어휘 및 표현

뛰어가다	◆ 정의 어떤 곳으로 빨리 뛰어서 가는 것. 예 학교 수업에 늦어서 빨리 뛰어가요. ● 설명 "(뛰는 행동을 하며) 뛰어요. (자리를 이동하며) 가요. 뛰어가요."

5) 교사는 학생들에게 대화문을 다시 한번 읽게 한다. 이때 역할을 나누는 등 다양한 방식으로 읽게 할 수 있다.

6) 교사는 학생들에게 목표 표현에 대해 설명한다.

목표 표현 1	'요즘 -어졌어'

[설명]

📖 "'요즘 -어졌어'는 어떤 상황이 점점 바뀌어서 요즘 변화가 있을 때 사용해요."

[예시]

· 요즘 날씨가 추워졌어.
· 요즘 축구가 좋아졌어.
· 요즘 숙제가 많아서 바빠졌어.
· 요즘 도서관에 사람이 많아졌어.

목표 표현 2	'-게 되면 -어 줄게'

[설명]

📖 "'-게 되면 -어 줄게'는 어떤 상황이 바뀌고 '무엇을 할 거예요.' 하고 약속을 할 때 사용해요."

[예시]

· 돈을 많이 벌게 되면 선물을 사 줄게.
· 선영이를 만나게 되면 꼭 이야기해 줄게.
· 이 문제의 답을 알게 되면 너도 가르쳐 줄게.
· 숙제를 다 하게 되면 이 책을 다시 줄게.

새 표현
뛰어가다　나중　배우　연기　실력　사인하다

질문에 답하세요.

1. 내용과 같으면 O, 다르면 X 하세요.
   (1) 호민이는 요리하는 것을 좋아해요.　　(　)
   ② 호민이는 지난주부터 요리 학원에 다녀요.　(　)
   (3) 선영이와 호민이는 어제 같이 학원에 갔어요.　(　)

2. 여러분은 어떤 일을 할 때 기분이 좋아요?
   ➡

▶▶ 선영이는 호민이가 만든 음식이 어땠어요?
로 확인해 보세요.

전체 대화를 들어 보세요.

■ **활용하기**

영수가 자신의 장래 희망을 이야기하고 있어요.

: 영수야, 너는 장래 희망이 뭐야?

: 나는 배우가 되고 싶어. 요즘 연기 학원에 다녀서 연기 실력이 좋아졌어.

: 그런데 왜 배우가 되고 싶어?

: 연기가 재미있고, 사람들이 내 연기를 칭찬해 주면 기분이 좋아. 나중에 유명한 배우가 되면 사인해 줄게.

7과 · 수영 연습을 하려고 시간이 날 때마다 수영장에 가요 • 137

137

7) 교사는 학생들에게 교재의 1번과 2번 문제를 풀게 한다.

8) 교사는 학생들과 함께 문제의 답을 확인한다.

정답
1. (1) ○　(2) ○　(3) ×
2. 맛있는 음식을 먹을 때 기분이 좋아요. 재미있는 영화를 볼 때 기분 이 좋아요.

9) 교사는 학생들에게 137쪽의 첫 번째 QR 코드 속 영상 을 보게 한다.
   📺 "호민이가 어떤 음식을 만들었어요? 함께 확인해 봐요."

10) 교사는 학생들이 대화 내용을 잘 이해했는지 질문을 한다. 그리고 새 표현이 있다면 그 의미를 함께 설명 한다.
   📺 "호민이가 만든 음식이 어때요?"

활용 - 10분

1) 교사는 학생들이 목표 표현을 사용하여 대답할 수 있 도록 질문을 한다.
   📺 "학교 근처로 이사를 했어요. 이제 집과 학교 거리가 어 때요?"

2) 교사는 질문을 통해 학생들이 '활용하기'의 대화 상 황을 추측할 수 있도록 한다.
   📺 "영수가 자신의 장래 희망을 이야기해요. 장래 희망이 뭐 예요?"

3) 교사는 학생들에게 대화문을 읽게 한 후 대화의 내용 을 이해했는지 확인하는 질문을 한다. 그리고 새 표현 이 있다면 그 의미를 함께 설명한다.
   📺 "영수의 연기 실력이 어때요?"
   📺 "영수는 왜 배우가 되고 싶어요?"

어휘 및 표현

나중	◆ **정의** 일정한 시간이 지난 뒤. 📱 숙제 검사는 나중에 해요. ● **설명** "'나중'은 지금이 아니에요. 옛날도 아 니에요. '시간이 지난 후 미래에'예요."
배우	◆ **정의** 영화나 연극, 드라마 등에 나오는 인물 을 연기하는 사람. 📱 그 배우는 연기를 잘해요. ● **설명** "'배우'는 영화, 연극, 드라마에 나오는 사람들이에요."
실력	◆ **정의** 어떤 일을 해낼 수 있는 능력. 📱 노래 실력이 아주 좋아요. ● **설명** "'실력'은 어떤 일을 잘할 수 있는 거 예요."
연기	◆ **정의** 배우가 맡은 역할에 따라 인물, 성격, 행 동을 표현하는 것. 📱 저 배우는 연기를 잘해요. ● **설명** "배우가 영화, 드라마에 나와서 경찰도 되고, 의사도 돼요. 정말 경찰이에요? 정 말 의사예요? 아니에요. 연기를 해요."
사인하다	◆ **정의** 독특한 방법으로 자신의 이름을 쓰다. 📱 선생님께서는 시험지에 사인하셨다. ● **설명** "'사인하다'는 이름을 쓰는 거예요. 그 런데 이름을 멋있게 써요. (칠판을 사인 을 하며) 저는 이렇게 사인해요."

4) 교사는 학생들에게 대화문을 다시 한번 읽게 한다. 이때 역할을 나누는 등 다양한 방식으로 읽게 할 수 있다.

교수-학습 지침
※ **고등학생 대상 수업의 경우** 필수적으로 5분간 다음 활동을 추 가로 진행함.
→ 교사는 짝 활동, 그룹 활동을 통해 자신의 장래 희망을 표현하고 이야기하는 활동을 하도록 지도한다.

정리 - 5분

교사는 학생들에게 137쪽의 '전체 대화를 들어 보세요' QR 코드 속 대화를 듣게 하고 수업을 마무리한다.

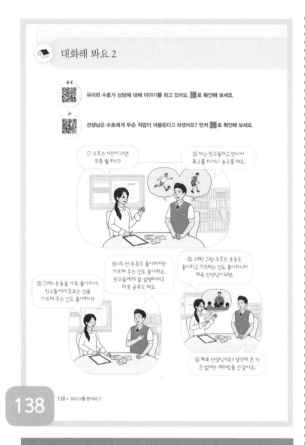

대화해 봐요 2

유미와 수호가 상담에 대해 이야기를 하고 있어요. 🔲로 확인해 보세요.

선생님은 수호에게 무슨 직업이 어울린다고 하셨어요? 먼저 🔲로 확인해 보세요.

① 수호는 시간이 나면 보통 뭘 하니?

② 저는 친구들하고 만나서 축구를 하거나 농구를 해요.

③ 그래? 운동을 아주 좋아하니네. 친구들에게 모르는 것들 가르쳐 주는 것도 하니?

④ 네. 전 운동도 좋아하지만 가르쳐 주는 것도 좋아해요. 친구들에게 잘 설명해라고 따로 공부도 해요.

⑤ 그래? 그럼 수호는 운동도 좋아하고 가르치는 것도 좋아하니까 체육 선생님이 되렴.

⑥ 체육 선생님이요? 상각해 본 적은 없지만 재미있을 것 같아요.

138 • 의사소통 한국어 2

• 8차시 | 대화해 봐요 2

[학습 목표]

- 선생님에게 장래에 대해 상담하고 조언을 구할 수 있다.
- 부가 문법: -으렴
- 목표 표현: -으니까 -으렴
  -거나 -어요

본 대화는 수호가 장래에 대해 선생님과 상담하고 조언을 듣는 상황이다.

도입 - 7분

1) 교사는 학생들에게 '대화해 봐요 2'의 내용을 추측할 수 있는 질문을 한다.

  🔲 "학교에 상담실이 있어요?"

  🔲 "상담 선생님과 어떤 이야기를 해요?"

2) 교사는 학생들에게 138쪽의 첫 번째 QR 코드 속 영상을 보게 한다.

  🔲 "수호는 유미와 이야기를 하고 있어요. 무슨 이야기를 할까요? 함께 확인해 봐요."

3) 교사는 학생들이 대화 내용을 잘 이해했는지 질문을 한다. 그리고 새 표현이 있다면 그 의미를 함께 설명한다.

  🔲 "수호는 지금 어디에 가요?"

  🔲 "선생님과 무엇에 대해 이야기할 거예요?"

전개 - 20분

1) 교사는 학생들에게 본 대화 내용을 소개하며 138쪽의 두 번째 QR 코드 속 영상을 보게 한다.

  🔲 "수호가 상담실에서 선생님과 이야기해요. 무슨 이야기를 할까요? 함께 확인해 봐요."

2) 교사는 학생들이 대화의 전체 내용을 이해했는지 확인하는 질문을 한다.

  🔲 "선생님은 수호에게 어떤 직업을 조언해 줬어요?"

3) 교사는 학생들에게 대화문을 읽게 한다. 그리고 세부 내용을 이해했는지 확인하는 질문을 한다.

  🔲 "수호는 시간이 있을 때 보통 뭘 해요?"

  🔲 "선생님은 왜 수호에게 미래의 직업으로 체육 선생님을 추천해 줬어요?"

4) 대화에 제시된 새 표현의 의미를 설명한다.

어휘 및 표현

따로	◆ 정의 보통의 것과는 달리 특별하게. 예 주말에 친구들을 따로 만나기로 했어요. ● 설명 "'따로'는 보통하고 달라요. 평소에 안 해요. 좀 특별해요."

5) 교사는 학생들에게 대화문을 다시 한번 읽게 한다. 이때 역할을 나누는 등 다양한 방식으로 읽게 할 수 있다.

6) 교사는 다음의 절차에 따라 부가 문법 '-으렴'에 대해 설명한다. 그리고 새로 제시되는 어휘 및 표현이 있다면 그 의미를 함께 설명한다.

부가 문법   '-으렴'

[설명]

  🔲 "주말이에요. 학교에 안 가요. 그래서 늦잠을 자요. 어머니가 '늦게 일어나고 싶으면 늦게 일어나렴.'이라고 말씀하셨어요. 이렇게 '-으렴'은 나이가 어린 상대방에게 무엇인가를 허락할 때 사용해요. 그리고 부드럽게 명령할 때도 사용해요."

[예시]

· 밥을 먹고 나가렴.

· 엄마 좀 도우렴.

· 건강하게 지내렴.

· 이 책을 한번 읽어 보렴.

[정보]

▶형태 정보:

	받침 ○	받침 X, 'ㄹ' 받침
동사	-으렴	-렴

① 동사 어간 끝음절에 받침이 있으면 '-으렴', 동사 어간 끝음절에 받침이 없거나 'ㄹ' 받침으로 끝나면 '-렴'을 쓴다.

▶제약 정보:

① 형용사와 결합하지 않는다.

② 과거 '-었-'과 미래·추측의 '-겠'은 결합하지 않는다.

▶주의 사항:

① '-(으)려무나'의 줄임말이다.

② 주로 구어로 많이 사용한다.

7) 교사는 학생들에게 목표 표현에 대해 설명한다.

목표 표현 1   **'-으니까 -으렴'**

[설명]

📖 "'-으니까 -으렴'은 이유를 설명하고 부드럽게 명령하거나 조언할 때 사용해요."

[예시]

· 비가 오니까 우산을 가지고 가렴.

· 내일 시험을 보니까 열심히 공부하렴.

· 오후에 엄마가 없으니까 동생을 잘 도와주렴.

· 냉장고에 우유가 있으니까 마시고 싶을 때 먹으렴.

목표 표현 2   **'-거나 -어요'**

[설명]

📖 "'-거나 -어요'는 앞이나 뒤에 오는 말 중에 하나만 선택해서 할 수 있을 때 사용해요."

[예시]

· 주말에 친구를 만나거나 영화를 봐요.

· 농구를 하거나 탁구를 쳐요.

· 배가 고플 때 빵을 먹거나 김밥을 먹어요.

· 학교에 갈 때 혼자 가거나 친구와 같이 가요.

8) 교사는 학생들에게 교재의 1번과 2번 문제를 풀게 한다.

9) 교사는 학생들과 함께 문제의 답을 확인한다.

정답

1. (1) ○ (2) ○ (3) ×

2. 장래 희망을 상담할 때 가요. 친구 문제를 상담하고 싶을 때 가요.

---

10) 교사는 학생들에게 139쪽의 첫 번째 QR 코드 속 영상을 보게 한다.

📖 "수호에게 어울리는 직업이 뭐예요? 함께 확인해 봐요."

11) 교사는 학생들이 대화 내용을 잘 이해했는지 질문을 한다. 그리고 새 표현이 있다면 그 의미를 함께 설명한다.

📖 "수호는 선생님과 무엇을 했어요?"

📖 "수호는 뭐 하는 것을 좋아해요?"

어휘 및 표현

덕분	◆ 정의 어떤 사람이 베풀어 준 은혜나 도움. 예 선생님 덕분에 이제 한국어를 잘해요. ● 설명 "'덕분'은 어떤 일이나 사람이 도움을 준 결과라는 뜻이에요. 어머니 덕분에 건강해요. 친구가 준 자료 덕분에 숙제를 다 했어요. 제가 우승한 것은 선생님 덕분이에요. 이렇게 써요."
장래	◆ 정의 다가올 앞날, 미래. 예 장래 희망을 아직 생각해 보지 않았어요. ● 설명 "'장래'는 지금이 아니에요. 미래예요."

추천하다	◆ **정의** 어떤 조건에 맞는 사람이나 물건을 소개하다. **예** 친구가 이 영화를 추천했어요. ● **설명** "'추천하다'는 다른 사람에게 좋은 것을 소개하는 거예요. '이것을 해 보세요. 이것을 먹어 보세요.' 하고 말해요."

활용 – 10분

1) 교사는 학생들이 목표 표현을 사용하여 대답할 수 있도록 질문을 한다.
> 📖 "여러분이 몸이 너무 아프면 어머니가 어떻게 말해요?"
> 📖 "쉬는 시간에 친구들과 무엇을 해요? 점심을 먹은 후에는 뭘 해요?"

2) 교사는 질문을 통해 학생들이 '활용하기'의 대화 상황을 추측할 수 있도록 한다.
> 📖 "선생님과 나나가 상담실에서 이야기해요. 무슨 이야기를 할까요?"

3) 교사는 학생들에게 대화문을 읽게 한 후 대화의 내용을 이해했는지 확인하는 질문을 한다. 그리고 새 표현이 있다면 그 의미를 함께 설명한다.
> 📖 "나나는 시간이 나면 보통 뭘 해요?"
> 📖 "선생님이 나나에게 무슨 직업을 추천했어요?"

4) 교사는 학생들에게 대화문을 다시 한번 읽게 한다. 이때 역할을 나누는 등 다양한 방식으로 읽게 할 수 있다.

교수-학습 지침

※ 고등학생 대상 수업의 경우 필수적으로 5분간 다음 활동을 추가로 진행함.
➜ 교사는 학생들에게 장래 희망 상담이나 조언 듣는 상황을 가정하여 이야기하도록 지도한다.

정리 – 8분

교사는 학생들에게 139쪽의 '전체 대화를 들어 보세요' QR 코드 속 대화를 듣게 하고 수업을 마무리한다.

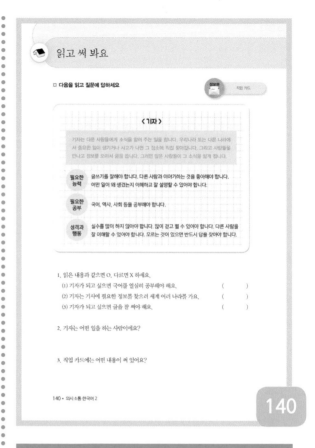

● 9차시 | 읽고 써 봐요 – 읽기

[학습 목표]
• 청소년 직업 카드를 보고 내용을 이해할 수 있다.

본 활동은 청소년 직업 카드를 읽고 이해하기 위한 활동이다.

읽기 전 – 5분

교사는 학생들에게 읽기 내용을 추측할 수 있는 질문을 한다.
> 📖 "여러분은 장래 희망이 뭐예요?"
> 📖 "그 직업은 어떤 일을 해요?"

읽기 중 – 25분

1) 교사는 학생들에게 읽기 지문을 개별적으로 읽게 한다.

2) 교사는 학생들이 읽기 지문의 전체 내용을 이해했는지 확인하는 질문을 한다.
> 📖 "이게 뭐예요?"
> 📖 "무엇이 써 있어요?"

3) 교사는 학생들에게 읽기 지문을 읽게 한다. 그리고 세부 내용을 이해했는지 확인하는 질문을 한다.
> 📖 "기자는 어떤 일을 하는 사람이에요?"

📖 "기자는 어떤 능력이 있어야 해요?"

📖 "기자가 되려면 성격이 어때야 해요?"

4) 읽기 지문에 제시된 새 표현의 의미를 설명한다.

어휘 및 표현

실수	◆ **정의** 잘 알지 못하거나 조심하지 않아서 저지르는 잘못. 예 말을 할 때 실수를 했어요. ● **설명** "'실수'는 조심하지 않아서 잘못하는 거예요. 시험지에 이름을 안 썼어요. 집에서 휴대 전화를 안 가지고 왔어요. 실수예요."
정보	◆ **정의** 어떤 사실이나 현상을 관찰하거나 측정하여 모은 자료를 정리한 지식. 예 인터넷에 여행 정보가 많아요. ● **설명** "'정보'는 어떤 것을 많이 아는 거예요. 책을 읽거나 인터넷을 찾으면 '정보'를 알 수 있어요."
반드시	◆ **정의** 틀림없이, 꼭. 예 영화를 볼 때 휴대 전화를 반드시 꺼 주세요. ● **설명** "'반드시'는 '꼭'이에요. 안 하면 안 돼요."
뛰다	◆ **정의** 발을 움직여 빨리 앞으로 나가다. 예 길을 빠르게 뛰었어요. ● **설명** "(뛰는 행동을 하며) 이렇게 하는 것이 '뛰다'예요. '달리다'와 비슷해요."
생기다	◆ **정의** 사고, 문제, 일 같은 것이 일어나다. 예 컴퓨터에 문제가 생겼어요. ● **설명** "'생기다'는 '문제가 있어요. 일이 있어요.'예요."
이해하다	◆ **정의** 깨달아 알거나 무엇이 어떤 것인지 알다. 예 그 표정의 의미를 이해했어요. ● **설명** "모르는 것이 있어요. 책을 찾아보고, 선생님께 설명을 들어요. 그래서 이제 알아요. '이해하다'예요."
찾아가다	◆ **정의** 사람을 만나러 가거나 일을 하러 가다. 예 질문이 있어서 선생님을 찾아갔어요. ● **설명** "'찾아가다'는 다른 사람이 있는 곳에 만나러 가는 것을 말해요."
중요하다	◆ **정의** 귀중하고 꼭 필요하다. 예 우리 생활에서 물은 중요해요. ● **설명** "꼭 필요해요. 없으면 안 돼요. '중요하다'예요."

읽기 후 - 10분

1) 교사는 학생들에게 교재의 문제를 풀게 한다.

2) 교사는 학생들과 함께 문제의 답을 확인한다.

> **정답**
> 1. (1) ○ (2) ○ (3) ○
> 2. 다른 사람들에게 소식을 알려 주는 일을 해요.
> 3. 필요한 능력, 필요한 공부, 성격과 행동이 써 있어요.

3) 교사는 질문을 통해 읽기 내용을 재확인하며 수업을 마무리한다.

📖 "무슨 글이었어요?"

📖 "기자가 되고 싶으면 무엇을 준비해야 해요?"

> **교수-학습 지침**
> ※ 고등학생 대상 수업의 경우 필수적으로 5분간 다음 활동을 추가로 진행함.
> → 교사는 고용노동부에서 제공하는 실제 청소년 직업 카드를 활용하여 정보를 확인하는 활동을 하도록 지도한다.

● 10차시 | 읽고 써 봐요 - 쓰기

[학습 목표]

• 청소년 직업 카드를 보고 자신의 직업 카드를 만들 수 있다.

본 활동은 학생들이 장래 희망에 대해 생각한 후 청소년 직업 카드를 직접 쓰도록 하는 활동이다.

쓰기 전 - 5분

1) 교사는 학생들에게 쓰기 내용을 추측할 수 있는 질문을 한다.

🔳 "여러분의 장래 희망이 뭐예요?"

🔳 "장래 희망을 정할 때 무엇을 생각해야 해요?"

2) 교사는 학생들에게 어떤 쓰기 활동을 할 것인지 명확히 알려 준다.

🔳 "장래 희망에 대해 생각한 후 직업 카드를 써 볼 거예요."

쓰기 중 - 30분

1. 장래 희망을 정하기 위해 질문에 답을 쓰는 활동이다.

1) 교사는 학생들에게 무엇을 써야 하는지 알려 준다. 그리고 새 표현이 있다면 그 의미를 함께 설명한다.

🔳 "여러분은 무엇이 되고 싶어요?"

🔳 "그것이 되고 싶어서 어떤 준비를 하고 있어요?"

🔳 "장래 희망을 정하기 위해 무엇을 생각해야 할까요?"

🔳 "('시간이 있을 때 무엇을 해요?'를 읽고 옆을 가리키며) 여기에 쓰세요."

2) 교사는 학생들에게 질문에 대한 답변을 쓰게 한다. 이때 교사는 학생들에게 개별적으로 쓰기 지도를 할 수 있다.

2. 직업 카드를 쓰는 활동이다.

1) 교사는 학생들에게 무엇을 써야 하는지 알려 준다. 그리고 새 표현이 있다면 그 의미를 함께 설명한다.

🔳 "여러분은 장래 희망을 정했어요?"

🔳 "그것이 되려면 어떻게 해야 해요?"

🔳 "어떤 공부를 열심히 해야 해요?"

🔳 "여러분이 쓴 내용을 사용하여 여러분이 생각한 장래 희망에 대한 직업 카드를 쓸 거예요."

2) 교사는 학생들에게 직업 카드를 쓰게 한다. 이때 교사는 학생들에게 개별적으로 쓰기 지도를 할 수 있다.

쓰기 후 - 10분

1) 쓰기 활동이 모두 마무리되면 교사는 학생들에게 각자 쓴 것을 발표하게 한다.

2) 교사는 청소년 직업 카드에 대해 다시 한번 정리하며 수업을 마무리한다.

교수-학습 지침

※ 고등학생 대상 수업의 경우 필수적으로 5분간 다음 활동을 추가로 진행함.

→ 교사는 학생들에게 수업 중에 지도받은 내용을 반영해 공책에 글을 다시 쓰게 할 수 있다. 이를 통해 학생들 스스로 자신의 글을 점검하도록 지도한다.

● 메모

8과 축구하다가 넘어졌어

● 단원 목표

다른 사람에게 도움을 요청하고 다른 사람에게 사건·사고의 상황을 설명할 수 있다.

● 단원 내용

꼭 배워요 (필수)	• 주제: 교내 돌발 상황
	• 기능: 도움 요청하기, 사건·사고 상황 설명하기
	• 어휘: 사건·사고 관련 어휘
	• 문법: -다가, -게, -어서, -은 지
문화	• 문화: 한국인의 언어와 행동을 만나다
더 배워요 (선택)	• 대화 1: 물건을 분실한 후 도움을 요청하기 • 대화 2: 사건·사고 상황에 대해 설명하기
	• 읽기: 보건실 이용 안내
	• 쓰기: 보건실 이용 신청서 쓰기

08 축구하다가 넘어졌어

※ 8과에서 무엇을 배우는지 알아봅시다.

더 배워요(선택)
문제가 생겼을 때
어떻게 해야 해요?

꼭 배워요(필수)
학교에서 어떤
문제가 생길 수
있어요?

142 · 의사소통 한국어 2

● 수업 개요

〈꼭 배워요〉 학습 목표

• 다른 사람에게 도움을 요청할 수 있다.
• 다른 사람에게 사건, 사고의 상황을 설명할 수 있다.

1차시	• 도입 대화를 통해 본 단원의 주제에 대해 이해하고 말할 수 있다.
2차시	• 사건·사고에 대한 어휘와 표현을 알고 활용할 수 있다.
3차시	• 사건·사고 원인이나 근거를 설명할 수 있다. • '-다가'를 사용하여 앞에 오는 말이 뒤에 오는 말의 원인이나 근거가 된다는 것을 나타낼 수 있다.
4차시	• 일의 목적이나 결과, 방식, 정도 등을 표현하며 도움을 요청할 수 있다. • '-게'를 사용하여 앞의 말이 뒤에서 가리키는 일의 목적이나 결과, 방식, 정도 등이 된다는 것을 나타낼 수 있다.

5차시	• 사건·사고 상황이 일어난 순서대로 표현하며 도움을 요청할 수 있다. • '-어서'를 사용하여 앞의 말과 뒤의 말이 순차적으로 일어난다는 것을 나타낼 수 있다.
6차시	• 사건·사고가 발생한 후 시간이 얼마나 지났는지 설명할 수 있다. • '-은 지'를 사용하여 앞의 말이 나타내는 행동을 한 후 시간이 얼마나 지났는지를 나타낼 수 있다.

• 1차시 | 복습 및 〈꼭 배워요〉 도입

[학습 목표]
• 도입 대화를 통해 본 단원의 주제에 대해 이해하고 말할 수 있다.

복습 – 20분

7단원에서 배운 주제 및 문법에 대해 복습한다.

1) 교사는 지난 단원의 주제와 관련된 질문을 하여 학생들에게 학습한 내용을 떠올리게 한다.
  📖 "어떤 직업을 알아요?"
  📖 "여러분은 어떤 직업에 관심이 있어요?"
  📖 "여러분은 장래 희망이 뭐예요?"
  📖 "그것이 되고 싶으면 무엇을 잘해야 해요?"

2) 교사는 '-게 되다'와 관련된 질문을 하여 학생들에게 학습한 내용을 떠올리게 한다.
  📖 "어렸을 때는 못 했는데 지금은 잘하는 것이 있어요?"
  📖 "전에는 무엇을 안 먹었는데 지금은 잘 먹어요?"
  📖 "전에는 무엇을 싫어했는데 지금은 좋아해요?"

3) 교사는 '-으려고'와 관련된 질문을 하여 학생들에게 학습한 내용을 떠올리게 한다.
  📖 "요즘 무엇을 배워요? 왜 배워요?"
  📖 "도서관에 가요? 왜 도서관에 가요?"
  📖 "무엇을 자주 해요? 왜 자주 해요?"

4) 교사는 '-거나'와 관련된 질문을 하여 학생들에게 학습한 내용을 떠올리게 한다.
  📖 "수업이 끝난 후에 보통 어떤 일들을 해요?"
  📖 "주말에 보통 어떤 일들을 해요?"
  📖 "아침에 어떤 것들을 먹어요?"

5) 교사는 '-어지다'와 관련된 질문을 하여 학생들에게 학습한 내용을 떠올리게 한다.
  📖 "요즘 날씨가 어때요? 시간이 지나면 어떻게 돼요?"
  📖 "기분이 나쁘면 무엇을 해요? 그럼 기분이 어떻게 변해요?"
  📖 "여러분은 5년 전의 모습과 지금의 모습이 어떻게 달라요?"

교수-학습 지침
교사는 짝 활동, 그룹 활동을 통해 공부하는 방법에 대해 묻고 답하게 할 수 있다. 이때 교사는 지난 단원에서 배운 '-게 되다', '-으려고', '-거나', '-어지다' 중 세 가지 이상의 문법을 사용하여 대화문을 만들 수 있도록 지도한다.

143

〈꼭 배워요〉 도입 – 25분

1) 교사는 학생들과 교재 143쪽의 그림을 보고 이야기하며 본 단원의 주제에 대해 흥미를 유발한다.
  📖 "여기가 어디예요?"
  📖 "정호의 다리가 어때요?"

2) 교사는 학생들에게 교재 143쪽의 대화를 읽게 한다. 그리고 세부 내용을 이해했는지 확인하는 질문을 한다.
  📖 "정호는 왜 다쳤어요?"
  📖 "정호는 보건실에 다녀왔어요?"
  📖 "정호는 어디에서 치료를 받았어요?"

3) 교사는 학생들에게 '함께 이야기해 봐요'의 질문을 하면서 단원의 주제를 도입한다.
  📖 "학교에서 어떤 문제가 생긴 적이 있어요?"
  📖 "문제가 생겼을 때 어떻게 했어요?"

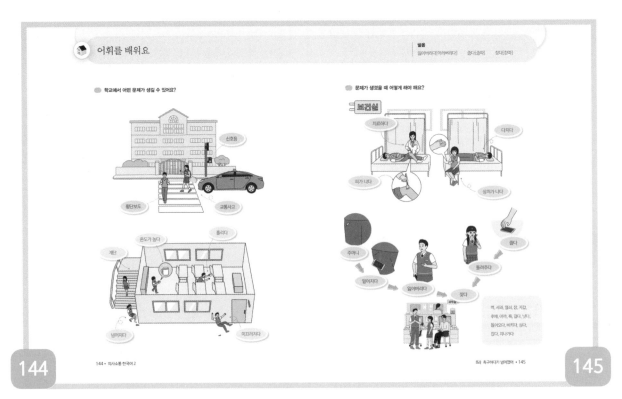

• 2차시 | 어휘를 배워요

[학습 목표]
• 사건·사고 관련 어휘 및 표현을 알고 활용할 수 있다.

본 단원에는 교내 돌발 상황에서 생길 수 있는 사건·사고와 그에 대한 대처 방법들에 관련된 어휘 및 표현이 제시되어 있다.

도입 – 5분

1) 교사는 질문을 통해 학습하게 될 어휘 및 표현을 자연스럽게 노출한다.
   교 "횡단보도에서 어떤 문제가 생길 수 있어요?"
   교 "옛날에 교실에서 어떤 문제가 생겼어요?"

2) 교사는 학생들과 제시된 그림을 보며 이야기를 나눈다.
   교 "144쪽의 그림을 보세요. 여러분은 학교에서 어떤 문제가 있었어요?"
   교 "145쪽의 그림을 보세요. 여러분은 문제가 생기면 어떻게 해야 해요?"

전개 – 35분

1. 학교 주변과 교내에서 생길 수 있는 사건·사고에 관련된 어휘 및 표현이다.

1) 교사는 다음에 제시되는 내용을 참고하여 학생들에게 어휘 및 표현을 설명한다. 이때 새로 등장하는 발

음 규칙이 있다면 함께 설명한다.

교통사고	◆ **정의** 자동차나 기차 등이 다른 교통 기관과 부딪치거나 사람을 치는 사고. 예 길에서 교통사고를 조심하세요. ● **설명** "(교재의 교통사고 그림을 보여 주며) '교통사고'는 자동차와 자동차, 사람과 자동차가 사고가 나는 거예요."
신호등	◆ **정의** 도로에서 색이 있는 불빛으로 자동차나 사람의 통행을 지시하는 장치. 예 길을 건널 때 신호등을 잘 봐야 해요. ● **설명** "(신호등 사진을 보여 주며) 길에서 이것을 볼 수 있어요. 이것은 '신호등'이에요. 길을 건널 때 이 신호등의 색깔을 봐야 해요. 빨간색은 가면 안 돼요. 초록색은 가도 괜찮아요."
횡단보도	◆ **정의** 사람이 건너다닐 수 있도록 차도 위에 표시를 해 놓은 길. 예 횡단보도에서는 차를 잘 확인해야 해요. ● **설명** "(횡단보도 사진을 보여 주며) 이것은 '횡단보도'예요. 길에 이것이 있으면 반대쪽으로 건너갈 수 있어요."
계단	◆ **정의** 오르내리기 위하여 작은 단들을 비스듬하게 차례로 이어 놓은 시설. 예 계단으로 올라가요. ● **설명** "(계단 사진을 보여 주며) 이것이 '계단'이에요. 여기로 올라가고 내려가요."
넘어지다	◆ **정의** 서 있던 사람이나 물체가 중심을 잃고 한쪽으로 기울어지며 쓰러지다. 예 계단에서 넘어졌어요. ● **설명** "(사람이 넘어지는 사진을 보여 주며)이 사람이 서 있어요? 아니에요. 지금 바닥에 있어요. 다쳤어요. '넘어지다'예요."

미끄러지다	◆ **정의** 비탈지거나 미끄러운 곳에서 한쪽으로 밀려 나가거나 넘어지다. 예 겨울에 얼음 위에서 미끄러진 적이 있어요? ● **설명** "겨울에 얼음 위를 걸으면 어때요? 걷기가 아주 힘들어요. 미끄럽다. 미끄러워요. 그래서 넘어졌어요. '미끄러지다'예요."
온도	◆ **정의** 따뜻하고 차가운 정도. 또는 그것을 나타내는 수치. 예 겨울에는 온도가 낮아요. ● **설명** "(온도계를 보여 주며) 이것을 보면 추워요. 더워요. 알아요. (영하 쪽을 가리키며) 여기에 있어요. 추워요. (영상 쪽을 가리키며) 여기에 있어요. 따뜻해요. 이것이 '온도'예요."
높다	◆ **정의** 온도, 습도, 압력 등이 정해진 기준보다 위에 있다. 예 여름에는 온도가 높아요. ◆ **정보** 반의어 '낮다' ● **설명** "(온도계를 보여 주며) 이것을 보세요. (영상 쪽을 가리키며) 여기에 있어요. 따뜻해요. 온도가 높아요. (영하 쪽을 가리키며) 여기에 있어요. 추워요. 온도가 낮아요."
흘리다	◆ **정의** 물이나 작은 알갱이 등을 밖으로 새게 하거나 떨어뜨리다. 예 옷에 물을 흘린 적이 있어요? ● **설명** "컵 안에 물이 있어요. 컵이 넘어지면 물이 어떻게 돼요? 컵 밖으로 나와요. '흘리다', '물을 흘려요.'예요."

2) 교사는 질문을 통해 학생들이 어휘 및 표현을 잘 이해했는지 확인한다.

교 "길을 건너려고 해요. 무엇을 봐야 해요?"

교 "뜨거운 우유는 온도가 어때요?"

> **2. 교내에서 문제가 생겼을 때 대처 방법에 관련된 어휘 및 표현이다.**

1) 교사는 다음에 제시되는 내용을 참고하여 학생들에게 어휘 및 표현을 설명한다. 이때 새로 등장하는 발음 규칙이 있다면 함께 설명한다.

보건실	◆ **정의** 학교나 회사에서 학생들이나 회사원들의 건강과 위생에 관한 일을 맡아보는 방. 예 학교에서 머리가 아파서 보건실에 갔어요. ● **설명** "'보건실'은 아플 때 가는 곳이에요. 여기에 가면 보건 선생님이 약을 주세요."
치료하다	◆ **정의** 병이나 상처 등을 낫게 하다. 예 병원에 가면 의사 선생님이 치료해 줘요. ● **설명** "'치료하다'는 의사 선생님, 간호사 선생님이 아픈 사람을 안 아플 수 있게 해주는 거예요."

피가 나다	◆ **정의** 사람이나 동물의 몸 안의 혈관을 도는 붉은색의 액체가 피부 표면으로 솟다. 예 손가락에서 피가 나요. ● **설명** "우리 몸 속에는 빨간색 피가 있어요. 넘어졌어요. 아파요. 몸 속에서 빨간색 피가 나와요. '피가 나요' 하고 말해요."
다치다	◆ **정의** 부딪치거나 맞거나 하여 몸이나 몸의 일부에 상처가 생기다. 또는 상처가 생기게 하다. 예 넘어져서 무릎을 다쳤어요. ● **설명** "넘어지거나 미끄러지면 어떻게 돼요? 몸이 아프거나 피가 나죠? 그것이 '다치다'예요."
상처가 나다	◆ **정의** 몸을 다쳐서 상한 자리가 생기다. 예 넘어져서 상처가 났어요. ● **설명** "넘어져서 다쳤어요. 피가 나는 부분이 생겼어요. 상처예요. 상처가 생기는 것을 '상처가 나다'라고 해요."
주머니	◆ **정의** 옷에 천 등을 덧대어 돈이나 물건 등을 넣을 수 있도록 만든 부분. 예 지갑을 가방 주머니에 넣었어요. ● **설명** "(옷의 주머니를 가리키며) 이게 뭐예요? 이것은 주머니예요. (가방의 주머니를 가리키며) 이것도 주머니예요."
떨어지다	◆ **정의** 위에서 아래로 내려지다. 예 침대에서 떨어진 적이 있어요? ● **설명** "'떨어지다'는 높은 곳에 있는 것이 낮은 곳이나 아래로 내려지다라는 뜻이에요. 잡고 있던 볼펜이 바닥에 있어요. 볼펜이 떨어졌어요."
잃어버리다	◆ **정의** 가졌던 물건을 흘리거나 놓쳐서 더 이상 갖지 않게 되다. 예 열쇠를 잃어버렸어요. ● **설명** "'잃어버리다'는 물건이 없어졌어요. 어디에 있는지 모르는 거예요."
줍다	◆ **정의** 바닥에 떨어지거나 흩어져 있는 것을 집다. 예 바닥에 있는 쓰레기를 주워요. ● **설명** "(아까 떨어졌던 볼펜을 가리키며) 볼펜이 바닥에 있어요. 그러면 어떻게 해요? (줍는 행동을 하며) 볼펜을 줍다. 볼펜을 주워요."
돌려주다	◆ **정의** 빌리거나 뺏거나 받은 것을 주인에게 도로 주거나 갚다. 예 친구에게 빌린 책을 돌려줘야 해요. ● **설명** "(학생에게 다가가서) 저에게 볼펜 좀 빌려주세요. (볼펜을 받은 후 쓰는 행동을 하다가 다시 주며) 다시 볼펜을 줄게요. 볼펜을 돌려줬어요. '돌려주다'는 빌린 것을 다시 주는 거예요."
찾다	◆ **정의** 잃거나 빼앗기거나 맡기거나 빌려주었던 것을 돌려받다. 예 열쇠를 잃어버려서 찾고 있어요. ● **설명** "휴대 전화가 없어요. 잃어버렸어요. 그런데 화장실에 가니까 있었어요. 휴대 전화를 찾았어요. '찾다'는 잃어버린 것을 다시 보거나 빌려준 것을 받는 거예요."

2) 교사는 질문을 통해 학생들이 어휘 및 표현을 잘 이
해했는지 확인한다.
- 📖 "배가 너무 아파요. 어떻게 해야 해요?"
- 📖 "필통을 떨어뜨렸어요. 어떻게 해요?"

> **교수-학습 지침**
>
> ※ 고등학생 대상 수업의 경우 필수적으로 5분간 다음 활동을 추가로 진행함.
> → 교사는 준비물로 목표 어휘에 대한 그림 카드를 준비한다. 그리고 학생들에게 그림 카드를 보여 주면서 어떤 사건·사고인지에 대해 말하게 하는 활동을 하도록 지도한다.
> → 교사는 준비물로 목표 어휘에 대한 그림 카드를 준비한다. 그리고 학생들에게 그림 카드를 보여 주면서 교내에서 문제가 생겼을 때 어떻게 대처해야 하는지 확인하는 활동을 하도록 지도한다.

정리 - 5분

교사는 질문을 통해 어휘 및 표현 학습을 마무리한다.
- 📖 "횡단보도에서 어떤 사고가 날 수 있어요?"
- 📖 "언제 보건실에 가요?"
- 📖 "물건을 잃어버린 적이 있어요?"
- 📖 "길에서 물건을 주운 적이 있어요? 어떻게 했어요?"

> **교사 지식**
>
> → '잃어버리다[이러버리다]'의 발음 규칙 :
> · 연음 법칙 ▶ 1과 28쪽 참고
> → '줍다[줍따], 찾다[찯따]'의 발음 규칙 :
> · 경음화 ▶ 1과 28쪽 참고

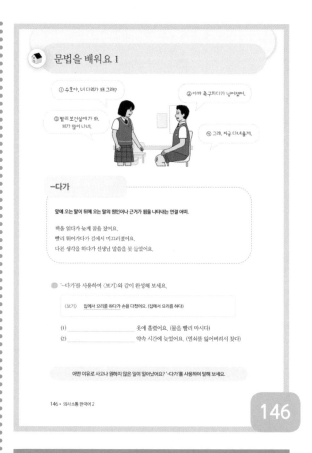

• 3차시 | 문법을 배워요 1

[학습 목표]
- 사건·사고 원인이나 근거를 설명할 수 있다.
- '-다가'를 사용하여 앞에 오는 말이 뒤에 오는 말의 원인이나 근거가 된다는 것을 나타낼 수 있다.

도입 - 5분

1) 교사는 학생들에게 대화문을 읽게 한다. 그리고 학생들이 대화 상황을 이해했는지 확인 질문을 한다.
- 📖 "수호의 다리가 어때요?"
- 📖 "수호는 지금 어디에 다녀와야 돼요?"

2) 교사는 학생들에게 목표 문법의 의미를 추측할 수 있는 질문을 한다.
- 📖 "수호는 왜 다쳤어요?"

전개 - 35분

> 다음의 절차에 따라 문법에 대해 설명한다. 그리고 새로 제시되는 어휘 및 표현이 있다면 그 의미를 함께 설명한다.

[설명]
- 📖 "'-다가'는 앞에 오는 말이 뒤에 오는 말의 원인이나 근거가 된다는 것을 나타낼 때 사용해요."

- 계단을 빨리 내려가다가 휴대 전화를 떨어뜨렸어요.
- 친구와 이야기하다가 버스를 못 탔어요.
- 버스를 타다가 넘어졌어요.

[정보]

▶형태 정보:

	받침 ○	받침 X
동사	-다가	

① 동사 어간 끝음절의 받침 유무에 관계없이 '-다가'를 사용한다.

▶제약 정보:

① '-다가'는 주로 동사와 결합한다.

② 앞 절과 뒤 절의 주어가 같아야 하고, 주로 뒤 절의 주어는 생략한다.

③ 미래·추측의 '-겠-'과 결합할 수 없다.

▶주의 사항:

① 구어에서는 '-다가'보다 '-다'가 더 많이 사용된다.

② 본 단원에서는 뒤에 벌어지는 일의 원인이나 근거가 됨을 나타내는 '-다가'를 학습한다. 그러나 어떠한 행위나 상태가 중단되고 다른 행위나 상태로 전환됨을 나타내는 '-다가'도 있다.

[확인]

교사는 문법을 설명한 뒤 '연습 문제'를 통해 학생들이 문법을 이해했는지 확인한다.

정답
(1) 물을 빨리 마시다가
(2) 열쇠를 잃어버려서 찾다가

어휘 및 표현

잠	◆ 정의 눈을 감고 몸과 정신의 활동을 멈추고 한동안 쉬는 상태. 예 어제 잠을 잘 잤어요? ● 설명 "(잠을 자는 사진을 보여 주며) 지금 이 사람이 무엇을 해요? 자요. 잠을 자요."

교수-학습 지침

※ 고등학생 대상 수업의 경우 필수적으로 5분간 다음 활동을 추가로 진행함.
➔ 교사는 학생들에게 목표 문법을 활용할 수 있는 새로운 화제를 제시한다.
  교 "혹시 새벽에 잔 적이 있어요? 왜 새벽에 잤어요? '-다가'를 사용하여 말해 보세요."

예시 답안
텔레비전을 보다가 새벽에 잤어요. 만화책을 읽다가 새벽에 잤어요.

정리 – 5분

1) 교사는 학생들에게 대화문을 다시 한번 읽게 한다.

2) 교사는 교재에 제시된 열린 질문을 통해 학생들에게 배운 문법을 활용하여 자유롭게 이야기를 나누게 한다.
  교 "어떤 이유로 사고나 원하지 않은 일이 일어났어요? '-다가'를 사용하여 말해 보세요."

예시 답안
농구를 하다가 다리를 다쳤어요.
친구하고 장난을 치다가 싸웠어요.

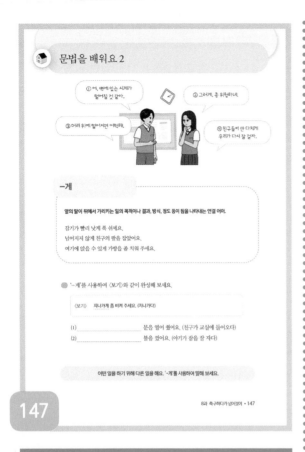

• 4차시 | 문법을 배워요 2

[학습 목표]
- 일의 목적이나 결과, 방식, 정도 등을 표현하며 도움을 요청할 수 있다.
- '-게'를 사용하여 앞의 말이 뒤에서 가리키는 일의 목적이나 결과, 방식, 정도 등이 된다는 것을 나타낼 수 있다.

도입 – 5분

1) 교사는 학생들에게 대화문을 읽게 한다. 그리고 학생들이 대화 상황을 이해했는지 확인 질문을 한다.
   🔲 "어떤 문제가 있어요?"
   🔲 "영수는 무슨 걱정을 해요?"

2) 교사는 학생들에게 목표 문법의 의미를 추측할 수 있는 질문을 한다.
   🔲 "시계를 어떻게 할 거예요?"

전개 – 35분

다음의 절차에 따라 문법에 대해 설명한다. 그리고 새로 제시되는 어휘 및 표현이 있다면 그 의미를 함께 설명한다.

[설명]
   🔲 "'-게'는 앞의 말이 뒤에서 가리키는 일의 목적이나 결과,

방식, 정도 등이 된다는 것을 나타내는 표현을 할 때 사용해요."

[예시]
- 아이들도 먹을 수 있게 요리했어요.
- 바람이 들어오게 창문을 열었어요.
- 잘 볼 수 있게 크게 써 줘.

[정보]
▶형태 정보:

	받침 ○	받침 X
동사	-게	

① 동사 어간 끝음절의 받침 유무에 관계없이 '-게'를 사용한다.

▶제약 정보:

① 앞 절과 뒤 절의 주어가 같아도 되고 달라도 된다.

② 과거 '-었-', 미래·추측의 '-겠-'과 결합하지 않는다.

▶주의 사항:

① 특별한 의미를 더해 주는 보조사 '는', '도', '만' 등과 함께 쓸 수 있다.
   · 그 영화가 재미있게는 보여요.

② 본 단원에서는 동사와 결합하여 앞의 말이 뒤에서 가리키는 일의 목적이나 결과, 방식, 정도 등이 됨을 나타내는 표현을 할 때를 학습한다. 그러나 형용사에 결합하여 '여기다, 보다, 생각하다' 등의 동사 앞에서, 어떠하다고 생각하고 느낌을 나타내기도 한다.
   · 저를 너무 불쌍하게 보지 마세요.

③ '놀랍다, 슬프다' 등의 형용사에 '-게도'의 형태가 결합하여 문장의 제일 앞에서 뒤 절에 대한 느낌, 감상의 의미를 나타낸다.
   · 놀랍게도 그 사람은 아주 많은 돈을 가지고 있었다.

[확인]

교사는 문법을 설명한 뒤 '연습 문제'를 통해 학생들이 문법을 이해했는지 확인한다.

> 정답
> (1) 친구가 교실에 들어오게
> (2) 아기가 잠을 잘 자게

어휘 및 표현

벽	◆ 정의 집이나 방의 둘레를 단단하게 막고 있는 부분. 例 벽에 시계가 있어요. ● 설명 "(교실 벽을 가리키며) 이것이 '벽'이에요."

걸다	◆ **정의** 어떤 물체를 떨어지지 않도록 어디에 매달다. **[예]** 벽에 시계를 걸었어요. ● **설명** "벽에 시계가 있으면 좋겠어요. 시계가 벽에서 떨어지지 않게 해요. '시계를 걸다'라고 해요. 시계를 걸어요."
낫다	◆ **정의** 병이나 상처 등이 없어져 본래대로 되다. **[예]** 상처가 다 나으면 축구를 할 거예요. ● **설명** "배가 아파요. 약을 먹으면 어떻게 돼요? 안 아파요. '낫다'는 병이 없어지고 아프지 않게 되는 거예요."
푹	◆ **정의** 잠이 깊이 들거나 피곤한 몸을 충분히 편하게 쉬는 모양. **[예]** 오늘은 약을 먹고 푹 쉬어요. ● **설명** "'푹'은 오래 잠을 자거나 오래 쉬는 거예요."
잡다	◆ **정의** 손으로 쥐고 놓지 않다. **[예]** 친구의 손을 잡고 있어요. ● **설명** "(손으로 컵을 잡는 행동을 하며) 손으로 이렇게 해요. 이것이 '잡다'예요. '손을 잡다', '공을 잡다' 하고 말해요."
지나가다	◆ **정의** 어떤 대상의 주위를 지나쳐 가다. **[예]** 시장에 갈 때 학교 근처를 지나가요. ● **설명** "저는 3반이에요. 화장실에 갔어요. 다시 교실에 가요. 1반에 안 들어가요. '지나가다', 지나가요. 2반에 안 들어가요. 지나가요. 3반에 들어가요. '지나가다'는 '거기에 들어가지 않고 그냥 가요.' 예요."
비키다	◆ **정의** 마주치거나 부딪치지 않으려고 있던 곳에서 자리를 조금 옮기다. **[예]** 옆으로 비켜 주세요. ● **설명** "길이 좁아요. 앞에 할머니께서 와요. 저는 옆으로 서요. 그래서 할머니가 갈 수 있어요. '비키다'예요."
들어오다	◆ **정의** 어떤 범위의 밖에서 안으로 이동하다. **[예]** 교실 안으로 들어오세요. ● **설명** "(문을 열고 교실 밖으로 나가는 행동을 하며) 저는 교실 밖에 있어요. (교실 안으로 들어오는 행동을 하며) 교실에 '들어오다', 들어와요."

교수-학습 지침

※ 고등학생 대상 수업의 경우 필수적으로 5분간 다음 활동을 추가로 진행함.

➔ 교사는 학생들에게 목표 문법을 활용할 수 있는 새로운 화제를 제시한다.

[교] "부모님은 우리에게 어떻게 해 주세요? '-게'를 사용하여 말해 보세요."

예시 답안

맛있는 밥을 먹게 요리를 해 주세요. 아플 때 빨리 나을 수 있게 도와주세요.

정리 - 5분

1) 교사는 학생들에게 대화문을 다시 한번 읽게 한다.

2) 교사는 교재에 제시된 열린 질문을 통해 학생들에게 배운 문법을 활용하여 자유롭게 이야기를 나누게 한다.

[교] "어떤 일을 하기 위해 다른 일을 해요. '-게'를 사용하여 말해 보세요."

예시 답안

친구가 읽게 쪽지를 써요. 아기가 자게 조용히 말해요.

• 5차시 | 문법을 배워요 3

[학습 목표]

- 사건·사고 상황이 일어난 순서대로 표현하며 도움을 요청할 수 있다.
- '-어서'를 사용하여 앞의 말과 뒤의 말이 순차적으로 일어난다는 것을 나타낼 수 있다.

도입 – 5분

1) 교사는 학생들에게 대화문을 읽게 한다. 그리고 학생들이 대화 상황을 이해했는지 확인 질문을 한다

   📺 "두 사람은 어디에 있어요?"

   📺 "정호는 무엇을 잃어버렸어요?"

2) 교사는 학생들에게 목표 문법의 의미를 추측할 수 있는 질문을 한다.

   📺 "정호는 어디에 갈 거예요? 그 다음에 뭘 해요?"

전개 – 35분

다음의 절차에 따라 문법에 대해 설명한다. 그리고 새로 제시되는 어휘 및 표현이 있다면 그 의미를 함께 설명한다.

[설명]

   📺 "'-어서'는 앞의 말과 뒤의 말이 순차적으로 일어난다는 것을 나타낼 때 사용해요."

[예시]

· 도서관에 가서 책을 읽었어요.
· 빵을 사서 먹어요.
· 친구를 만나서 같이 숙제를 해요.

[정보]

▶형태 정보:

	ㅏ, ㅗ	ㅓ, ㅜ, ㅣ…	-하다
동사	-아서	-어서	-여서

① 동사의 끝음절 모음이 'ㅏ, ㅗ'인 경우 '-아서', 동사 어간 끝음절 모음이 'ㅏ, ㅗ'가 아닌 경우 '-어서'를 쓴다. '-하다'가 붙은 동사의 어간에는 '-여서'를 쓰는데, 흔히 줄여서 '-해서'로 쓴다.

▶제약 정보:

① 동사와만 결합한다.

② 앞 절과 뒤 절의 주어가 같아야 하고, 주로 뒤 절의 주어는 생략한다.

③ 과거 '-었-', 미래·추측의 '-겠-'과 결합하지 않는다.

▶주의 사항:

① 본 단원에서는 앞의 말과 뒤의 말이 순차적으로 일어남을 나타내는 '-어서'를 학습한다. 그러나 원인이나 이유를 나타내는 '-어서'도 있다.

② 순서를 나타내는 '-고'와 비슷하게 사용할 수 있으나 '-어서'는 주로 앞의 행위와 뒤의 행위가 밀접한 관계를 가질 때 쓰인다. '-고'는 앞의 행위와 뒤의 행위가 연관성 없이 시간의 선후 관계만을 주로 나타낸다.

[확인]

교사는 문법을 설명한 뒤 '연습 문제'를 통해 학생들이 문법을 이해했는지 확인한다.

> 정답
> (1) 친구들을 집에 초대해서 생일 파티를 할 거야
> (2) 언니한테 카메라를 빌려서 공원에서 사진을 찍을 거야

어휘 및 표현

열쇠	◆ 정의 잠금장치를 잠그거나 열 수 있게 하는 도구. 📋 열쇠로 문을 열어요. ● 설명 "(열쇠 사진을 보여 주며) 이것이 열쇠예요. 열쇠가 있으면 문을 열 수 있어요."
사과	◆ 정의 모양이 둥글고 붉으며 새콤하고 단맛이 나는 과일. 📋 저는 과일 중에 사과를 가장 좋아해요. ● 설명 "(사과 사진을 보여 주며) 이것이 뭐예요? 이 과일이 사과예요."

후배	◆ 정의 같은 학교를 자기보다 늦게 입학한 사람. 예 저는 2학년이고 후배는 1학년이에요. ◆ 정보 반의어 '선배' ● 설명 "'후배'는 나보다 학교에 늦게 입학한 사람이에요. 저는 2학년이에요. 그럼 1학년들이 후배예요."

교수-학습 지침

※ 고등학생 대상 수업의 경우 필수적으로 5분간 다음 활동을 추가로 진행함.

→ 교사는 학생들에게 목표 문법을 활용할 수 있는 새로운 화제를 제시한다.

🔲 "아침에 일어나서 잠을 잘 때까지의 일과를 '-어서'를 사용하여 말해 보세요."

┌─────────────────────────────────┐
│ 예시 답안   │
│ 아침에 일어나서 밥을 먹어요. 학원에 가서 공부를 해요 │
└─────────────────────────────────┘

정리 - 5분

1) 교사는 학생들에게 대화문을 다시 한번 읽게 한다.

2) 교사는 교재에 제시된 열린 질문을 통해 학생들에게 배운 문법을 활용하여 자유롭게 이야기를 나누게 한다.

🔲 "지난 주말에 무슨 일을 했어요? 그리고 또 무슨 일을 했어요? 그 일들을 '-어서'를 사용하여 말해 보세요."

┌─────────────────────────────────┐
│ 예시 답안   │
│ 친구를 만나서 같이 영화를 봤어요. 도서관에 가서 공부를 했어요. │
└─────────────────────────────────┘

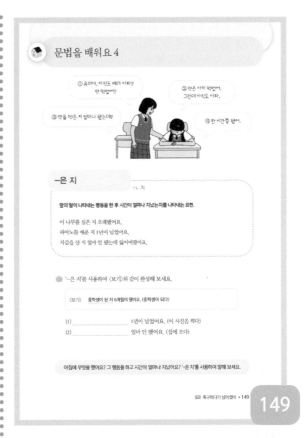

• 6차시 | 문법을 배워요 4

[학습 목표]

• 사건·사고가 발생한 후 시간이 얼마나 지났는지 설명할 수 있다.

• '-은 지'를 사용하여 앞의 말이 나타내는 행동을 한 후 시간이 얼마나 지났는지를 나타낼 수 있다.

도입 - 5분

1) 교사는 학생들에게 대화문을 읽게 한다. 그리고 학생들이 대화 상황을 이해했는지 확인 질문을 한다.

🔲 "유미는 어디가 아파요?"

🔲 "유미는 언제 약을 먹었어요?"

2) 교사는 학생들에게 목표 문법의 의미를 추측할 수 있는 질문을 한다.

🔲 "유미가 약을 먹은 후에 시간이 얼마나 지났어요?"

전개 - 35분

다음의 절차에 따라 문법에 대해 설명한다. 그리고 새로 제시되는 어휘 및 표현이 있다면 그 의미를 함께 설명한다.

[설명]

🔲 "'-은 지'는 앞의 말이 나타내는 행동을 한 후 시간이 얼마나 지났는지를 나타낼 때 사용해요."

[예시]

· 이 책을 읽은 지 한 달 되었어요.
· 한국에 온 지 3년이 지났어요.
· 밥을 먹은 지 두 시간 되었어요.

[정보]

▶형태 정보:

	받침 ○	받침 X, 'ㄹ' 받침
동사	-은 지	-ㄴ 지

① 동사 어간 끝음절에 받침이 있으면 '-은 지', 동사 어간 끝음절에 받침이 없거나 'ㄹ' 받침으로 끝나면 '-ㄴ 지'를 쓴다. 단, 'ㄹ' 받침으로 끝날 때는 'ㄹ'이 탈락한다.

▶제약 정보:

① 형용사와 결합하지 않는다.

② 과거 '-었-'과 결합하지 않는다.

▶주의 사항:

① 뒤 절에는 시간과 관련된 '되다, 지나다, 넘다, 흐르다, 경과하다' 등의 동사가 온다. 또한 이미 시간이 경과되었다는 의미로 사용되므로 주로 과거형으로 사용된다.

[확인]

교사는 문법을 설명한 뒤 '연습 문제'를 통해 학생들이 문법을 이해했는지 확인한다.

> 정답
> (1) 이 사진을 찍은 지
> (2) 휴대 전화를 산 지

어휘 및 표현

아까	◆ 정의 조금 전에. 예 아까 수업이 끝났어요. ● 설명 "'아까'는 '조금 전'이에요. 지금이 아니에요. 옛날이 아니에요."
심다	◆ 정의 풀이나 나무 등의 뿌리나 씨앗을 흙 속에 묻다. 예 예쁜 꽃을 심어요. ● 설명 "(씨앗 사진을 보여 주며) 이것을 흙 속에 넣어요. 물을 줘요. 크게 자라요. '나무를 심다', '꽃을 심다'예요."
지갑	◆ 정의 돈, 카드, 명함 등을 넣어 가지고 다닐 수 있게 가죽이나 헝겊 등으로 만든 물건. 예 지갑에 돈을 넣어요. ● 설명 "(지갑 사진을 보여 주며) 이것이 지갑이에요. 여기에 돈, 카드, 사진을 넣어요."

교수-학습 지침

※ 고등학생 대상 수업의 경우 필수적으로 5분간 다음 활동을 추가로 진행함.

➔ 교사는 학생들에게 목표 문법을 활용할 수 있는 새로운 화제를 제시한다.

> 교 "이 옷(모자, 가방, 휴대 전화)을 언제 샀어요? '-은 지'를 사용하여 말해 보세요."

> 예시 답안
> 이 옷을 산 지 일주일 되었어요. 휴대 전화를 산 지 6개월이 넘었어요.

정리 - 5분

1) 교사는 학생들에게 대화문을 다시 한번 읽게 한다.

2) 교사는 교재에 제시된 열린 질문을 통해 학생들에게 배운 문법을 활용하여 자유롭게 이야기를 나누게 한다.

> 교 "아침에 무엇을 했어요? 그 행동을 하고 시간이 얼마나 지났어요? '-은 지'를 사용하여 말해 보세요."

> 예시 답안
> 옷을 입은 지 4시간이 지났어요. 우유를 마신 지 5시간이 됐어요.

150 · 의사소통 한국어 2   8과 축구하다가 넘어졌어 · 151

● 문화

[학습 목표]

• 한국 사람들이 놀라거나 감탄할 때 어떻게 말하고 행동하는지 이야기할 수 있다.

도입 - 5분

1) 질문을 통해 학생들에게 주제를 추측하게 한다.
   🔲 "여러분, 놀랐을 때 무슨 말을 해요?"
   🔲 "여러분, 어른을 만나면 어떻게 인사해요?"

2) 교재 150쪽을 보며 한국 사람들이 놀라거나 감탄할 때 하는 말에 대해 설명한다.

3) 교재 151쪽을 보며 한국 사람들이 놀라거나 감탄할 때 하는 행동에 대해 설명한다.

교수-학습 지침

교사는 한국인들 특유의 표현이나 행동에 대한 문화 활동을 진행할 수 있다. 교사는 교재에 제시된 표현이나 행동 외에 다양한 표현과 행동을 실제로 보여 주고 학생들이 적절한 상황에서 표현을 사용하고 행동을 할 수 있도록 지도한다.

4) 본 문화와 관련하여 상호문화적 관점에서 이야기할 수 있도록 한다.
   🔲 "여러분이 아는 한국 사람들이 하는 특별한 말이나 행동이 있어요?"
   🔲 "다른 나라의 특별한 말이나 행동을 알아요? 어떤 말이나 행동이 있어요?"

더 알아보기

· 사진을 찍을 때 검지와 중지를 벌리며 만드는 'V'
· '좋다'라는 표시로 머리 위로 팔을 들어 동그라미 그리기
· 양팔을 겹쳐서 표시하는 'X'

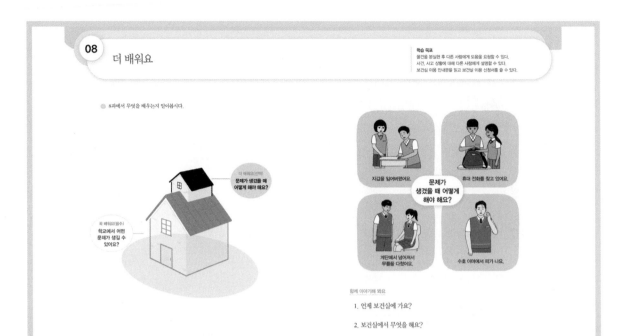

08 더 배워요

학습 목표
물건을 분실한 후 다른 사람에게 도움을 요청할 수 있다.
사건, 사고 상황에 대해 다른 사람에게 설명할 수 있다.
보건실 이용 안내문을 읽고 보건실 이용 신청서를 쓸 수 있다.

◎ 8과에서 무엇을 배우는지 알아봅시다.

더 배워요(선택)
문제가 생겼을 때
어떻게 해야 해요?

꼭 배워요(필수)
학교에서 어떤
문제가 생길 수
있어요?

지갑을 잃어버렸어요.

휴대 전화를 찾고 있어요.

문제가
생겼을 때 어떻게
해야 해요?

계단에서 넘어져서
무릎을 다쳤어요.

수호 이마에서 피가 나요.

함께 이야기해 봐요

1. 언제 보건실에 가요?

2. 보건실에서 무엇을 해요?

152 • 의사소통 한국어 2

8과 축구하다가 넘어졌어 • 153

〈더 배워요〉 학습 목표

• 물건을 분실한 후 다른 사람에게 도움을 요청할 수 있다.
• 사건·사고 상황에 대해 다른 사람에게 설명할 수 있다.

7차시	• 물건을 잃어버리고 도움을 요청할 수 있다.
8차시	• 다친 이유와 일이 일어난 순서를 설명할 수 있다.
9차시	• 보건실 이용 안내문을 읽고 이해할 수 있다.
10차시	• 보건실 이용 신청서를 쓸 수 있다.

● 7차시 | 〈더 배워요〉 도입 및 대화해 봐요 1

〈더 배워요〉 도입 – 5분

1) 〈꼭 배워요〉의 목표 어휘 및 문법 등을 확인할 수 있는 질문을 통해 학생들이 해당 표현을 사용하여 답할 수 있도록 유도한다.

🎓 "원하지 않은 사고가 난 적이 있어요? 무슨 일 때문에 사고가 났어요?"

🎓 "친구의 목소리가 작아서 잘 안 들려요. 그럼 친구에게 어떻게 말해요?"

🎓 "주말에 누구를 만났어요? 그리고 어디에 가서 뭐 했어요?"

🎓 "한국에 언제 왔어요? 시간이 얼마나 지났어요?"

2) '대화해 봐요 1, 2'에서 학습할 내용을 대표하는 네 개의 그림들을 확인하며 학생들이 앞으로 배우게 될 주제 및 내용을 추측할 수 있도록 한다.

🎓 "정호의 표정이 어때요?"

🎓 "정호가 무엇을 잃어버렸어요?"

🎓 "호민이가 무엇을 보고 있어요?"

🎓 "나나가 어디를 다쳤어요?"

🎓 "수호의 이마가 어때요?"

3) '함께 이야기해 봐요'에 제시된 질문을 통해 이야기를 나눔으로써 '읽고 써 봐요'에서 학습할 내용을 추측하게 한다.

🎓 "언제 보건실에 가요?"

🎓 "보건실에서 무엇을 해요?"

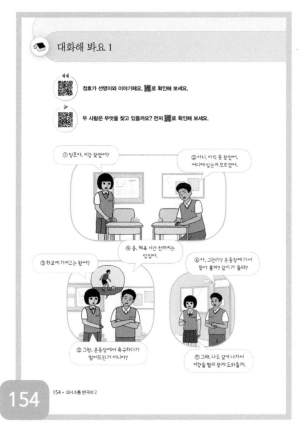

대화해 봐요 1

정호가 선영이와 이야기해요. ▶로 확인해 보세요.

두 사람은 무엇을 찾고 있을까요? 먼저 ▶로 확인해 보세요.

① 정호야, 지갑 찾았어?

② 아니, 아직 못 찾았어. 어디에 있는지 모르겠어.

③ 학교에 가지고는 왔어?

④ 응, 체육 시간 전까지는 있었어.

⑤ 아, 그래? 운동장에 가서 찾아 볼까? 같이 가 줄래?

⑥ 그럼, 운동장에서 축구하다가 떨어뜨린 거 아니냐?

⑦ 그래, 나도 같이 나가서 지갑을 빨리 찾게 도와줄게.

[학습 목표]
- 물건을 잃어버리고 도움을 요청할 수 있다.
- 부가 문법: -어 줄래(요)
- 목표 표현: -어서 -을까?
  -게 -을게

본 대화는 정호와 선영이가 잃어버린 지갑에 대해 이야기하고 있는 상황이다.

도입 – 5분

1) 교사는 학생들에게 '대화해 봐요 1'의 내용을 추측할 수 있는 질문을 한다.
   📺 "여러분은 물건을 잃어버린 적이 있어요?"
   📺 "물건을 잃어버렸을 때 어떻게 했어요?"

2) 교사는 학생들에게 154쪽의 첫 번째 QR 코드 속 영상을 보게 한다.
   📺 "정호는 무엇을 잃어버렸어요?"

3) 교사는 학생들이 대화 내용을 잘 이해했는지 질문을 한다. 그리고 새 표현이 있다면 그 의미를 함께 설명한다.
   📺 "정호는 선영이에게 무엇을 빌려요?"
   📺 "정호는 무엇을 잃어버렸어요?"

어휘 및 표현

용돈	◆ 정의 개인이 여러 가지 용도로 자유롭게 쓸 수 있는 돈. 📖 예 저는 부모님께 용돈을 받아요. ● 설명 "'용돈'은 부모님, 어른에게 받는 돈이에요."

전개 – 20분

1) 교사는 학생들에게 본 대화 내용을 소개하며 154쪽의 두 번째 QR 코드 속 영상을 보게 한다.
   📺 "정호와 선영이가 물건을 찾고 있어요. 무슨 물건을 찾을까요? 함께 확인해 봐요."

2) 교사는 학생들이 대화의 전체 내용을 이해했는지 확인하는 질문을 한다.
   📺 "정호와 선영이는 지갑을 찾으러 어디에 갈 거예요?"

3) 교사는 학생들에게 대화문을 읽게 한다. 그리고 세부 내용을 이해했는지 확인하는 질문을 한다.
   📺 "정호는 학교에 지갑을 가지고 왔어요?"
   📺 "체육 시간 전에는 정호의 지갑이 있었어요?"
   📺 "정호와 선영이는 왜 운동장에 갈 거예요?"

4) 대화에 제시된 새 표현의 의미를 설명한다.

5) 교사는 학생들에게 대화문을 다시 한번 읽게 한다. 이때 역할을 나누는 등 다양한 방식으로 읽게 할 수 있다.

6) 교사는 다음의 절차에 따라 부가 문법 '-어 줄래(요)'에 대해 설명한다. 그리고 새로 제시되는 어휘 및 표현이 있다면 그 의미를 함께 설명한다.

부가 문법   '-어 줄래(요)'

[설명]
📺 "교실이 너무 더워요. 창문을 열고 싶어요. 다른 사람에게 이야기해요. '창문을 열어 줄래요?' 이렇게 '-어 줄래(요)'는 다른 사람에게 어떤 부탁이나 도움을 요청할 때 사용해요."

[예시]
· 문 좀 닫아 줄래?
· 이거 같이 들어 줄래요?
· 이 수학 문제 좀 가르쳐 줄래?
· 여기에서 잠시만 기다려 줄래?

[정보]
▶형태 정보:

	ㅏ, ㅗ	ㅓ, ㅜ, ㅣ …	-하다
동사	-아 줄래(요)	-어 줄래(요)	-여 줄래(요)

① 동사 어간 끝음절의 모음이 'ㅏ, ㅗ'인 경우 '-아 줄래(요)', 동사 어간 끝음절의 모음이 'ㅏ, ㅗ'가 아닌 경

우 '-어 줄래(요)', '-하다'가 붙은 형용사 어간에는 '-여 줄래(요)'를 쓰는데, 줄여서 '-해 줄래(요)'로 쓴다.

▶제약 정보:

① 형용사와는 결합하지 않는다.

② 동사 '주다'와의 결합은 자연스럽지 않다.

▶주의 사항:

① 높임말로는 '-어 주실래요'라고 쓴다.

7) 교사는 학생들에게 목표 표현에 대해 설명한다.

| 목표 표현 1 | '-어서 -을까?' |

[설명]

📖 "'-어서 -을까?'는 어떤 행동 다음에 다른 행동을 하는 것에 대한 다른 사람의 의견을 물을 때 사용해요."

[예시]

· 이 모자를 사서 유미한테 줄까?

· 오늘은 저 식당에 가서 밥을 먹을까?

· 친구들을 불러서 같이 숙제할까?

· 떡볶이를 만들어서 먹을까?

| 목표 표현 2 | '-게 -을게' |

[설명]

📖 "'-게 -을게'는 다른 사람이 앞의 행동을 할 수 있게 내가 뒤의 행동을 하겠다고 약속하거나 의지를 표현할 때 사용해요."

[예시]

· 사진을 찍게 카메라를 빌려줄게.

· 모두 같이 먹게 내가 요리를 할게.

· 여기 앉을 수 있게 내가 정리할게.

· 나중에 가져갈 수 있게 가방에 넣어 둘게.

8) 교사는 학생들에게 교재의 1번과 2번 문제를 풀게 한다.

9) 교사는 학생들과 함께 문제의 답을 확인한다.

정답
1. (1) × (2) × (3) ○
2. 휴대 전화를 잃어버린 적이 있어요. 필통을 잃어버린 적이 있어요.

10) 교사는 학생들에게 155쪽의 첫 번째 QR 코드 속 영상을 보게 한다.

📖 "정호는 지갑을 찾았을까요? 함께 확인해 봐요."

11) 교사는 학생들이 대화 내용을 잘 이해했는지 질문을 한다. 그리고 새 표현이 있다면 그 의미를 함께 설명한다.

📖 "정호는 축구하기 전에 지갑을 어디에 넣었어요?"

| 활용 – 10분 |

1) 교사는 학생들이 목표 표현을 사용하여 대답할 수 있도록 질문을 한다.

📖 "문제가 있을 때 다른 사람에게 어떻게 말해야 해요?"

2) 교사는 질문을 통해 학생들이 '활용하기'의 대화 상황을 추측할 수 있도록 한다.

📖 "호민이가 휴대 전화를 잃어버렸어요. 호민이의 휴대 전화가 어디에 있을까요?"

3) 교사는 학생들에게 대화문을 읽게 한 후 대화의 내용을 이해했는지 확인하는 질문을 한다. 그리고 새 표현

이 있다면 그 의미를 함께 설명한다.

📓 "호민이는 왜 가방 안을 보려고 해요?"

📓 "와니는 호민이를 어떻게 도와줄 거예요?"

4) 교사는 학생들에게 대화문을 다시 한번 읽게 한다. 이때 역할을 나누는 등 다양한 방식으로 읽게 할 수 있다.

> **교수-학습 지침**
>
> ※ 고등학생 대상 수업의 경우 필수적으로 5분간 다음 활동을 추가로 진행함.
>
> → 교사는 짝 활동, 그룹 활동을 통해 잃어버린 물건을 찾고 도와주는 상황으로 가정하여 이야기하도록 지도한다.

정리 - 5분

교사는 학생들에게 155쪽의 '전체 대화를 들어 보세요' QR 코드 속 대화를 듣게 하고 수업을 마무리한다.

• 8차시 | 대화해 봐요 2

[학습 목표]

• 다친 이유와 일이 일어난 순서를 설명할 수 있다.

• 부가 문법: -는 동안에

• 목표 표현: -다가 -어서 그래
　　　　　　-은 지 얼마나 됐어(요)?

본 대화는 다친 나나를 보면서 민우가 보건실에 가자고 말하고 있는 상황이다.

도입 - 7분

1) 교사는 학생들에게 '대화해 봐요 2'의 내용을 추측할 수 있는 질문을 한다.

📓 "여러분은 학교에서 다친 적이 있어요?"

📓 "무엇을 하다가 어디를 다쳤어요?"

2) 교사는 학생들에게 156쪽의 첫 번째 QR 코드 속 영상을 보게 한다.

📓 "나나가 민우에게 부탁을 하고 있어요. 무슨 부탁을 할까요? 함께 확인해 봐요."

3) 교사는 학생들이 대화 내용을 잘 이해했는지 질문을 한다. 그리고 새 표현이 있다면 그 의미를 함께 설명한다.

📓 "나나는 무엇이 필요해요?"

📓 "나나는 어디를 다쳤어요?"

어휘 및 표현

반창고	◆ **정의** 연고, 붕대 등을 피부에 붙이기 위해 한쪽 면에 끈끈한 물질을 발라 만든 헝겊이나 테이프. 〔예〕 상처에 반창고를 붙였어요. ● **설명** "(반창고 사진이나 실물을 보여 주며) 이것이 '반창고'예요. 상처가 나면 반창고를 사용해요."

전개 - 20분

1) 교사는 학생들에게 본 대화 내용을 소개하며 156쪽의 두 번째 QR 코드 속 영상을 보게 한다.

   📖 "민우와 나나가 이야기해요. 무슨 이야기를 할까요? 함께 확인해 봐요."

2) 교사는 학생들이 대화의 전체 내용을 이해했는지 확인하는 질문을 한다.

   📖 "나나는 왜 무릎을 다쳤어요?"

   📖 "나나는 무릎을 치료하러 어디에 갈 거예요?"

3) 교사는 학생들에게 대화문을 읽게 한다. 그리고 세부 내용을 이해했는지 확인하는 질문을 한다.

   📖 "민우는 왜 나나가 걱정이 돼요?"

   📖 "나나가 치료를 받을 때 민우는 뭐 할 거예요?"

4) 대화에 제시된 새 표현의 의미를 설명한다.

어휘 및 표현

무릎	◆ **정의** 허벅지와 종아리 사이에 앞쪽으로 둥글게 튀어나온 부분. 〔예〕 축구를 하다가 무릎을 다쳤어. ● **설명** "(손가락으로 무릎 부위를 가리키며) 여기가 '무릎'이에요."

5) 교사는 학생들에게 대화문을 다시 한번 읽게 한다. 이 때 역할을 나누는 등 다양한 방식으로 읽게 할 수 있다.

6) 교사는 다음의 절차에 따라 부가 문법 '-는 동안에'에 대해 설명한다. 그리고 새로 제시되는 어휘 및 표현이 있다면 그 의미를 함께 설명한다.

부가 문법   '-는 동안에'

[설명]

   📖 "여러분은 영화를 볼 때 뭘 먹어요? 저는 영화를 보면서 그 시간에 팝콘을 먹어요. 영화를 보는 동안에 팝콘을 먹어요. 이렇게 '-는 동안에'는 어떤 행위가 계속되는 시간을 나타낼 때 사용해요."

[예시]

· 친구를 기다리는 동안에 책을 읽었어요.

· 제가 요리를 하는 동안에 동생이 빨래를 했어요.

· 영화를 보는 동안에 전화기를 껐어요.

· 아기가 자는 동안에 조용히 이야기했어요.

[정보]

▶형태 정보:

	받침 ○	받침 X
동사	\-는 동안에	

① 동사 어간 끝음절의 받침 유무에 관계없이 '-는 동안에'를 사용한다.

▶제약 정보:

① 형용사와 결합하지 않는다.

② 행위가 시작과 동시에 순간적으로 끝나는 동사(순간동사)와의 결합은 자연스럽지 않다.

③ 과거 '-었-', 미래·추측의 '-겠-'과 결합하지 않는다.

7) 교사는 학생들에게 목표 표현에 대해 설명한다.

목표 표현 1   '-다가 -어서 그래'

[설명]

   📖 "'-다가 -어서 그래'는 어떤 사건이나 사고가 일어난 상황에 대해 설명할 때 사용해요."

[예시]

· 축구를 하다가 넘어져서 그래.

· 물을 마시다가 흘려서 그래.

· 길을 가다가 다른 사람하고 부딪혀서 그래.

· 쇼핑하다가 지갑을 잃어버려서 그래.

목표 표현 2   '-은 지 얼마나 됐어(요)?'

[설명]

   📖 "'-은 지 얼마나 되다'는 어떤 일이 발생하고 시간이 얼마나 지났는지 물을 때 사용해요."

[예시]

· 집에 간 지 얼마나 됐어?

· 밥을 먹은 지 얼마나 됐어요?

· 여행을 갔다 온 지 얼마나 됐어요?

· 영화를 본 지 얼마나 됐어?

새 표현

반창고   무릎   이마   ~는 동안에

질문에 답하세요.

1. 내용과 같으면 O, 다르면 X 하세요.
   (1) 나나는 계단에서 다쳤어요.   (   )
   (2) 두 사람은 지금 보건실에 있어요.   (   )
   (3) 나나의 다리에서 피가 나고 있어요.   (   )

2. 여러분은 언제 보건실에 가 봤어요?
   ➡

나나는 이제 괜찮을까요?
로 확인해 보세요.

전체 대화를
들어 보세요.

활용하기

수호가 이마를 다쳤어요.

: 어, 왜 이마에 상처가 났어?

: 학교에 오다가 눈 위에서 미끄러져서 그래.

: 다친 지 얼마나 됐어? 머리를 다쳐서 걱정된다. 빨리 보건실에 가 봐.

: 그래. 알겠어.

8과 축구하다가 넘어졌어 • 157

157

8) 교사는 학생들에게 교재의 1번과 2번 문제를 풀게 한다.

9) 교사는 학생들과 함께 문제의 답을 확인한다.

정답
1. (1) ○ (2) × (3) ○
2. 머리가 많이 아플 때 보건실에 가 봤어요. 손가락을 다쳤을 때 보건
   실에 가 봤어요.

10) 교사는 학생들에게 157쪽의 첫 번째 QR 코드 속 영
    상을 보게 한다.

📖 "나나는 이제 괜찮을까요? 함께 확인해 봐요."

11) 교사는 학생들이 대화 내용을 잘 이해했는지 질문을
    한다. 그리고 새 표현이 있다면 그 의미를 함께 설명
    한다.

📖 "나나는 아직도 아파요?"
📖 "나나와 민우는 어디에 다녀왔어요?"

활용 - 10분

1) 교사는 학생들이 목표 표현을 사용하여 대답할 수 있
   도록 질문을 한다.

📖 "다친 적이 있어요? 왜 다쳤어요? 다친 이유를 말할 때 어
   떻게 말해요?"

2) 교사는 질문을 통해 학생들이 '활용하기'의 대화 상
   황을 추측할 수 있도록 한다.

📖 "수호가 이마를 다쳤어요. 어떻게 해야 해요?"

3) 교사는 학생들에게 대화문을 읽게 한 후 대화의 내용
   을 이해했는지 확인하는 질문을 한다. 그리고 새 표현
   이 있다면 그 의미를 함께 설명한다.

📖 "수호는 왜 이마를 다쳤어요?"
📖 "두 사람은 어디에 갈 거예요?"

어휘 및 표현

이마	◆ 정의 얼굴의 눈썹 위부터 머리카락이 난 아래까지의 부분. 예 이마에 상처가 났어요. ● 설명 "(손가락으로 이마를 가리키며) 여기가 '이마'예요. (눈썹 위를 가리키며) 여기부터 (머리카락이 난 부분을 가리키며) 여기까지가 이마예요."

4) 교사는 학생들에게 대화문을 다시 한번 읽게 한다.
   이때 역할을 나누는 등 다양한 방식으로 읽게 할 수
   있다.

교수-학습 지침
※ 고등학생 대상 수업의 경우 필수적으로 5분간 다음 활동을 추
  가로 진행함.
→ 교사는 학생들에게 학교에서 다쳤을 때 친구와 이야기하는 상
  황을 가정하여 이야기하도록 지도한다.

정리 - 8분

교사는 학생들에게 157쪽의 '전체 대화를 들어 보세요'
QR 코드 속 대화를 듣게 하고 수업을 마무리한다.

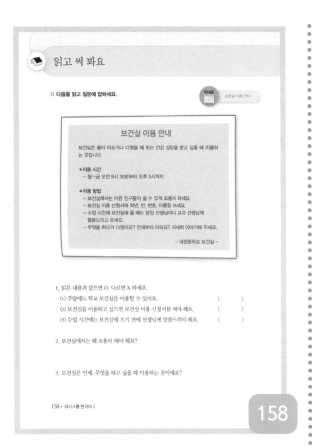

● 9차시 | 읽고 써 봐요 - 읽기

[학습 목표]
• 보건실 이용 안내문을 읽고 이해할 수 있다.

본 활동은 보건실의 이용 안내문을 읽고 이해하기 위한 활동이다.

읽기 전 - 5분

교사는 학생들에게 읽기 내용을 추측할 수 있는 질문을 한다.

📖 "학교에서 다치면 어디에 가야 해요?"

📖 "여러분 보건실을 이용해 봤어요?"

📖 "보건실은 무엇을 하는 곳이에요?"

📖 "보건실을 이용하고 싶으면 어떻게 해야 해요?"

읽기 중 - 30분

1) 교사는 학생들에게 읽기 지문을 개별적으로 읽게 한다.

2) 교사는 학생들이 읽기 지문의 전체 내용을 이해했는지 확인하는 질문을 한다.

📖 "보건실 이용 안내문에는 어떤 내용이 있어요?"

📖 "보건실은 언제 이용해요?"

3) 교사는 학생들에게 읽기 지문을 읽게 한다. 그리고 세

부 내용을 이해했는지 확인하는 질문을 한다.

4) 읽기 지문에 제시된 새 표현의 의미를 설명한다.

어휘 및 표현

교과	◆ **정의** 학교에서 학생이 배워야 할 내용을 체계적으로 나누어 놓은 것. 예 수학 교과 선생님이 누구세요? ● **설명** "'국어, 영어, 수학' 이렇게 나누는 것이 '교과'예요."
상담	◆ **정의** 어떤 문제를 해결하기 위하여 서로 이야기함. 예 선생님과 상담하려고 교무실에 갔어요. ● **설명** "'상담'은 고민이 있거나 문제가 있을 때 부모님이나 선생님과 이야기를 하는 거예요."
이용하다	◆ **정의** 대상을 필요에 따라 이롭게 쓰다. 예 과학 시간에 과학실을 이용했어요. ● **설명** "체육 시간이에요. 그런데 비가 와요. 어디에서 체육 수업을 해요? 체육관에서 해요. 체육관을 이용해요. '이용하다'는 필요해서 장소에 가거나 물건을 사용하는 거예요."

읽기 후 - 10분

1) 교사는 학생들에게 교재의 문제를 풀게 한다.

2) 교사는 학생들과 함께 문제의 답을 확인한다.

정답
1. (1)× (2)○ (3)○
2. 아픈 친구들이 쉴 수 있게 조용히 해야 해요.
3. 몸이 아프거나 다쳤을 때 또는 건강 상담을 받고 싶을 때 이용하는 곳이에요.

---

3) 교사는 질문을 통해 읽기 내용을 재확인하며 수업을 마무리한다.

📖 "우리 학교의 보건실이 어디에 있어요? 언제 이용할 수 있어요? 이용하고 싶으면 어떻게 해야 해요?"

교수-학습 지침

※ 고등학생 대상 수업의 경우 필수적으로 5분간 다음 활동을 추가로 진행함.
➔ 교사는 실제 보건실 안내문을 활용하여 정보를 확인하는 활동을 하도록 지도한다.

새 표현
상담 이용하다 교과

□ 아프거나 다친 곳이 있어요?

* 아파요
  어디가 아파요?
  이픈 지 얼마나 됐어요?
  어떻게 아파요?

* 다쳤어요
  어디를 다쳤어요?
  어떻게 하다가 다쳤어요?
  다친 지 얼마나 됐어요?

□ 보건실 이용 신청서를 써 보세요.

보건실 이용 신청서

학년	반	번	이름:
증상			
이용 일시: 년 월 일 교시 (~)			
담임 교사	교과 교사		보건 교사
(인)	(인)		(인)

-대한중학교 보건실-

8과 축구하다가 넘어졌어 • 159

● 10차시 | 읽고 써 봐요 – 쓰기

[학습 목표]
• 보건실 이용 신청서를 쓸 수 있다.

본 활동은 학생들이 보건실 이용 신청서를 써 보도록 하는 활동이다.

쓰기 전 – 5분

1) 교사는 학생들에게 쓰기 내용을 추측할 수 있는 질문을 한다.
   📖 "학교에서 아프거나 다친 적이 있어요?"
   📖 "보건실을 이용할 때 무엇을 써야 해요?"

2) 교사는 학생들에게 어떤 쓰기 활동을 할 것인지 명확히 알려 준다.
   📖 "오늘 보건실 이용 신청서를 쓸 거예요."

쓰기 중 – 30분

1. 아프거나 다친 곳을 쓰는 활동이다.

1) 교사는 학생들에게 무엇을 써야 하는지 알려 준다. 그리고 새 표현이 있다면 그 의미를 함께 설명한다.
   📖 "지금 아프거나 다친 곳이 있어요?"

📖 "아프거나 다친 적이 있었어요?"

📖 "아파요? 어디가 아파요? 아픈 지 얼마나 됐어요? 어떻게 아파요?"

📖 "('아파요'라고 쓰인 칸을 가리키며) 여기에 쓰세요."

📖 "다쳤어요? 어디를 다쳤어요? 어떻게 하다가 다쳤어요? 다친 지 얼마나 됐어요?"

📖 "('다쳤어요'라고 쓰인 칸을 가리키며) 여기에 쓰세요."

2) 교사는 학생들에게 아픈 곳과 다친 곳, 증상에 대해 쓰게 한다. 이때 교사는 학생들에게 개별적으로 쓰기 지도를 할 수 있다.

2. 보건실 이용 신청서를 쓰는 활동이다.

1) 교사는 학생들에게 무엇을 써야 하는지 알려 준다. 그리고 새 표현이 있다면 그 의미를 함께 설명한다.
   📖 "이게 뭐예요?"
   📖 "아프거나 다친 곳을 메모한 것을 보고 보건실 이용 신청서를 쓰세요."

2) 교사는 학생들에게 보건실 이용 신청서를 쓰게 한다. 이 때 교사는 학생들에게 개별적으로 쓰기 지도를 할 수 있다.

쓰기 후 – 10분

1) 쓰기 활동이 모두 마무리되면 교사는 학생들에게 각자 쓴 것을 발표하게 한다.

2) 교사는 보건실 이용 신청서에 대해 다시 한번 정리하며 수업을 마무리한다.

교수–학습 지침
※ 고등학생 대상 수업의 경우 필수적으로 5분간 다음 활동을 추가로 진행함.
➜ 교사는 학생들이 수업 중에 지도받은 내용을 반영해 공책에 글을 다시 쓰는 활동을 할 수 있도록 지도한다. 이를 통해 학생들 스스로 자신의 글을 점검할 수 있다.

익힘책 교수-학습 지침

1과 와니의 생일 파티에 가기로 했어

1. 수업 진행 상황에 따라 익힘책의 '어휘를 익혀요'를 풀어 보게 한다.

어휘를 익혀요 ①

나나의 문자 메시지를 읽고 '찍다, 추다, 부르다, 모이다' 중 빈칸에 들어갈 알맞은 것을 골라 대화를 완성하는 문제이다. 이때 교사는 학생들에게 문자 메시지의 맥락에 맞추어 어휘의 다양한 활용을 정확하게 쓸 수 있도록 지도해야 한다.

● '찍다'는 '사진을 찍다', '추다'는 '춤을 추다', '모이다'는 '친구하고 모이다', '오후에 모이다', '학교 앞에서 모이다', '부르다'는 '노래를 부르다'의 형태로 많이 사용된다. '노래를 부르다'는 '노래를 하다'로도 쓸 수 있다.

어휘를 익혀요 ②

일기 형식의 글을 읽고 '께, 드리다, 드시다, 주무시다, 편찮으시다' 중 빈칸에 들어갈 알맞은 것을 골라 쓰는 문제이다. 이때 교사는 학생들에게 글의 구조와 맥락에 맞추어 어휘의 다양한 활용을 정확하게 쓸 수 있도록 지도해야 한다.

● '께, 드리다, 드시다, 주무시다, 편찮으시다'는 나보다 연세가 많은 사람에게 쓰는 높임말이다.

어휘를 익혀요 ③

'연세, 말씀, 진지, 성함, 생신'과 같은 뜻의 어휘를 연결하는 문제이다. 이때 교사는 어휘의 뜻을 알고 관계되는 어휘를 정확하게 연결할 수 있도록 지도해야 한다.

● '말씀, 진지, 성함, 생신'은 나보다 연세가 많은 분께 쓰는 높임말이며, '말, 밥, 이름, 생일'은 친구나 나보다 나이가 어린 사람에게 쓰는 말이다.

어휘를 익혀요 ④

'선수, 문제, 막히다, 아나운서, 어울리다' 중 빈칸에 들어갈 알맞은 것을 골라 문장을 완성하는 문제이다. 이때 교사는 학생들에게 문장의 맥락에 맞추어 어휘의 다양한 활용을 정확하게 쓸 수 있도록 지도해야 한다.

2. 수업 진행 상황에 따라 교사는 학생들에게 익힘책의 '문법을 익혀요'를 추가로 풀어 보게 할 수 있다.

문법을 익혀요 ①

– 1번은 제시된 어휘나 표현에 목표 문법을 적용하여 문장을 완성하는 문제이다. 이때 교사는 학생들에게 문장의 맥락에 맞추어 목표 문법의 형태나 활용을 정확하게 쓸 수 있도록 지도해야 한다.

– 2번은 제시된 어휘나 표현 중 알맞은 것을 골라 표시하는 문제이다. 이때 교사는 학생들에게 글의 구조와 맥락에 맞추어 목표 문법에 따라 정확하게 고를 수 있도록 지도해야 한다.

문법을 익혀요 ②

– 1번은 제시된 어휘나 표현에 목표 문법을 적용하여 대화를 완성하는 문제이다. 이때 교사는 학생들에게 대화의 맥락에 맞추어 목표 문법의 형태나 활용을 정확하게 쓸 수 있도록 지도해야 한다.

– 2번은 제시된 그림을 보고 목표 문법을 사용하여 그림을 표현할 수 있는 문장을 쓰는 문제이다. 이때 교사는 학생들에게 그림의 상황 맥락에 맞추어 목표 문법의 형태나 활용을 정확하게 쓸 수 있도록 지도해야 한다.

● 그림에 대한 해석이 다양하게 나올 수 있으므로 그림과 관련된 내용으로 목표 문법을 잘 사용했으면 정답으로 인정할 수 있다.

문법을 익혀요 ③

– 1번은 제시된 어휘나 표현에 목표 문법을 적용하여 대화를 완성하는 문제이다. 이때 교사는 학생들에게 대화의 맥락에 맞추어 목표 문법의 형태나 활용을 정확하게 쓸 수 있도록 지도해야 한다.

● '-기로 하다'는 항상 과거형으로 쓰므로 현재형으로 쓰지 않는다.

– 2번은 제시된 어휘와 표현에 목표 문법을 적용하여 문장을 쓰는 문제이다. 이때 교사는 학생들에게 제시된 어휘와 표현의 맥락에 맞추어 목표 문법의 형태나 활용을 정확하게 쓸 수 있도록 지도해야 한다.

● '시간/행동'으로 구성되어 있으므로 '시간+에'와 '동사+-기로 하다'를 정확하게 사용해야 한다. 또한 '올해'는 '시간+에'와 같이 사용하지 않는다.

문법을 익혀요 ④

– 1번은 제시된 어휘나 표현에 목표 문법을 적용하여 문장을 완성하는 문제이다. 이때 교사는 학생들에게 '처럼'의 비교의 의미에 중점을 두고 문장의 맥락에 맞추어 목표 문법의 형태나 활용을 정확하게 쓸 수 있도록 지도해야 한다.

– 2번은 목표 문법을 적용하여 문장을 완성하는 문제이다. 이때 교사는 학생들에게 '처럼'의 비유의 의미에 중점을 두고 문장의 맥락에 맞추어 목표 문법의 형태나 활용을 정확하게 쓸 수 있도록 지도해야 한다.

● 비유 표현이 다양하게 나올 수 있으므로 문장의 맥락에 맞추어 목표 문법을 잘 사용했으면 정답으로 인정할 수 있다.
● '처럼'은 비교의 의미뿐만 아니라 비유의 의미도 있다.

3. '학습 일지'에 제시되어 있는 표를 보고 알고 있는 어휘와 문법에 표시하게 한다. 만약 모르는 어휘나 문법이 있다면 교재로 돌아가 해당 내용을 다시 보게 한다.

4. 시간적 여유가 있는 경우 '이삭줍기'에 제시되어 있는 동물 우는 소리를 표현하는 의성어인 '멍멍/야옹/어흥'에 대해 읽어 보게 한다.

2과 시험 일정을 확인하고 공부 계획을 잘 세우면 돼

1. 수업 진행 상황에 따라 익힘책의 '어휘를 익혀요'를 풀어 보게 한다.

어휘를 익혀요 ①

학생과 선생님의 대화를 읽고 '풀다, 외우다, 시험지, 복습하다' 중 빈칸에 들어갈 알맞은 것을 골라 대화를 완성하는 문제이다. 이때 교사는 학생들에게 대화의 맥락에 맞추어 어휘의 다양한 활용을 정확하게 쓸 수 있도록 지도해야 한다.

● '외우다'는 '단어를 외우다', '풀다'는 '문제를 풀다'의 형태로 많이 사용된다.

어휘를 익혀요 ②

일기 형식의 글을 읽고 '자신, 점수, 성적표, 걱정하다' 중 빈칸에 들어갈 알맞은 것을 골라 쓰는 문제이다. 이때 교사는 학생들에게 글의 구조와 맥락에 맞추어 어휘의 다양한 활용을 정확하게 쓸 수 있도록 지도해야 한다.

● '자신'은 '자신이 있다', '자신이 없다', '점수'는 '점수가 낮다', '점수가 높다'의 형태로 많이 사용된다.

어휘를 익혀요 ③

'두껍다, 맞다, 높다, 좋다'와 반대되는 뜻의 어휘를 연결하는 문제이다. 이때 교사는 어휘의 뜻을 알고 관계되는 어휘를 정확하게 연결할 수 있도록 지도해야 한다.

어휘를 익혀요 ④

'얘기, 함께, 덥다, 세우다, 그만하다' 중 빈칸에 들어갈 알맞은 것을 골라 문장을 완성하는 문제이다. 이때 교사는 학생들에게 어휘의 다양한 활용을 정확하게 쓸 수 있도록 지도해야 한다.

2. 수업 진행 상황에 따라 교사는 학생들에게 익힘책의 '문법을 익혀요'를 추가로 풀어 보게 할 수 있다.

문법을 익혀요 ①

- 1번은 제시된 어휘나 표현에 목표 문법을 적용하여 대화를 완성하는 문제이다. 이때 교사는 학생들에게 대화의 맥락에 맞추어 목표 문법의 형태나 활용을 정확하게 쓸 수 있도록 지도해야 한다.
- 2번은 제시된 두 문장에 목표 문법을 적용하여 한 문장을 쓰는 문제이다. 이때 교사는 학생들에게 제시된 문장의 목표 문법의 형태나 활용을 정확하게 쓸 수 있도록 지도해야 한다.

● 제시된 문장이 '-어/아요' 형태로 되어 있으므로 기본형에 목표 문법 '-는/은/ㄴ'의 형태나 활용을 써야 한다.

문법을 익혀요 ②

- 1번은 제시된 어휘나 표현에 목표 문법을 적용하여 문장을 완성하는 문제이다. 이때 교사는 학생들에게 문장의 맥락에 맞추어 목표 문법의 형태나 활용을 정확하게 쓸 수 있도록 지도해야 한다.
- 2번은 제시된 어휘나 표현에 목표 문법을 적용하여 대화를 완성하는 문제이다. 이때 교사는 학생들에게 대화의 맥락에 맞추어 목표 문법의 형태나 활용을 정확하게 쓸 수 있도록 지도해야 한다.

문법을 익혀요 ③

- 1번은 제시된 어휘나 표현에 목표 문법을 적용하여 문장을 완성하는 문제이다. 이때 교사는 학생들에게 문장의 맥락에 맞추어 목표 문법의 형태나 활용을 정확하게 쓸 수 있도록 지도해야 한다.
- 2번은 제시된 표를 보고 목표 문법을 적용하여 문장을 쓰는 문제이다. 이때 교사는 학생들에게 제시된 표 내용의 맥락에 맞추어 목표 문법의 형태나 활용을 정확하게 쓸 수 있도록 지도해야 한다.

문법을 익혀요 ④

- 1번은 제시된 어휘나 표현에 목표 문법을 적용하여 대화를 완성하는 문제이다. 이때 교사는 학생들에게 대화의 맥락에 맞추어 목표 문법의 형태나 활용을 정확하게 쓸 수 있도록 지도해야 한다.
- 2번은 제시된 질문을 읽고 목표 문법을 적용하여 대답을 만들어 대화를 완성하는 문제이다. 이때 교사는 학생들에게 대화의 맥락에 맞추어 목표 문법의 형태나 활용을 정확하게 쓸 수 있도록 지도해야 한다.

● 질문에 대한 대답이 다양하게 나올 수 있으므로 대화의 맥락에 맞추어 목표 문법을 잘 사용했으면 정답으로 인정할 수 있다.

3. '학습 일지'에 제시되어 있는 표를 보고 알고 있는 어휘와 문법에 표시하게 한다. 만약 모르는 어휘나 문법이 있다면 교재로 돌아가 해당 내용을 다시 보게 한다.

4. 시간적 여유가 있는 경우 '이삭줍기'에 제시되어 있는 가슴이 빠르게 뛰는 모양을 표현하는 의태어인 '두근두근'에 대해 읽어 보게 한다.

3과 어떤 졸업 선물을 주면 좋아할까?

1. 수업 진행 상황에 따라 익힘책의 '어휘를 익혀요'를 풀어 보게 한다.

어휘를 익혀요 ①

SNS에 올린 글을 읽고 '덥다, 방학식, 시원하다, 방학 숙제' 중 빈칸에 들어갈 알맞은 것을 골라 쓰는 문제이다. 이때 교사는 학생들에게 글의 구조와 맥락에 맞추어 어휘의 다양한 활용을 정확하게 쓸 수 있도록 지도해야 한다.

어휘를 익혀요 ②

체험학습을 안내하는 글을 읽고 '도시락, 미술관, 쌀쌀하다, 체험학습' 중 빈칸에 들어갈 알맞은 것을 골라 쓰는 문제이다. 이때 교사는 학생들에게 글의 구조와 맥락에 맞추어 어휘의 다양한 활용을 정확하게 쓸 수 있도록 지도해야 한다.

어휘를 익혀요 ③

'간식, 양치질, 달리기, 놀이공원'에 해당하는 그림을 찾아 연결하는 문제이다. 이때 교사는 학생들에게 어휘의 뜻을 알고 관계되는 그림을 정확하게 연결할 수 있도록 지도해야 한다.

어휘를 익혀요 ④

'졸업, 물론, 연습, 개학하다, 시작되다' 중 빈칸에 들어갈 알맞은 것을 골라 쓰는 문제이다. 이때 교사는 학생들에게 문장의 맥락에 맞추어 어휘의 다양한 활용을 정확하게 쓸 수 있도록 지도해야 한다.

2. 수업 진행 상황에 따라 교사는 학생들에게 익힘책의 '문법을 익혀요'를 추가로 풀어 보게 할 수 있다.

문법을 익혀요 ①

- 1번은 제시된 어휘나 표현에 목표 문법을 적용하여 문장을 완성하는 문제이다. 이때 교사는 학생들에게 문장의 맥락에 맞추어 목표 문법의 형태나 활용을 정확하게 쓸 수 있도록 지도해야 한다.
- 2번은 제시된 어휘나 표현에 목표 문법을 적용하여 글을 완성하는 문제이다. 이때 교사는 학생들에게 글의 구조와 맥락에 맞추어 목표 문법의 형태나 활용을 정확하게 쓸 수 있도록 지도해야 한다.

문법을 익혀요 ②

- 1번은 제시된 어휘나 표현에 목표 문법을 적용하여 대화를 완성하는 문제이다. 이때 교사는 학생들에게 대화의 맥락에 맞추어 목표 문법의 형태나 활용을 정확하게 쓸 수 있도록 지도해야 한다.
- 2번은 제시된 표를 보고 목표 문법을 적용하여 문장을 완성하는 문제이다. 이때 교사는 학생들에게 제시된 표 내용의 맥락에 맞추어 목표 문법의 형태나 활용을 정확하게 쓸 수 있도록 지도해야 한다.

● 표의 내용 중 정보를 선택하여 답이 다양하게 나올 수 있으므로 표의 내용으로 목표 문법을 잘 사용했으면 정답으로 인정할 수 있다.

문법을 익혀요 ③

- 1번은 제시된 어휘나 표현에 목표 문법을 적용하여 문장을 완성하는 문제이다. 이때 교사는 학생들에게 문장의 맥락에 맞추어 목표 문법의 형태나 활용을 정확하게 쓸 수 있도록 지도해야 한다.
- 2번은 제시된 그림을 보고 목표 문법을 적용하여 문장을 쓰는 문제이다. 이때 교사는 학생들에게 그림의 상황 맥락에 맞추어 목표 문법의 형태나 활용을 정확하게 쓸 수 있도록 지도해야 한다.

● 그림에 대한 해석이 다양하게 나올 수 있으므로 그림과 관련된 내용으로 목표 문법을 잘 사용했으면 정답으로 인정할 수 있다.

문법을 익혀요 ④

- 1번은 제시된 어휘나 표현에 목표 문법을 적용하여 대화를 완성하는 문제이다. 이때 교사는 학생들에게 대화의 맥락에 맞추어 목표 문법의 형태나 활용을 정확하게 쓸 수 있도록 지도해야 한다.
- 2번은 제시된 어휘나 표현에 목표 문법을 적용하여 문장을 완성하는 문제이다. 이때 교사는 학생들에게 문장의 맥락에 맞추어 목표 문법의 형태나 활용을 정확하게 쓸 수 있도록 지도해야 한다.

3. '학습 일지'에 제시되어 있는 표를 보고 알고 있는 어휘와 문법에 표시하게 한다. 만약 모르는 어휘나 문법이 있다면 교재로 돌아가 해당 내용을 다시 보게 한다.

4. 시간적 여유가 있는 경우 '이삭줍기'에 제시되어 있는 꽃잎이 크게 핀 모양을 표현하는 의태어인 '활짝'에 대해 읽어 보게 한다.

4과   방과 후 수업을 들어 봐

1. 수업 진행 상황에 따라 익힘책의 '어휘를 익혀요'를 풀어 보게 한다.

어휘를 익혀요 ①

방과 후 수업에 대한 선생님의 설명을 읽고 '내다, 매주, 인원, 신청서' 중 빈칸에 들어갈 알맞은 것을 골라 쓰는 문제이다. 이때 교사는 학생들에게 설명의 맥락에 맞추어 어휘의 다양한 활용을 정확하게 쓸 수 있도록 지도해야 한다.

어휘를 익혀요 ②

동아리 소개 글을 읽고 '독서반, 밴드부, 신문 방송반, 외국어 공부반' 중 빈칸에 들어갈 알맞은 것을 골라 쓰는 문제이다. 이때 교사는 학생들에게 글의 구조와 맥락에 맞추어 어휘의 다양한 활용을 정확하게 쓸 수 있도록 지도해야 한다.

어휘를 익혀요 ③

달력을 보고 각 문제에서 지시하고 있는 날짜에 표시를 하는 문제이다. 이때 교사는 학생들에게 지시문에 맞추어 정확하게 표시할 수 있도록 지도해야 한다.

어휘를 익혀요 ④

'표, 도움, 다니다, 모르다, 여기저기' 중 빈칸에 들어갈 알맞은 것을 골라 쓰는 문제이다. 이때 교사는 학생들에게 문장의 맥락에 맞추어 어휘의 다양한 활용을 정확하게 쓸 수 있도록 지도해야 한다.

2. 수업 진행 상황에 따라 교사는 학생들에게 익힘책의 '문법을 익혀요'를 추가로 풀어 보게 할 수 있다.

문법을 익혀요 ①

- 1번은 제시된 어휘나 표현에 목표 문법을 적용하여 대화를 완성하는 문제이다. 이때 교사는 학생들에게 대화의 맥락에 맞추어 목표 문법의 형태나 활용을 정확하게 쓸 수 있도록 지도해야 한다.
- 2번은 제시된 그림을 보고 목표 문법을 적용하여 문장을 쓰는 문제이다. 이때 교사는 학생들에게 그림의 상황 맥락에 맞추어 목표 문법의 형태나 활용을 정확하게 쓸 수 있도록 지도해야 한다.

● 그림에 대한 해석이 다양하게 나올 수 있으므로 그림과 관련된 내용으로 목표 문법을 잘 사용했으면 정답으로 인정할 수 있다.

문법을 익혀요 ②

- 1번은 제시된 어휘나 표현에 목표 문법을 적용하여 문장을 완성하는 문제이다. 이때 교사는 학생들에게 문장의 맥락에 맞추어 목표 문법의 형태나 활용을 정확하게 쓸 수 있도록 지도해야 한다.
- 2번은 질문을 읽고 목표 문법을 적용하여 대답을 만들어 대화를 완성하는 문제이다. 이때 교사는 학생들에게 대화의 맥락에 맞추어 목표 문법의 형태나 활용을 정확하게 쓸 수 있도록 지도해야 한다.

● 질문에 대한 대답이 다양하게 나올 수 있으므로 대화의 맥락에 맞추어 목표 문법을 잘 사용했으면 정답으로 인정할 수 있다.

문법을 익혀요 ③

- 1번은 제시된 어휘나 표현에 목표 문법을 적용하여 문장을 완성하는 문제이다. 이때 교사는 학생들에게 문장의 맥락에 맞추어 목표 문법의 형태나 활용을 정확하게 쓸 수 있도록 지도해야 한다.
- 2번은 제시된 어휘나 표현에 목표 문법을 적용하여 글을 쓰는 문제이다. 이때 교사는 학생들에게 글의 구조와 맥락에 맞추어 목표 문법의 형태나 활용을 정확하게 쓸 수 있도록 지도해야 한다.

문법을 익혀요 ④

- 1번은 제시된 어휘나 표현에 목표 문법을 적용하여 대화를 완성하는 문제이다. 이때 교사는 학생들에게 대화의 맥락에 맞추어 목표 문법의 형태나 활용을 정확하게 쓸 수 있도록 지도해야 한다.
- 2번은 제시된 그림을 보고 목표 문법을 적용하여 문장을 완성하는 문제이다. 이때 교사는 학생들에게 그림의 상황 맥락에 맞추어 목표 문법의 형태나 활용을 정확하게 쓸 수 있도록 지도해야 한다.

● 그림에 대한 해석이 다양하게 나올 수 있으므로 그림과 관련된 내용으로 목표 문법을 잘 사용했으면 정답으로 인정할 수 있다.

3. '학습 일지'에 제시되어 있는 표를 보고 알고 있는 어휘와 문법에 표시하게 한다. 만약 모르는 어휘나 문법이 있다면 교재로 돌아가 해당 내용을 다시 보게 한다.

4. 시간적 여유가 있는 경우 '이삭줍기'에 제시되어 있는 깊이 생각하는 모양을 표현하는 의태어인 '곰곰이'에 대해 읽어 보게 한다.

5과　제주도에 가 봤어?

1. 수업 진행 상황에 따라 익힘책의 '어휘를 익혀요'를 풀어 보게 한다.

어휘를 익혀요 ①

제주도 그림을 보고 '낚시를 하다, 등산을 하다, 수영을 하다' 중 빈칸에 들어갈 알맞은 것을 골라 문장을 완성하는 문제이다. 이때 교사는 학생들에게 그림의 상황 맥락에 맞추어 어휘의 다양한 활용을 정확하게 쓸 수 있도록 지도해야 한다.

● '낚시를 하다'는 '낚시하다', '등산을 하다'는 '등산하다', '수영을 하다'는 '수영하다'로도 쓸 수 있다.

어휘를 익혀요 ②

친구들의 이야기를 읽고 '치다, 독서, 그리다, 모으다' 중 빈칸에 들어갈 알맞은 것을 골라 문장을 완성하는 문제이다. 이때 교사는 학생들에게 문장의 맥락에 맞추어 어휘의 다양한 활용을 정확하게 쓸 수 있도록 지도해야 한다.

● '치다'는 '피아노를 치다', '기타를 치다'의 형태로 많이 사용된다.

어휘를 익혀요 ③

'밖, 가끔, 쉽다, 함께'와 반대되는 뜻의 어휘를 연결하는 문제이다. 이때 교사는 어휘의 뜻을 알고 관계되는 어휘를 정확하게 연결할 수 있도록 지도해야 한다.

어휘를 익혀요 ④

'경기, 다르다, 콘서트, 유명하다, 스케이트를 타다' 중 빈칸에 들어갈 알맞은 것을 골라 문장을 완성하는 문제이다. 이때 교사는 학생들에게 문장의 맥락에 맞추어 어휘의 다양한 활용을 정확하게 쓸 수 있도록 지도해야 한다.

2. 수업 진행 상황에 따라 교사는 학생들에게 익힘책의 '문법을 익혀요'를 추가로 풀어 보게 할 수 있다.

문법을 익혀요 ①

- 1번은 제시된 어휘와 표현에 목표 문법을 적용하여 문장을 완성하는 문제이다. 이때 교사는 학생들에게 문장의 맥락에 맞추어 목표 문법의 형태나 활용을 정확하게 쓸 수 있도록 지도해야 한다.

● 경험했음을 나타내는 '-어 보다'는 항상 과거형으로 쓰므로 현재형이나 미래형으로 쓰지 않는다.

- 2번은 제시된 어휘나 표현, 지시에 목표 문법을 적용하여 문장을 쓰는 문제이다. 이때 교사는 학생들에게 제시된 어휘나 표현, 지시에 맞추어 목표 문법의 형태나 활용을 정확하게 쓸 수 있도록 지도해야 한다.

● (O) 표시가 있는 경우에는 '-어 봤어요'로, (X) 표시가 있는 경우에는 '-어 보지 못했어요'로 쓴다.

문법을 익혀요 ②

- 1번은 제시된 어휘와 표현에 목표 문법을 적용하여 문장을 완성하는 문제이다. 이때 교사는 학생들에게 문장의 맥락에 맞추어 목표 문법의 형태나 활용을 정확하게 쓸 수 있도록 지도해야 한다.
- 2번은 제시된 어휘나 표현, 지시에 목표 문법을 적용하여 문장을 쓰는 문제이다. 이때 교사는 제시된 어휘나 표현, 지시에 맞추어 목표 문법의 형태나 활용을 정확하게 쓸 수 있도록 지도해야 한다.

● 부정의 '안'이 포함된 문장을 제시하고 이를 목표 문법을 적용하여 문장을 만드는 문제이므로 '-은 적이 없다'를 정확하게 써야 한다.

문법을 익혀요 ③

- 1번은 제시된 어휘나 표현에 목표 문법을 적용하여 문장을 완성하는 문제이다. 이때 교사는 학생들에게 문장의 맥락에 맞추어 목표 문법의 형태나 활용을 정확하게 쓸 수 있도록 지도해야 한다.
- 2번은 제시된 그림을 보고 목표 문법을 적용하여 문장을 완성하는 문제이다. 이때 교사는 학생들에게 그림의 상황 맥락에 맞추어 목표 문법의 형태나 활용을 정확하게 쓸 수 있도록 지도해야 한다.

● 그림에 대한 해석이 다양하게 나올 수 있으므로 그림과 관련된 내용으로 목표 문법을 잘 사용했으면 정답으로 인정할 수 있다.

문법을 익혀요 ④

- 1번은 제시된 어휘나 표현에 목표 문법을 적용하여 대화를 완성하는 문제이다. 이때 교사는 학생들에게 대화의 맥락에 맞추어 목표 문법의 형태나 활용을 정확하게 쓸 수 있도록 지도해야 한다.

● 대화의 '아니요, 네, 아니'에 따라 '-을 줄 알다/모르다'가 달라지므로 대화의 맥락에 맞추어 목표 문법을 정확하게 써야 한다.

- 2번은 제시된 어휘나 표현, 지시에 목표 문법을 적용하여 문장을 쓰는 문제이다. 이때 교사는 학생들에게 제시된 어휘나 표현, 지시에 맞추어 목표 문법의 형태나 활용을 정확하게 쓸 수 있도록 지도해야 한다.

● '-을 줄 알다/모르다'를 모두 정확하게 써야 한다.

3. '학습 일지'에 제시되어 있는 표를 보고 알고 있는 어휘와 문법에 표시하게 한다. 만약 모르는 어휘나 문법이 있다면 교재로 돌아가 해당 내용을 다시 보게 한다.

4. 시간적 여유가 있는 경우 '이삭줍기'에 제시되어 있는 땀을 아주 많이 흘리는 모양을 표현하는 의태어인 '뻘뻘'에 대해 읽어 보게 한다.

6과 추석에 송편을 만들었는데 재미있었어

1. 수업 진행 상황에 따라 익힘책의 '어휘를 익혀요'를 풀어 보게 한다.

어휘를 익혀요 ①

기자의 보도문을 읽고 '떡국, 설날, 차례, 친척' 중 빈칸에 들어갈 알맞은 것을 골라 대화를 완성하는 문제이다. 이때 교사는 학생들에게 글의 맥락에 맞추어 어휘의 다양한 활용을 정확하게 쓸 수 있도록 지도해야 한다.

어휘를 익혀요 ②

기념일을 소개하는 글을 읽고 '기념일, 어린이날, 어버이날, 스승의 날' 중 빈칸에 들어갈 알맞은 것을 골라 쓰는 문제이다. 이때 교사는 학생들에게 글이 맥락에 맞추어 어휘의 다양한 활용을 정확하게 쓸 수 있도록 지도해야 한다.

어휘를 익혀요 ③

'기침, 달력, 세배, 기념행사'에 해당하는 그림을 찾아 연결하는 문제이다. 이때 교사는 학생들에게 어휘의 뜻을 알고 관계되는 그림을 정확하게 연결할 수 있도록 지도해야 한다.

어휘를 익혀요 ④

'땀, 비밀, 대회, 연휴, 세종대왕' 중 빈칸에 들어갈 알맞은 것을 골라 문장을 완성하는 문제이다. 이때 교사는 학생들에게 문장의 맥락에 맞추어 어휘의 다양한 활용을 정확하게 쓸 수 있도록 지도해야 한다.

2. 수업 진행 상황에 따라 교사는 학생들에게 익힘책의 '문법을 익혀요'를 추가로 풀어 보게 할 수 있다.

문법을 익혀요 ①

- 1번은 제시된 어휘나 표현에 목표 문법을 적용하여 대화를 완성하는 문제이다. 이때 교사는 학생들에게 대화의 맥락에 맞추어 목표 문법의 형태나 활용을 정확하게 쓸 수 있도록 지도해야 한다.
- 2번은 제시된 어휘나 표현, 지시에 목표 문법을 적용하여 문장을 쓰는 문제이다. 이때 교사는 학생들에게 제시된 어휘나 표현, 지시에 맞추어 목표 문법의 형태나 활용을 정확하게 쓸 수 있도록 지도해야 한다.

● 문장 형성이 다양하게 나올 수 있으므로 목표 문법을 잘 사용했으면 정답으로 인정할 수 있다.

문법을 익혀요 ②

- 1번은 제시된 어휘나 표현에 목표 문법을 적용하여 대화를 완성하는 문제이다. 이때 교사는 학생들에게 대화의 맥락에 맞추어 목표 문법의 형태나 활용을 정확하게 쓸 수 있도록 지도해야 한다.
- 2번은 제시된 그림을 보고 목표 문법을 적용하여 문장을 쓰는 문제이다. 이때 교사는 학생들에게 그림의 상황 맥락에 맞추어 목표 문법의 형태나 활용을 정확하게 쓸 수 있도록 지도해야 한다.

● 그림에 대한 해석이 다양하게 나올 수 있으므로 그림과 관련된 내용으로 목표 문법을 잘 사용했으면 성답으로 인정할 수 있다.

문법을 익혀요 ③

- 1번은 제시된 어휘나 표현에 목표 문법을 적용하여 대화를 완성하는 문제이다. 이때 교사는 학생들에게 문장의 대화에 맞추어 목표 문법의 형태나 활용을 정확하게 쓸 수 있도록 지도해야 한다.
- 2번은 제시된 어휘나 표현, 지시에 목표 문법을 적용하여 문장을 쓰는 문제이다. 이때 교사는 학생들에게 제시된 어휘나 표현, 지시에 맞추어 목표 문법의 형태나 활용을 정확하게 쓸 수 있도록 지도해야 한다.

문법을 익혀요 ④

- 1번은 제시된 어휘나 표현에 목표 문법을 적용하여 문장을 완성하는 문제이다. 이때 교사는 학생들에게 문장의 맥락에 맞추어 목표 문법의 형태나 활용을 정확하게 쓸 수 있도록 지도해야 한다.
- 2번은 목표 문법을 적용하여 대화를 완성하는 문제이다. 이때 교사는 학생들에게 문장의 맥락에 맞추어 목표 문법의 형태나 활용을 정확하게 쓸 수 있도록 지도해야 한다.

3. '학습 일지'에 제시되어 있는 표를 보고 알고 있는 어휘와 문법에 표시하게 한다. 만약 모르는 어휘나 문법이 있다면 교재로 돌아가 해당 내용을 다시 보게 한다.

4. 시간적 여유가 있는 경우 '이삭줍기'에 제시되어 있는 정답게 이야기를 하거나 사이좋게 지내는 모양을 표현하는 의태어인 '오순도순'에 대해 읽어 보게 한다.

7과   수영 연습을 하려고 시간이 날 때마다 수영장에 가요

1. 수업 진행 상황에 따라 익힘책의 '어휘를 익혀요'를 풀어 보게 한다.

어휘를 익혀요 ①

가족의 직업을 소개하는 글을 보고 '경찰, 군인, 기자, 의사' 중 빈칸에 들어갈 알맞은 것을 골라 쓰는 문제이다. 이때 교사는 학생들에게 글의 맥락에 맞추어 어휘의 다양한 활용을 정확하게 쓸 수 있도록 지도해야 한다.

어휘를 익혀요 ②

메모 형식의 글을 읽고 '가수, 교사, 화가, 요리사' 중 빈칸에 들어갈 알맞은 것을 골라 쓰는 문제이다. 이때 교사는 학생들에게 글의 맥락에 맞추어 어휘의 다양한 활용을 정확하게 쓸 수 있도록 지도해야 한다.

어휘를 익혀요 ③

'꿈, 탁구, 은행, 방송국'에 해당하는 그림을 찾아 연결하는 문제이다. 이때 교사는 학생들에게 어휘의 뜻을 알고 관계되는 그림을 정확하게 연결할 수 있도록 지도해야 한다.

어휘를 익혀요 ④

'찾다, 이루다, 다양하다, 노력하다' 중 빈칸에 들어갈 알맞은 것을 골라 문장을 완성하는 문제이다. 이때 교사는 학생들에게 문장의 맥락에 맞추어 어휘의 다양한 활용을 정확하게 쓸 수 있도록 지도해야 한다.

2. 수업 진행 상황에 따라 교사는 학생들에게 익힘책의 '문법을 익혀요'를 추가로 풀어 보게 할 수 있다.

문법을 익혀요 ①

- 1번은 제시된 어휘나 표현에 목표 문법을 적용하여 문장을 완성하는 문제이다. 이때 교사는 학생들에게 문장의 맥락에 맞추어 목표 문법의 형태나 활용을 정확하게 쓸 수 있도록 지도해야 한다.
- 2번은 제시된 어휘나 표현, 지시에 목표 문법을 적용하여 문장을 쓰는 문제이다. 이때 교사는 학생들에게 제시된 어휘나 표현, 지시에 맞추어 목표 문법의 형태나 활용을 정확하게 쓸 수 있도록 지도해야 한다.

● 문장 형성이 다양하게 나올 수 있으므로 목표 문법을 잘 사용했으면 정답으로 인정할 수 있다.

문법을 익혀요 ②

- 1번은 제시된 어휘나 표현에 목표 문법을 적용하여 대화를 완성하는 문제이다. 이때 교사는 학생들에게 대화의 맥락에 맞추어 목표 문법의 형태나 활용을 정확하게 쓸 수 있도록 지도해야 한다.
- 2번은 제시된 표현의 의미를 생각하여 가장 적절한 것을 찾아 연결하고, 목표 문법을 적용하여 문장을 쓰는 문제이다. 이때 교사는 학생들에게 제시된 어휘나 표현, 지시에 맞추어 목표 문법의 형태나 활용을 정확하게 쓸 수 있도록 지도해야 한다.

문법을 익혀요 ③

- 1번은 제시된 어휘나 표현에 목표 문법을 적용하여 대화를 완성하는 문제이다. 이때 교사는 학생들에게 대화의 맥락에 맞추어 목표 문법의 형태나 활용을 정확하게 쓸 수 있도록 지도해야 한다.
- 2번은 제시된 표현에 이어 목표 문법을 적용하여 문장을 쓰는 문제이다. 이때 교사는 학생들에게 제시된 표현의 맥락에 맞추어 목표 문법의 형태나 활용을 정확하게 쓸 수 있도록 지도해야 한다.

● 답이 다양하게 나올 수 있으므로 목표 문법을 잘 사용했으면 정답으로 인정할 수 있다.

문법을 익혀요 ④

- 1번은 제시된 어휘나 표현에 목표 문법을 적용하여 대화를 완성하는 문제이다. 이때 교사는 학생들에게 대화의 맥락에 맞추어 목표 문법의 형태나 활용을 정확하게 쓸 수 있도록 지도해야 한다.
- 2번은 제시된 그림을 보고 목표 문법을 적용하여 그림을 표현할 수 있는 문장을 쓰는 문제이다. 이때 교사는 학생들에게 그림의 상황 맥락에 맞추어 목표 문법의 형태나 활용을 정확하게 쓸 수 있도록 지도해야 한다.

● 그림에 대한 해석이 다양하게 나올 수 있으므로 그림과 관련된 내용으로 목표 문법을 잘 사용했으면 정답으로 인정할 수 있다.

3. '학습 일지'에 제시되어 있는 표를 보고 알고 있는 어휘와 문법에 표시하게 한다. 만약 모르는 어휘나 문법이 있다면 교재로 돌아가 해당 내용을 다시 보게 한다.

4. 시간적 여유가 있는 경우 '이삭줍기'에 제시되어 있는 갑자기 많이 커지거나 자라는 모양을 표현하는 의태어인 '쑥쑥'에 대해 읽어 보게 한다.

8과 **축구하다가 넘어졌어**

1. 수업 진행 상황에 따라 익힘책의 '어휘를 익혀요'를 풀어 보게 한다.

어휘를 익혀요 ①

선생님의 설명을 읽고 '신호등, 다치다, 교통사고, 횡단보도' 중 빈칸에 들어갈 알맞은 것을 골라 쓰는 문제이다. 이때 교사는 학생들에게 설명의 맥락에 맞추어 어휘의 다양한 활용을 정확하게 쓸 수 있도록 지도해야 한다.

● '신호등'은 '신호등을 기다리다', 다치다'는 '사람이 다치다', '손을 다치다', '교통사고'는 '교통사고가 나다', '횡단보도'는 '횡단보도를 건너다'의 형태로 많이 사용된다.

어휘를 익혀요 ②

공고문 형식의 글을 읽고 '찾다, 줍다, 떨어지다, 잃어버리다' 중 빈칸에 들어갈 알맞은 것을 골라 쓰는 문제이다. 이때 교사는 학생들에게 글의 구조와 맥락에 따라 어휘의 다양한 활용을 정확하게 쓸 수 있도록 지도해야 한다.

어휘를 익혀요 ③

'역, 열쇠, 계단, 온도'에 해당하는 그림을 찾아 연결하는 문제이다. 이때 교사는 학생들에게 어휘의 뜻을 알고 관계되는 그림을 정확하게 연결할 수 있도록 지도해야 한다.

어휘를 익혀요 ④

'낫다, 심다, 잡다, 비키다' 중 빈칸에 들어갈 알맞은 것을 골라 문장을 완성하는 문제이다. 이때 교사는 학생들에게 문장의 맥락에 맞추어 어휘의 다양한 활용을 정확하게 쓸 수 있도록 지도해야 한다.

2. 수업 진행 상황에 따라 교사는 학생들에게 익힘책의 '문법을 익혀요'를 추가로 풀어 보게 할 수 있다.

문법을 익혀요 ①

- 1번은 제시된 어휘나 표현에 목표 문법을 적용하여 문장을 완성하는 문제이다. 이때 교사는 학생들에게 문장의 맥락에 맞추어 목표 문법의 형태나 활용을 정확하게 쓸 수 있도록 지도해야 한다.
- 2번은 제시된 어휘나 표현, 지시에 목표 문법을 적용하여 문장을 쓰는 문제이다. 이때 교사는 학생들에게 제시된 어휘나 표현, 지시에 맞추어 목표 문법의 형태나 활용을 정확하게 쓸 수 있도록 지도해야 한다.

● 문장 형성이 다양하게 나올 수 있으므로 목표 문법을 잘 사용했으면 정답으로 인정할 수 있다.

문법을 익혀요 ②

- 1번은 제시된 어휘나 표현에 목표 문법을 적용하여 문장을 완성하는 문제이다. 이때 교사는 학생들에게 문장의 맥락에 맞추어 목표 문법의 형태나 활용을 정확하게 쓸 수 있도록 지도해야 한다.
- 2번은 제시된 그림을 보고 제시된 어휘나 표현에 목표 문법을 적용하여 그림을 표현할 수 있는 문장을 쓰는 문제이다. 이때 교사는 학생들에게 그림의 상황 맥락에 맞추어 목표 문법의 형태나 활용을 정확하게 쓸 수 있도록 지도해야 한다.

문법을 익혀요 ③

- 1번은 제시된 어휘나 표현에 목표 문법을 적용하여 대화를 완성하는 문제이다. 이때 교사는 학생들에게 문장의 맥락에 맞추어 목표 문법의 형태나 활용을 정확하게 쓸 수 있도록 지도해야 한다.
- 2번은 제시된 어휘나 표현, 지시에 목표 문법을 적용하여 문장을 쓰는 문제이다. 이때 교사는 학생들에게 제시된 어휘나 표현, 지시에 맞추어 목표 문법의 형태나 활용을 정확하게 쓸 수 있도록 지도해야 한다.

● 문장 형성이 다양하게 나올 수 있으므로 목표 문법을 잘 사용했으면 정답으로 인정할 수 있다.

문법을 익혀요 ④

- 1번은 제시된 어휘나 표현에 목표 문법을 적용하여 문장을 완성하는 문제이다. 이때 교사는 학생들에게 문장의 맥락에 맞추어 목표 문법의 형태나 활용을 정확하게 쓸 수 있도록 지도해야 한다.
- 2번은 제시된 어휘나 표현, 지시에 목표 문법을 적용하여 문장을 쓰는 문제이다. 이때 교사는 학생들에게 제시된 어휘나 표현, 지시에 맞추어 목표 문법의 형태나 활용을 정확하게 쓸 수 있도록 지도해야 한다.

● 문장 형성이 다양하게 나올 수 있으므로 목표 문법을 잘 사용했으면 정답으로 인정할 수 있다.

3. '학습 일지'에 제시되어 있는 표를 보고 알고 있는 어휘와 문법에 표시하게 한다. 만약 모르는 어휘나 문법이 있다면 교재로 돌아가 해당 내용을 다시 보게 한다.

4. 시간적 여유가 있는 경우 '이삭줍기'에 제시되어 있는 부딪쳐 울리는 소리를 표현하는 의성어인 '쾅'에 대해 읽어 보게 한다.

기획·담당 연구원 ―
정혜선 국립국어원 학예연구사
이승지 국립국어원 연구원
박지수 국립국어원 연구원

집필진 ―
책임 집필
심혜령 배재대학교 국어국문·한국어교육학과 교수

공동 집필
내용 집필
박석준 배재대학교 국어국문·한국어교육학과 교수
김윤주 한성대학교 크리에이티브인문학부 교수
문정현 배재대학교 미래역량교육부 교수
이미향 영남대학교 국제학부 교수
이숙진 경희대학교 국제교육원 객원교수
이은영 전북대학교 언어교육부 강사
홍종명 한국외국어대학교 한국어교육과 교수
오현아 강원대학교 국어교육과 교수
이선중 경희대학교 국제교육원 객원교수
황성은 배재대학교 글로벌교육부 교수

연구 보조원
김세정 한남대학교 한국어교육원 강사
김경미 건양대학교 국제교류원 한국어교육센터 강사
한재필 배재대학교 한국어교육원 강사
박수미 배재대학교 대학원 한국어교육학과 석사 수료
최성렬 배제대학교 대학원 한국어교육학과 박사 과정
김미영 우석대학교 한국어교육지원센터 강사
박현경 명지대학교 국제교류원 강사
이창석 배재대학교 대학원 한국어교육학과 석사 수료
정나현 배재대학교 한국어교육원 강사
김준석 배재대학교 대학원 한국어교육학과 석사 과정

내용 검토
조영철 인천담방초등학교 교사
송정희 대덕중학교 교사
주명진 인천영종고등학교 교사
김진희 대구북동중학교 교사

중고등학생을 위한
표준 한국어 교사용 지도서
의사소통 2

ⓒ 국립국어원 기획 | 심혜령 외 집필

초판 1쇄 인쇄 | 2020년 3월 5일
초판 1쇄 발행 | 2020년 3월 10일

기획 | 국립국어원
지은이 | 심혜령 외
발행인 | 정은영
책임 편집 | 최명지
디자인 | 박현정, 황은영, 최은숙
일러스트 | 조은혜
사진 제공 | 셔터스톡

펴낸 곳 | 마리북스
출판 등록 | 제2019-000292호
주소 | (04053) 서울특별시 마포구 와우산로29길 37 301호(서교동)
전화 | 02)336-0729   팩스 | 070)7610-2870   이메일 | mari@maribooks.com
인쇄 | (주)현문자현

ISBN 979-11-89943-44-8 (54710)
    979-11-89943-42-4 (set)